블록체인 비즈니스를 위한
하이퍼레저 패브릭

Blockchain for Business with Hyperledger Fabric
엔터프라이즈 블록체인 구현 가이드

Nakul Shah 지음
김현일 · 김승현 옮김

역자소개

김현일

공주대학교 응용수학과 학사, 융합과학과에서 암호 응용 및 프라이버시 보안 기술로 석사학위를, 분산 머신러닝 및 블록체인 애플리케이션 기술로 박사 학위를 받았다. 2017년부터 블록체인 관련 과제를 수행하였으며, 이 중 프라이버시 보존형 블록체인 애플리케이션 기술을 중점적으로 연구하였다. 전반적으로 IT 및 머신러닝/딥러닝 기술과 함께 데이터 보안 분야에 관심이 있다. 현재는 대구경북과학기술원에 박사후연구원으로 재직 중에 있으며, 딥러닝 시스템과 블록체인 네트워크의 융합 기술, 딥러닝과 암호 융합 기술 등에 대한 관련 기술을 연구 중에 있다.

김승현

금오공과대학교 컴퓨터공학과를 졸업하고, 포항공대 전산학과에서 그리드 컴퓨팅 보안으로 석사 학위를, 한국과학기술원 전산학과에서 모바일 컴퓨팅 프라이버시로 박사 학위를 받았다. 15년간 ETRI 인증기술연구팀에서 사용자 인증 기술 분야의 다양한 프로젝트를 수행했고, 국가연구개발 우수성과 100선에 4회 선정되었다. 2017년부터 블록체인 기반 ID 관리 기술 과제를 수행했고, 본인이 개발한 기술이 에트리에서 블록체인 제목으로 기술이전되는 첫 번째 기술이 되었다. 지금은 블록체인 기술의 실무 적용 및 상용화에 관심이 생겨, 스타트업에서 프라이빗 블록체인 기반 수익형 부동산 거래소를 개발하고 있다. IT 전반 기술과 보안 분야에 관심이 있으며, 옮긴 책으로 '하이퍼레저 프로젝트 완전정복', '강화학습 입문'이 있다.

블록체인 비즈니스를 위한 하이퍼레저 패브릭

Blockchain for Business with Hyperledger Fabric
엔터프라이즈 블록체인 구현 가이드

Nakul Shah 지음
김현일 · 김승현 옮김

도서출판 홍릉

BLOCKCHAIN FOR BUSINESS WITH HYPERLEDGER FABRIC

by Nakul Shah

First published in the English language under the title Blockchain for Business with Hyperledger Fabric by BPB Publications India.

Korean translation rights arranged with BPB Publications India through Media Solutions, Tokyo Japan (info@mediasolutions.jp)

블록체인 비즈니스를 위한 하이퍼레저 패브릭

인 쇄: 2020년 10월 10일 초판 1쇄
발 행: 2020년 10월 20일 초판 1쇄

역자와의 협의하에 인지생략

역 자: 김현일 · 김승현
발행인: 송 준
발행처: 도서출판 홍릉
주 소: 01093 서울시 강북구 인수봉로 50길 10
등 록: 1976년 10월 21일 제5-66호

전 화: 02-999-2274~5, 903-7037
팩 스: 02-905-6729
e-mail: hongpub@hongpub.co.kr
http://www.hongpub.co.kr
ISBN: 979-11-5600-801-9(93000)

정 가: 32,000원

낙장 및 파본은 구입처나 본사에서 교환하여 드립니다.

저자에 대하여

Nakul Shah는 선도적인 블록체인 및 소프트웨어 개발회사인 Sate Development의 설립자이자 임원입니다. 그는 전세계 다수의 컨퍼런스에서 블록체인 기술, Hyperledger 및 분산 원장 기술과 같은 주제에 대해 발표했습니다. 금융시장 및 혁신 기술 분야에서의 오랜 경험을 바탕으로 한 창의적인 리더로서 전세계 스타트업 및 다국적 기업과의 협력을 주도합니다.

Nakul은 블록체인 기반의 솔루션 연구, 개발 및 배포 분야에서 다년간의 경험을 보유합니다. 또한 엔터프라이즈 솔루션 외에도 고객이 블록체인 기술을 쉽게 다룰 수 있도록 교육, 컨설팅 및 개발 서비스 제공에도 참여 중입니다.

Nakul은 블록체인 플랫폼과 적용 사례를 주제로 은행, 대학 및 정부를 대상으로 다수의 강의 경험이 있습니다.

Nakul은 블록체인 기술 도입 및 관련 어플리케이션에 중요한 역할을 수행했습니다. 그는 뮤추얼 펀드, 연금 처리 및 자산 관리 서비스를 제공하는 가장 크고 오래된 회사인 보스턴의 State Street Corporation에서 근무했습니다. 사회적 책임 투자 분야에서 고급 통계 및 관련 기술 연구 경력을 보유합니다. 또한 Charles River Development의 자산 관리팀에서 제품 전문가로도 활동했습니다. 뿐만 아니라 포춘지 선정 500대 기업을 대상으로 성과의 지속성에 관한 컨설팅 업무 수행 경력도 있습니다.

Nakul은 미국 미시건 대학교에서 금융 공학으로 석사 학위를 취득했습니다.

감사의 말

한 분야에 대한 지식을 집필하는 것은 쉬운 일이 아닙니다. 이 사실을 이 책의 첫 장을 쓰기 시작하면서부터 깨달았습니다. 저의 가족에게 사랑과 지원, 격려에 대해 진심으로 감사합니다. 책을 집필하는 것이 저에게는 큰 도전이었지만 많은 보람을 느꼈습니다.

저의 바램은 이 책을 통해 블록체인 기술의 장점을 학생과 전문가에게 알리고, Hyperledger Fabric을 사용한 솔루션 개발 기술을 전수하는 것입니다. 블록체인 기술을 사용하면 궁극적으로 비즈니스가 안전하고 신뢰할 수 있는 방식으로 운영될 수 있습니다.

블록체인은 은행, 보험, 미디어 등 다양한 산업 분야에 데이터 중심 인프라를 상호 연결할 수 있는 기술입니다. 이를 통해 막대한 비용 절감 및 자본 성장을 기대할 수 있습니다.

제가 가지고 있던 아이디어를 보다 구체화 시키는데 도움을 주신 모든 분들께 항상 진심으로 존경하고 감사한 마음을 가집니다. 또한 블록체인 기술을 기반으로 새로운 시대로의 여정을 시작하는 동안, 저를 지원해 주신 모든 분들께 감사의 말씀을 전합니다.

머리말

이 책은 다양한 업계에서 블록체인 기술의 사용법을 이해하고, 블록체인을 기반으로 비즈니스 운영 방식의 혁신성을 이끌어낼 수 있도록 작성했습니다. 2016년에 엔터프라이즈 블록체인은 완전히 새로운 개념이었으며, 당시 프라이빗 허가형 블록체인Private permissioned blockchain을 도입한 업계는 그리 많지 않았습니다. 하지만 Hyperledger Fabric의 출현으로 인해, 은행, 보험, 소매업 등 다양한 분야의 다국적 기업들이 엔터프라이즈 블록체인 기술을 도입하기 시작했습니다. 전 세계의 법인 및 스타트업 기업들은 비즈니스 요구사항을 효율적으로 지원하기 위해 Hyperledger Fabric으로 새로운 적용 사례를 만들기 시작했습니다. 이는 곧 Hyperledger Fabric을 통해 솔루션을 구축하고 제공하려면, Hyperledger Fabric 관련 전문 지식이 필요함을 의미합니다.

이 책은 여러분들이 블록체인 개발자 또는 비즈니스 관련 전문가로 성공하기 위해, Fabric을 사용하는 기술과 함께 엔터프라이즈 블록체인 플랫폼에 대한 충분한 지식 제공을 목표로 합니다.

이 책은 블록체인 세계에 대한 간단한 소개로 시작합니다. 네트워크 설정, 적용 사례 배포, 테스트에 이르기까지 Hyperledger Fabric의 모든 면을 다룹니다. 또한 독자들에게 해당 주제에 대한 실질적인 이해를 제공하기 위해 몇 가지 예제를 다루었습니다. 독자들은 Fabric 비즈니스 네트워크 배포에 필요한 기본적인 기능, 라이브러리 및 패키지 사용법을 배우게 됩니다.

이 책은 기업가뿐만 아니라 CxO 급의 리더, 그리고 전체 소프트웨어 개발 커뮤니티에 이르기까지 다양한 분야에서 각자 활동하는 모든 독자를 대상으로 합니다.

이 책은 Hyperledger Fabric을 사용하여 비즈니스 솔루션을 이해하고 구축하기 위한 튜토리얼 역할을 할 것입니다.

역자 머리말

블록체인은 온라인에서 안전하고 투명한 거래가 이루어질 수 있을 것이라는 가능성을 보여주었습니다. 이러한 가능성을 현실로 만들기 위해, 2015년 리눅스 재단은 Hyperledger 프로젝트를 시작했습니다. 특히 Hyperleder Fabric은 대표적인 엔터프라이즈 솔루션 기술로 전세계적으로 널리 사용되고 있습니다.

이 책은 비즈니스를 위한 엔터프라이즈 블록체인을 소개합니다. 최근 설문조사에 따르면 많은 기업이 블록체인의 기본 개념을 이해하지 않고 활용하며, 그 결과 암호토큰의 80%가 사기로 판명났다고 합니다. 비단 암호토큰 뿐만 아니라 엔터프라이즈 블록체인에도 문제가 발생할 수 있으며, 비즈니스 플랫폼 구축을 계획 중인 여러분에게도 해당될 수 있습니다. 기반 기술의 이해 없이는 여러분도 동일한 실수를 반복할 수 있습니다.

이 책은 여러분들이 블록체인 비즈니스 플랫폼을 구축할 수 있게 도와줍니다. 블록체인 기초, 블록체인 별 특성 비교, Hyperledger 프레임워크 및 도구, 허가형 블록체인의 대표주자인 Hyperledger Fabric 기술, 개발자를 위한 체인코드, Fabric 네트워크와 Fabric SDK의 설계 및 연동, 그리고 제품화를 위한 블록체인 네트워크 배포까지 폭넓게 구성되어 있습니다.

책 한 권으로 블록체인 비즈니스의 모든 것을 완벽히 담을 수는 없습니다. 하지만, 여러분들이 블록체인 비즈니스 플랫폼을 구축해야 한다면, 네트워크 설계, 구축 및 배포까지 전 과정에서 이 책이 많은 도움이 될 것입니다. 저자의 생각과 노력이 그대로 전달되도록 최선을 다했습니다. 독자 여러분들에게 큰 도움이 되길 바랍니다.

정오표

우리는 BPB Publications의 작업에 대해 자부심을 가지고 있으며, 모범 사례를 따라 컨텐츠의 정확성을 보장하여 구독자에게 지식이 충족되는 경험을 제공합니다. 독자는 우리의 거울이며, 우리는 관련된 출판 과정에서 발생한 인적 오류를 반영하고 개선하기 위해 언제든지 독자들의 의견을 수렴합니다. 이 책의 품질 유지를 위해, 예상치 못한 오류로 어려움을 겪고 있는 독자 분들은 다음 주소로 문의 부탁드립니다.

errata@bpbonline.com

귀하의 지원, 제안 및 피드백은 BPB에 큰 도움이 됩니다.

출판직원 일동

차례

CHAPTER 01 | 블록체인과 탈중앙화

CHAPTER 02 | Hyperledger와 Composer

CHAPTER 03 | Hyperledger Fabric의 기초

CHAPTER 06 | Fabric SDK: Fabric 네트워크와의 상호작용

CHAPTER 07 | Fabric SDK: Fabric 네트워크를 사용한 종단간 어플리케이션 구축

CHAPTER 08 | Fabric의 제품화

CHAPTER 1

블록체인과 탈중앙화

제2차 세계 대전 이후, 조직들은 조직 내 업무 처리를 위해 데이터베이스를 활용하기 시작했습니다. 이후 데이터베이스의 사용이 증가함에 따라, 조직들은 데이터를 공유해야 더욱 유용하게 사용될 수 있다는 사실을 깨달았습니다. 조직 내부만이 아니라, 조직 간에 전 세계적으로 공유되어야 한다는 사실입니다.

인터넷은 정보 교환을 원활하게 함으로써 데이터 공유 프로세스를 혁신했습니다. 또한 인터넷 뱅킹, 소셜 미디어, 온라인 티켓팅과 같은 디지털 세계에서 새로운 가능성의 문을 열었습니다. 하지만, 인터넷이 출현한 이래로 신뢰에 기반한 실시간성, 저비용성, 그리고 화폐(또는 가치) 교환의 필요성이 항상 강조되었습니다.

신뢰Trust는 인터넷 환경에서 항상 부족한 요소였습니다. 신뢰는 은행이나 기타 금융 기관의 근간이 되는 요소입니다. 사람들은 서로를 신뢰할 수 없기 때문에 그 대신 은행을 신뢰합니다. 은행에 돈을 안전하게 맡기고, 자신이 필요할 때 돌려받기를 바랍니다. 하지만 2008년 글로벌 금융 위기로 인해 이 신뢰는 흔들렸습니다. 은행이 무너짐에 따라, 사람들은 은행에 대한 신뢰를 잃는 대신에 믿을 만한 전자화폐e-cash 시스템의 필요성을 깨달았습니다. 이 시스템은 은행과 같은 중앙 신뢰 개체 없이도 상호간에 안전하게 화폐 또는 가치를 교환할 수 있으며, 사기와 같은 위협을 방지합니다. 즉, 사람들은 인터넷을 통해 정보를 교환하는 것처럼 돈을 교환하기를 원했습니다. 이러한 희망은 2008년에 한 백서white paper에 의해 현실이 되었습니다. 이 백서는 Bitcoin이라고 부르는 전자화폐 시스템의 작동 과정에 대해 설명합니다. Bitcoin은 사람들이 중앙 기관이나 정부 또는 관할권의 통제없이 가치를 (암호화폐 형태로) 교환할 수 있도록 하는 프로토콜입니다. 초기에 Bitcoin은 실생활에 바로 사용할 수 없었습니다. 중앙 당국은 Bitcoin의 합법성과 다크웹Dark Web에서의 악용에 대해 토론했습니다.

Bitcoin의 합법성에 관하여 논쟁이 진행되는 동안, 일부 금융 기관은 Bitcoin의 실체를 살펴보기 시작했습니다. 그들은 자신들의 존재 자체를 위협할 수 있는 Bitcoin 기술을 이해하길 원했습니다. 은행과 같은 중앙 당국 없이도, 국경을 넘어 안전하게 가치를 상호간에 교환해주는 기술을 말입니다. 이러한 이유로 블록체인이 전면에 등장했습니다.

블록체인은 Bitcoin을 뒷받침하는 기술입니다. 분산화된 탈중앙화 트랜잭션 데이터베이스로서, 새로운 데이터를 기록할 수는 있으나 수정 및 삭제는 불가능합니다. 즉, 블록체인은 불변성immutable을 지닙니다!

이 장에서는 다음과 같은 주제에 중점을 둘 것입니다.

- Bitcoin과 블록체인의 배경
- 블록체인의 동작 및 주요 개념
- 지갑 운영 및 블록체인 네트워크 운영 시 채굴mining의 역할
- 블록체인의 블록 추가 및 블록 구조
- 탈중앙화 및 분산 시스템
- 엔터프라이즈 블록체인 네트워크
- 퍼블릭 블록체인과 프라이빗 블록체인의 차이점

이 주제들은 우리가 Hyperledger ― 가장 널리 사용되는 엔터프라이즈 블록체인 플랫폼 중 하나 ― 를 이해하는데 도움이 됩니다.

정의

이 책에서 반복적으로 사용되는 중요 용어를 정의하겠습니다. 이 용어들은 블록체인을 논의할 때 자주 사용되는 전문 용어로 이 책을 이해하는데 도움이 됩니다.

암호화폐

보안을 위해 암호화 기술을 활용하는 디지털 또는 가상 통화로 정의됩니다. 많은 연구자, 금융 기관, 학자 및 일반인들은 암호화폐cryptocurrency를 미래의 돈 또는 21 세기 유니콘으로 고려하고 있습니다.

암호화폐는 탈중앙화 시스템을 사용하는 블록체인 기술을 기반으로 합니다. 암호화폐의 두드러진 특징은 정부 기관이 발행하거나 특정 조직이 통제를 받지 않는다는 것입니다. 이로 인해 제3자의 개입이나 조작을 원천 차단합니다. 최초의 블록체인 기반 암호 화폐는 2008년에 개념화된 Bitcoin입니다.

암호화폐의 주요 특징은 다음과 같습니다.

- 암호화폐는 디지털 자산의 형태로, 교환의 매개체로 사용됩니다.
- 암호화폐는 고도의 암호화 기법을 사용하여 공급을 제어하고 트랜잭션을 안전하게 만듭니다. 이 암호 기술은 해시 함수와 디지털 서명으로 구성됩니다.
- 암호화폐는 대체alternate 통화의 일부입니다.

개인 간에 디지털 코인이나 자산 교환을 가능하게 하는 핵심 기술을 **블록체인**이라고 부릅니다.

Bitcoin

암호crypto란 암호화 알고리즘 및 공캐키/개인키 쌍 같은 기술을 말합니다. 이 기술들과 해시 함수와 결합되어 Bitcoin이라는 최초의 암호 화폐가 개발되었습니다. Bitcoin 개발 작업은 2008-2009년에 Satoshi Nakamoto라는 필명의 개인/법인에 의해 시작되었습니다. Bitcoin은 가상 통화 또는 토큰으로 출시되었습니다. 기존의 아날로그 기반paper-based 화폐를 대체하고, 금융 시장을 전복시킬 의도를 가집니다. 암호 개념과 블록체인 기술 모음을 활용하여, 가치를 저장하고, 사용자 간에 가치를 전송합니다.

Bitcoin은 다음의 주요 구성요소를 조합하여 동작합니다.

- 탈중앙적 분산 P2P 네트워크 역할을 하는 작업 증명PoW, Proof-of-Work 합의 알고리즘
- 트랜잭션 원장ledger으로 사용되는 블록체인 기술
- 분산되고 수학적으로 검증된bound 마이닝 및 토큰 발급 방법
- 트랜잭션 스크립트로 구동하는 검증 방법

블록체인

블록체인Blockchain을 정의하는 가장 좋은 방법은 블록체인을 통근 열차에 비유하는 것입니다. 열차는 한꺼번에 여러 사람들을 수송하기 위해 여러 객차로 구성되어 있으며, 각 객차는 다음 객차와 연결됩니다. 따라서 열차 중간의 한 객차를 제거하면 연결이 끊어져서 열차가 붕괴됩니다. 블록체인도 비슷한 방식으로 작동합니다. 블록체인은 블록들 (열차의 객실 대신)로 구성되며, 블록들은 선 형태로 연결되어 있습니다. 각 블록은 자체 데이터 외에도 이전 블록에 대한 서명(해시 함수 형태)을 포함합니다. 이 서명 덕분에 새 블록은 이전 블록과 연결됩니다. 블록 중 하나가 블록체인에서 제거되면, 열차처럼 연결이 끊어져 체인 전체가 붕괴됩니다.

첫 번째 유형의 블록체인, 즉 블록체인 1.0은 트랜잭션만 기록할 수 있는 간단한 원장들로 구성됩니다. 블록체인 1.0은 보통 Bitcoin을 의미하며 불변의 방식으로 트랜잭션을 간단히 기록하기 위해 구현되었습니다. Bitcoin의 인기가 높아짐에 따라 업계는 블록체인이 훨씬 더 많은 능력을 가지고 있음을 깨달았습니다. 따라서 **스마트 컨트랙트**가 나온 시점에 블록체인 2.0으로 진화했습니다. **스마트 컨트랙트**smart contract는 사용자가 블록체인에서 다양한 프로그램을 실행할 수 있는 프레임워크입니다. 스마트 컨트랙트로 여러 작업을 실행할 수 있습니다. 스마트 컨트랙트 개념은 Ethereum의 출현과 함께 등장했습니다. 현재, 기업들은 블록체인과 분산 원장 기술을 활용하여 엔터프라이즈 급 어플리케이션을 만드는데 관심 있습니다. 이를 위해 가장 널리 사용되는 환경 중 하나가 Hyperledger입니다. 다음 장부터 Hyperledger를 자세히 살펴보겠습니다.

다음은 일반적으로 사용되는 블록체인 정의 중 일부입니다.

- 블록체인은 참여 당사자간에 실행되고 공유된 모든 트랜잭션, 디지털 이벤트의 공개 원장 또는 레코드의 분산 데이터베이스입니다.
- 블록체인은 암호 기반 알고리즘과 작업 증명 같은 합의 프로세스를 통한 불변의immutable P2P 분산 원장입니다.
- 블록체인은 트랜잭션 블록들이 연결 목록 형식linked-list-format으로 연결된 데이터 구조로 정의됩니다.

Bitcoin 작동 방식

사람들이 이메일이나 문자메시지로 정보를 공유하는 것처럼, Bitcoin은 온라인에서 돈(또는 토큰 형태의 가치)을 보냅니다. Bitcoin 네트워크에서 거래가 어떻게 진행되는지 보이기 위해, 사용자 A가 사용자 B에게 5개의 Bitcoin을 전송하는 예를 들겠습니다. 다음은 트랜잭션을 정산하기 위한 단계입니다.

1단계 : 사용자 A와 사용자 B는 자신의 지갑을 각각 생성합니다. 즉, 각 사용자는 고유한 공개/개인키 쌍(**주소**address라고 부릅니다)을 가집니다.

2단계 : 사용자 A (발신자)는 사용자 B (수신자)의 공개 키(주소)를 요청하고 Bitcoin(또는 다른 암호화폐)을 보냅니다.

3단계 : 거래가 확인되고 블록체인 원장에 기록됩니다.

트랜잭션은 인터넷을 통한 대규모 분산 컴퓨팅 환경에 기록됩니다. 이 네트워크는 폐쇄적이거나 일방적인 통제를 받지 않습니다. 이전 예제에서 사용자 A가 사용자 B에게 Bitcoin을 전송하면, 트랜잭션 메시지가 생성되고 블록체인 네트워크를 통해 보내집니다. 거래 메시지에는 시간, 날짜, 거래 참가자들의 고유한 지갑 주소, 금액이 포함됩니다. 이 메시지는 발신자 본인만 알고 있는 고유한 개인키로 암호화됩니다. 새 트랜잭션이 네트워크로 전송되면, 각 노드는 수학을 기반으로 한 최신 암호 기술을 사용하여 트랜잭션을 검증합니다. 블록체인의 각 노드는 서명을 복호화하여 서명을 검증합니다. 검증에 성공하면, 실제 계정 소유자가 서명을 생성했다는 것을 알 수 있습니다. 또한 수학적 원리를 통해, 노드들이 원장의 현재 상태와 원장 안에 있는 모든 트랜잭션에 대해 자동적이며 지속적으로 합의에 도달하도록 합니다.

노드는 전 세계에 분산되어 있으며 각 노드는 정확히 동일한 원장의 사본을 가지고 있습니다. 이러한 원장은 채굴자miner에 의해 만들어집니다. 따라서 유효한 서명이 있는 새 메시지가 전송되면 각 채굴자는 트랜잭션 정보를 사용하여 하나의 블록을 생성하고 개인 원장을 업데이트합니다. 이때 원장은 기본적으로 분산되어 있으므로 트래픽 지연으로 인한 원장의 차이가 발생할 수 있습니다. 따라서, 사용자 모두가 어떤 버전의 원장을 사용할지를 결정하기 위해 일종의 투표 시스템이 뒤따릅니다. 투표함을 이용하는 전통적인 투표 방식과는 달리, 블록체인 기술은 수학 기반의 경쟁 방식mathematical race에 기반한 투표 방식을 수행합니다. 우선, 해당 블록체인 네트워크 내에서 특정 수학적 퍼즐 문제가 제안됩니다. 이후 문제를 해결한 최초의 채굴자가 투표에서 승리하게 되며, 해당 채굴자가 생성한 블록이 모든 노드에게 브로드캐스트broadcast되고 모든 사용자들이 해당 블록을 업데이트합니다.

개인키는 수표의 서명과 같은 역할을 합니다. 그러나 기존의 수기 방식에 의존하는 대신, 수학적 문제에 기반하여 생성됩니다. 생성된 개인키는 블록체인의 무결성을 보장하는데 사용됩니다. 따라서 누군가가 인가되지 않은 무단 거래를 보내려고 시도하면, 노드는 합의에 도달하지 못하고 관련 트랜잭션은 블록체인에 기록되지 않습니다. 이런 식으로 블록체인의 모든 노드는 제네시스 블록genesis block(최초 채굴된 블록)에서 가장 최근 블록까지 원장의 전체 사본을 포함합니다. 모든 사람은 **블록체인**이라는 하나의 진본을 공유할 수 있으며, 이를 통해 모든 거래의 진위를 신뢰할 수 있습니다.

Bitcoin은 기존의 전통적인 금융 또는 결제 시스템과 유사하지 않습니다. 전통적인 거래 방법에서는 중앙기관이 돈의 흐름을 추적하지만, Bitcoin 시스템에는 중앙기관이 존재하지 않습니다. 대신, 참가자 자신이 관리하는 네트워크에서 암호학적 개념 및 블록체인 기술로 모든 추적 및 정산이 이루어집니다.

지갑

Bitcoin을 사용하기 전에 사용자는 지갑wallet을 설치해야 합니다. Bitcoin은 물리적 형태가 아닌 디지털 형태로만 존재하기 때문에 전자 지갑digital wallet이 필요합니다.

다음은 지갑의 일부 유형입니다.

- **소프트웨어 지갑** : 컴퓨터에서 다운로드할 수 있는 Bitcoin 어플리케이션으로, 사용자가 자신의 Bitcoin을 제어하고 보호할 수 있습니다.
- **웹 지갑** : 웹 지갑은 거래소와 같은 제3의 플랫폼이 소유한 지갑을 말합니다. 웹 지갑은 개인키 또는 암호를 사용하여 아무 장치에서나 접근할 수 있기 때문에 소프트웨어 지갑보다 편리합니다.
- **콜드 지갑** : 콜드 지갑은 인터넷에 연결되지 않은 모든 지갑을 말합니다. 개인키가 적힌 종이일 수도 있고, USB에 저장되어 있을 수도 있습니다.
- **하드웨어 지갑** : 개인키를 저장하는 하드웨어 장비가 있습니다. 사용자는 거래할 때 마다 하드웨어 지갑을 인터넷과 연결하고, 이를 통해 개인키를 받은 후 Bitcoin에 접근할 수 있습니다. 하지만 하드웨어 지갑과 연결이 끊어지면 더 이상 Bitcoin을 거래할 수 없습니다.
- **다중서명Multi-signature 지갑** : 다중서명 지갑은 하나의 지갑이 여러 개의 개인키를 가지고 있으며, 이들 키를 조합해야지만 해당 지갑을 열 수 있습니다. 즉, 에스크로escrow 계정 역할을 합니다.

블록체인 기초

원장과 같은 역할을 하는 블록체인은 **블록**이라는 기본 단위로 이루어져 있습니다. 네트워크에 의해 검증되고 수집된 트랜잭션이 각 블록에 기록됩니다. 합의 메커니즘에 의해 검증된 블록들은 데이터 무결성 보장을 위해 기존의 암호학적 해시함수로 연결된 체인에 순차적으로 추가됩니다. 체인 구조를 가지고 있기 때문에 블록체인이라고 불립니다. 사람들은 종종 Bitcoin과 블록체인을 혼동하여 용어를 서로 바꿔서 사용하기도 합니다. 그러나 이것은 잘못된 생각입니다! Bitcoin은 블록체인 기술을 사용하여 네트워크에서 유효한 모든 거래를 기록하는 암호화폐 기술입니다. Bitcoin은 블록체인 어플리케이션 중 하나일 뿐입니다.

블록체인의 채굴

블록 생성, 트랜잭션 유효성 검사 및 트랜잭션에 대한 세부 정보가 포함된 블록을 기록하는 프로세스 전체를 채굴이라고 합니다. 여기서 트랜잭션은 해싱hashing을 통해 블록에 기록됩니다. 해싱이란 길이에 상관없이 텍스트(또는 모든 데이터)를 고정 길이 값으로 변환하는 방법입니다. 블록체인의 모든 트랜잭션은 SHA-256이라는 해시함수 알고리즘을 사용하여 해싱됩니다. SHA-256은 항상 64개의 기호로 구성되며 크기는 256바이트입니다.

그림 1.1은 서로 다른 해시 값을 가진 **Hello**라는 단어를 보여줍니다.

입력	출력
Hello	185F8DB32271FE25F561A6FC938B2E264306EC304EDA518007D1764826381969
Hello	2CF24DBA5FB0A30E26E83B2aC5B9E29E1B161E5C1FA7425E73043362938B9824

▌그림 1.1▐

채굴mining의 목적은 생성된 모든 블록의 해시값을 계산하는 것입니다. 하지만, 채굴자가 증가하면 개별 블록을 만드는 데 필요한 컴퓨팅 성능을 더 많이 요구합니다. Bitcoin 블록체인 내에서 블록을 생성하는 최대 시간은 10분입니다. 채굴 난이도는 2,016개 블록을 주기로 자동으로 계산 및 조정됩니다. 이 계산 방법은 Bitcoin 코드에 포함되어 있습니다.

각 블록에는 다음 필드가 포함됩니다.

- 난수(해시 값), 블록 크기, 블록 헤더, 트랜잭션 카운터 및 블록에서 확인된 모든 트랜잭션에 대한 정보가 포함된 트랜잭션
- 블록 헤더에는 버전, 이전 블록 헤더 해시, Merkle 루트 해시, 타임 스탬프, 난이도 목표 및 논스 값의 구성 요소가 있습니다.
- Merkle 루트는 트랜잭션 블록에서 최상위 해시이며, 이진 해시 트리라고도 하는 Merkle 트리 알고리즘을 사용하여 계산됩니다.

  Merkel 트리 알고리즘의 계산 단계는 다음과 같습니다.

  - **1단계** : 블록의 모든 트랜잭션에 대한 해시를 계산합니다.
  - **2단계** : 거래를 쌍으로 나누고 모든 쌍에 대한 해시를 계산합니다.
  - **3단계** : 루트라고 하는 단일 해시코드가 생성될 때까지 위 단계를 반복합니다.

그림 1.2는 Merkle 이진 해시 트리Merkle binary hash tree를 나타냅니다.

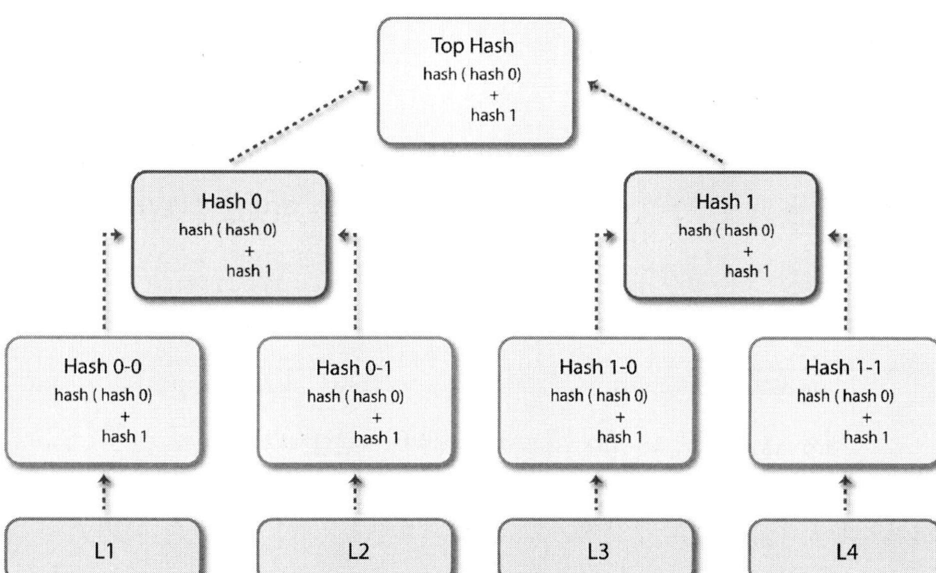

▎그림 1.2▎

암호

Bitcoin, Ethereum 및 기타 블록체인 플랫폼의 모든 정보 및 데이터는 **타원곡선 디지털 서명 알고리즘**ECDSA, Elliptic Curve Digital Signature Algorithm을 사용하여 생성된 서명으로 검증됩니다. 이 알고리즘은 암호학적으로 안전한 서명 알고리즘입니다.

트랜잭션의 서명 및 확인 방법에는 암호키가 필요합니다. 암호키는 공개키와 개인키 두 가지 유형의 키 쌍으로 이루어져 있습니다. 개인키는 트랜잭션의 서명에 사용되며, 공개키는 서명 값에 대한 검증에 사용됩니다. 개인키는 지갑이 생성될 때 동시에 생성되며, 임의의 값을 가집니다. 유한체Finite field에서 타원곡선 곱셈Elliptic curve multiplication을 사용하여, 개인키로부터 공개키를 수학적으로 유도합니다. 개인키는 거래에 서명을 하는 사람만이 가지는 비밀 값입니다. 반면 공개키는 모두에게 공개된 값이며, 트랜잭션에 대한 검증을 수행하려는 모든 사람이 공개키를 사용하여 검증할 수 있습니다.

다음 예를 살펴봅시다.

사용자 A와 사용자 B 두 사람이 인터넷을 통해 일부 정보를 주고 받으려고 합니다. A와 B는 각각 개인키/공개키 쌍을 가집니다. 안전한 디지털 거래를 위해 암호를 사용합니다. 따라서, A는 B의 공개키를 사용하여 데이터를 암호화하고 B로 보냅니다. 이 암호화된 정보를 수신한 B는 개인키를 사용하여 암호를 해독합니다. 암호화는 암호학에서 사용되는 핵심 개념으로, 적절한 권한이 없는 네트워크의 다른 사용자가 메시지를 읽을 수 없도록 합니다. 암호방식은 크게 **대칭 암호방식**과 **비대칭 암호방식**으로 나뉩니다.

- 대칭 암호는 암호화 및 암호 해독에 하나의 키를 사용합니다.
- 비대칭 암호에는 공개키와 개인키라는 두 개의 키가 필요합니다. 개인키는 공유되지 않으므로 대칭 암호에 비해 더 안전합니다.

블록체인에 사용되는 주요 구성 요소는 다음과 같습니다.

- **P2P 네트워크** : 피어 투 피어Peer-to-peer 네트워크는 분산 원장의 일관된 사

본을 유지하는 데 도움이 됩니다. 블록체인에서 캡쳐된 모든 트랜잭션은 분산 원장 내에서 블록을 운용하는 노드 네트워크를 통해 유지 관리됩니다.

- **개인키 암호**Private key cryptography : 개인키 암호 기술은 블록체인의 보안 및 해시 기능에 사용되며, 블록체인의 불변성을 제공합니다.
- **블록체인 프로그램** : 블록체인 프로그램은 블록체인의 보안을 유지하기 위한 일련의 작업을 수행하는 프로토콜입니다.

블록체인의 빌딩 블록

지금부터 개념을 하나씩 살펴보도록 하겠습니다.

블록

블록체인을 장부 또는 하나의 책으로 간주하면, 각 블록은 각각 일부분 또는 한 페이지를 나타내며 확인된 트랜잭션 모음만을 기록합니다.

블록체인에 저장된 각 블록은 해시로 고유하게 식별되며, 헤더header와 본문body으로 구성됩니다.

그림 1.3

헤더에는 타임스탬프, Merkle 루트, 논스, 난이도 목표difficulty target, 버전 및 이전 블록에 대한 레퍼런스처럼 생성에 관련된 정보가 포함됩니다. 본문은 승인된 거래에 대한 모음입니다. 블록의 유효성이 성공적으로 확인되면(즉, 채굴이 완료되면) 메인 체인의 일부가 됩니다.

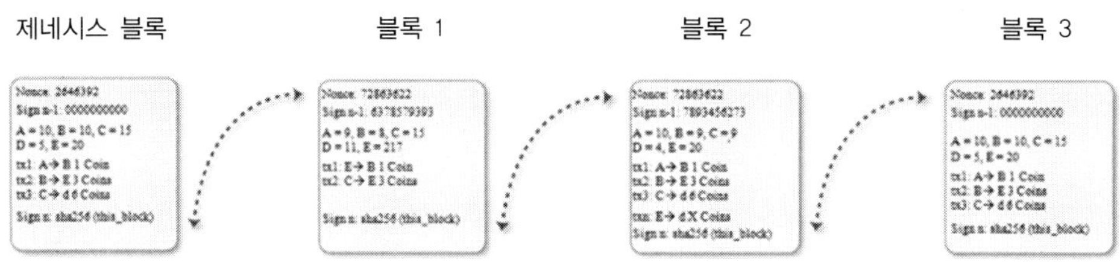

▌그림 1.4▐

트랜잭션

트랜잭션은 블록체인 시스템에서 가장 기본적인 요소입니다. 트랜잭션은 블록체인 네트워크 내에서 두 주소 사이의 가치(암호화폐) 이동을 나타냅니다.

트랜잭션을 생성하기 전, 발신자는 개인키(지갑으로 관리되는)를 사용하여 서명하고, 대상 주소를 지정합니다. 네트워크 사용자는 디지털 서명과 공개키를 이용하여 거래를 검증합니다. 또한 발신자가 공개키에 해당하는 특정 주소의 Bitcoin을 사용할 자격이 있는지 여부를 확인합니다.

스마트 컨트랙트

스마트 컨트랙트Smart contracts는 블록체인에 저장된 자체 실행 스크립트를 가리키는 기술로, 블록체인 기술 중 가장 흥미로운 개념입니다. 스마트 컨트랙트는 브로커나 변호사 등 특정 중개인에 의존하지 않은 채로 비즈니스 로직을 자율적으로 실행하는 기술로, 블록체인의 개념을 한 단계 더 끌어 올리는 역할을 합니다.

가상 머신

가상 머신Virtual machine은 일종의 논리적 요소로, 모든 참가자가 실행하는 노드 어플리케이션의 일부로 구현됩니다. 가상 머신의 개념을 이해하기 위해, 일반적인 컴퓨터 환경과의 유사점을 살펴보겠습니다. 물리적인 컴퓨터가 컴퓨터 프로그램을 실행할 때, 프로그램의 명령Instruction은 컴퓨터의 **상태**state를 변경합니다. 사용자는 대화 상자, 소리 또는 다른 전송 수단으로 상태 변경을 식별합니다. 가상 머신은 컴퓨터 프로그램에 의해 생성되고 코드로 구현된 명령어로 작동되는 머신(실제 또는 가상의)을 나타냅니다. 가상 머신은 물리적 기계 내부에 유지되는 기계의 추상적 개념에 해당합니다. Ethereum은 Bitcoin과 같은 블록체인 생태계 중 하나로, 가상 머신을 구현했습니다. 지갑이라는 Ethereum 노드 어플리케이션에 가상 머신이 있으며, Bitcoin과 달리 다양한 명령을 이해하여 디지털 컨트랙트의 상태를 관리할 수 있습니다.

노드

노드Nodes는 블록체인 네트워크 상에서의 디바이스를 가리키는 용어로 블록체인 기술의 기초를 형성하고 전체 블록체인 네트워크를 동작하게 만드는 주체입니다. 노드는 블록체인 네트워크에 분산되어 있으며 다양한 활동과 작업을 수행합니다. 즉, 노드는 블록체인이라는 대규모 데이터 구조의 개별 섹션에 해당합니다. 노드의 소유자는 거래 수수료를 징수하고 거래에 대한 보상을 받을 수 있습니다.

P2P 네트워크

기존에 널리 사용되고 있는 중앙 집중식 시스템과 달리, P2PPeer-to-Peer 네트워크는 블록체인에 분산성을 가져옵니다. 각 피어(네트워크 상에서의 컴퓨터 시스템)는 동등하다고 간주되며 일반적으로 노드라고 불립니다. 피어는 서버 또는 안정성을 지닌 특정 호스트에 의한 중앙적 조정 없이도 디스크 스토리지, 프로세싱 파워, 또는 네트워크 대역폭과 같은 일부 컴퓨팅 리소스를 다른 참가자가 직접 사용할 수 있도록 합니다. P2P 네트워크 사용의 주요 장점은 중앙 액세스 지점이나 스토리지가 없다는 것입니다. 따라서, 어느 누구도 단독적으로 통제할 권한을 가지고 있지 않습니다.

상태 머신

상태 머신State machine은 프로그램 설계 또는 프로그램 논리에 사용되는 일련의 개념을 말합니다. 상태 머신에는 유한 상태 머신과 무한 상태 머신의 두 가지 유형이 있습니다. 유한 상태 머신은 상태 및 전이transition 세트로 구성되며 흐름도로 모델링될 수 있는 반면, 무한 상태 머신은 로직logic을 사용하여 조건에 따른 개념의 경로를 개발합니다. 블록체인은 유한 상태 머신을 사용하여 프로그램 및 로직 세트를 개발합니다. 상태 머신은 위상topology과 같은 사전 구성된 그래프 구조를 가지는데, 블록체인 기술은 이 구조를 사용하여 네트워크를 연결합니다.

합의

합의consensus는 트랜잭션을 확인하고 네트워크 내에서 새로운 블록을 생성하는 데 사용됩니다. 채굴자는 각 블록을 확인하여 수학 퍼즐을 풀려고 시도합니다. 따라서 합의는 채굴자가 블록을 성공적으로 추가했음을 보여주는 일련의 영수증 역할을 합니다.

블록체인의 구조

블록체인의 구조는 모든 블록이 이전 블록의 헤더를 가리키는 연결 목록linked-list의 구조와 매우 유사합니다. 블록체인은 서로 연결되고, 해시 포인터로 연결된 블록 모음을 형성합니다. 이러한 구조는 블록체인에게 위조 방지성tamper-proof을 제공합니다.

블록체인의 모든 블록은 헤더, Merkle 루트, 트랜잭션 목록의 세 부분으로 구성됩니다. 그림 1.5는 단일 블록 구조의 예를 보여줍니다. 동일한 블록체인 내 모든 블록의 구조는 유사합니다.

세 가지 요소를 각각 살펴보겠습니다.

- **헤더** : 블록의 버전 정보, 논스nonce, 이전 블록 ID, 타임 스탬프 및 해시 값이 포함됩니다.

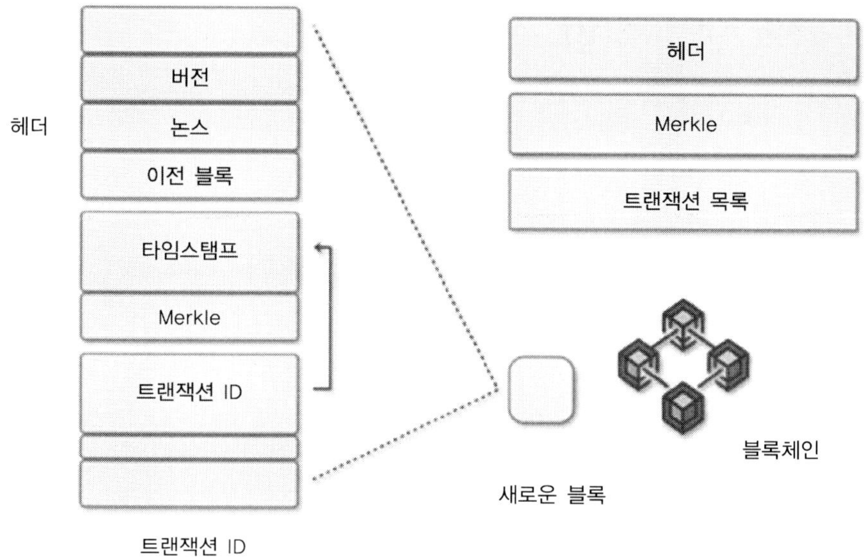

| 그림 1.5 |

- Merkle **루트** : 블록의 트랜잭션 식별자에서 작성된 해시입니다.
- **트랜잭션 목록** : 트랜잭션 자체를 나타냅니다. 블록에 의해 검증되고 Merkle 트리에 포함된 모든 트랜잭션의 식별 해시 목록입니다.

Merkle 트리는 이진 해시 트리binary hash tree라고도 부릅니다. 대규모 데이터 집합의 무결성을 요약하고 확인하는데 사용되는 데이터 구조입니다. 이진 해시 트리는 블록에서 발생되는 이벤트를 추적합니다. 암호학적 해시를 포함하고 있기 때문에 변조될 수 없으며, 블록 전체에서 무결성을 유지합니다. 루트가 맨 위에 있고 리프leaf가 맨 아래에 있는, 생김새가 마치 거꾸로 된 나무와 같습니다.

트랜잭션 데이터의 일부에서 변경 또는 변조가 발생하면, Merkle 트리에서 이를 명확하게 식별할 수 있으며 트랜잭션 추가 또는 해싱이 중지됩니다.

따라서 Merkle 트리는 블록체인 기술을 구현하는 데 중요하며 블록체인 데이터가 변조되지 않았다는 사실을 보증하는 중요한 기술입니다. 위 정보들이 함께 결합되어 새로운 블록을 생성합니다. 새로 생성된 블록이 블록체인에 추가됨으로써 해당 블록 내의 모든 트랜잭션을 보증합니다.

블록체인 작업

블록체인의 작동 방식을 이해하기 위한 예를 살펴보겠습니다.

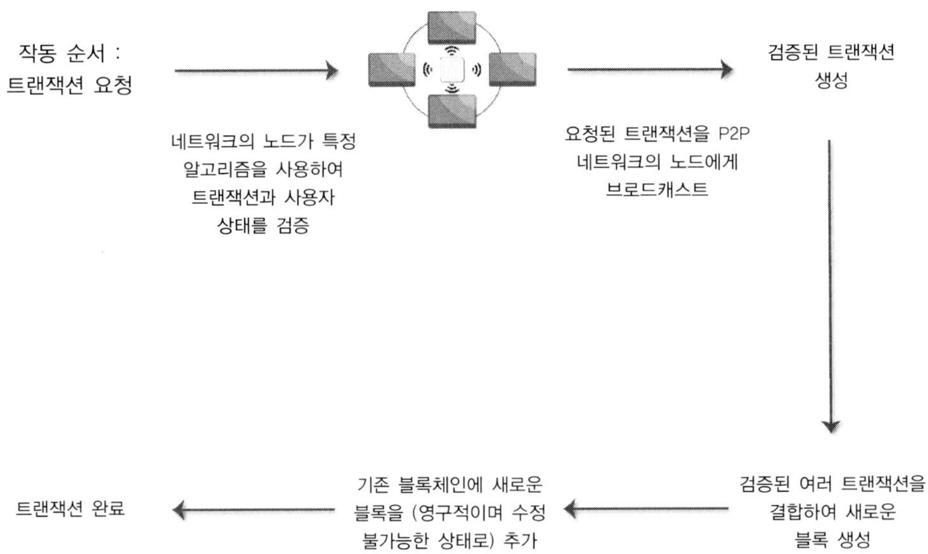

▌그림 1.6▐

사용자 A가 사용자 B에게 Bitcoin을 보내려고 한다고 가정합시다. 이 요청은 노드 — 전 세계에 퍼져 있는 컴퓨터 — 로 구성된 P2P 네트워크에 브로드캐스트 됩니다. 트랜잭션이 브로드캐스트되면 네트워크 내의 모든 노드는 해당 트랜잭션을 받습니다. 트랜잭션을 받은 각 노드는 공통 알고리즘을 사용하여 유효성을 검사합니다. 유효성 검사 시, 트랜잭션은 다른 유효성 검사가 완료된 트랜잭션과 함께 메모리 풀이라는 곳에 배치됩니다. 메모리 풀에 있는 검증된 트랜잭션들을 모아 새로운 데이터 블록을 생성하고 기존 블록체인 내의 원장에 추가합니다. 해당 블록이 블록체인에 추가된 후, 실제 거래가 완료됩니다.

블록체인 기술의 특징은 다음과 같습니다.

- **안전성**secure : 모든 사람이 블록체인에 있는 거래 또는 원장 레코드를 무단 변경하는 것은 사실상 불가능하므로, 안전하고 신뢰할 수 있습니다.

- **전 세계적으로 수용** : 블록체인은 국경에 대한 제한이 없으며, 중앙 기관이나 정부가 이를 통제할 수 없기 때문에 전 세계적으로 수용되는 기술 스택입니다.
- **자동화된 운영** : 트랜잭션을 중재할 필요가 없으므로, 트랜잭션 처리를 위한 민간 회사가 필요 없습니다.
- **오픈 소스** : 블록체인은 모든 작업이 커뮤니티에서 수행되는 오픈 소스 기술입니다.
- **분산** : 블록체인은 레코드가 네트워크의 모든 노드에 저장되는 분산 모델입니다. 데이터가 모든 노드에 전체적으로 분산되므로, 한 노드가 다운되어도 다른 노드에 영향을 미치지 않습니다.
- **유연성**flexible : 기본 프로그래밍 개념을 따르기 때문에 블록체인 기술은 매우 유연합니다.
- **이중 지출**Double spending : 이중 지출이란 동일한 토큰을 두 당사자에게 보내는 경우인데, 블록체인은 이 문제를 해결합니다.
- **트랜잭션의 부인방지 기능** : 거래를 되돌릴 수 있는 은행 환경과 달리, 블록체인 세계에서는 재거래를 수행할 수 없습니다.
- **익명성** : 블록체인은 암호화를 통해 사용자의 신원을 숨겨 완전한 익명성을 제공합니다.

안전한 트랜잭션 처리의 기초

블록체인에서 보안 트랜잭션의 가장 중요한 부분은 네트워크의 모든 구성 요소가 Merkle 트리를 사용하여 원장과 상호 연결되어 있다는 것입니다. Merkle 트리에서 모든 리프 노드에는 계산된 해시가 있습니다. 네트워크가 이전에 작성된 해시를 변경할 수 없으므로 데이터 무결성을 제공합니다. 모든 거래는 Merkle 트리를 통해 암호화되어 연결됩니다. 블록이 수정되면, 전체 블록체인 네트워크는 공격을 알아차립니다. 블록 헤더에서 Merkle 트리 루트를 변경할 방법이 없기 때문에 네트워크는 악의적인 공격을 알게 됩니다.

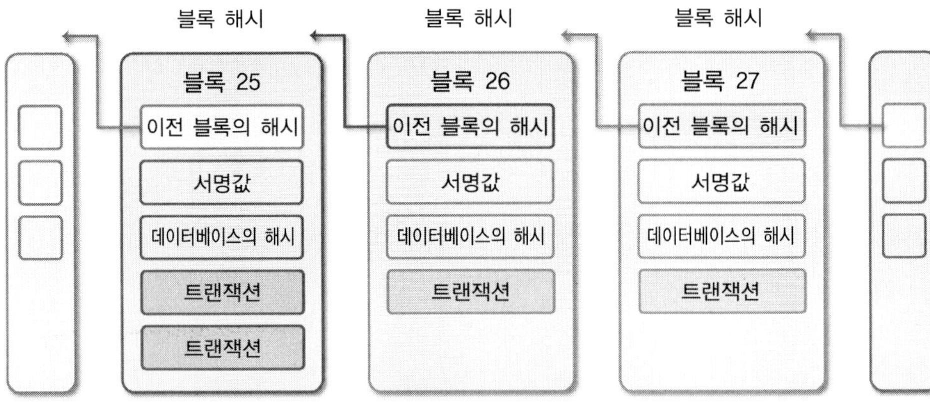

| 그림 1.7 |

탈중앙화

탈중앙화decentralization는 허가형permissioned 블록체인 네트워크와 무허가형permissionless 블록체인 네트워크 모두에 적용되는 구조입니다. 탈중앙화는 블록체인 기술과 함께 도입된 새로운 개념이나 아이디어가 아니고, 실제로 다양한 소프트웨어 어플리케이션 개발에 사용되었습니다. 중앙 집중식 모델은 소프트웨어 응용 프로그램에 가장 널리 사용되며, 개별 장치의 작동과 정보 흐름을 단일 지점에서 직접 제어합니다. 모든 정보는 중앙 위치에서 보내고 받아야 합니다. 중앙 집중식 모델은 일반적으로 클라이언트-서버 모델이라고 합니다. 하지만, 탈중앙화 모델은 이름에서 알 수 있듯이 네트워크를 제어하는 중앙 권한이 없습니다. 모든 노드는 네트워크를 통해 분산되어 있으며, 각 노드는 자체 활동을 담당합니다.

탈중앙화 모델과 분산 모델은 약간의 차이를 보입니다. 분산 모델Distributed model 또한 마찬가지로 여러 노드에 걸쳐 작업이 수행되며, 모든 정보의 사본이 모든 노드에게 동일하게 저장됩니다. 그러나 탈중앙화 모델과는 다르게, 분산 모델은 모든 시스템 정보를 취합하여 중앙에서 결정이 이루어질 수도 있습니다.

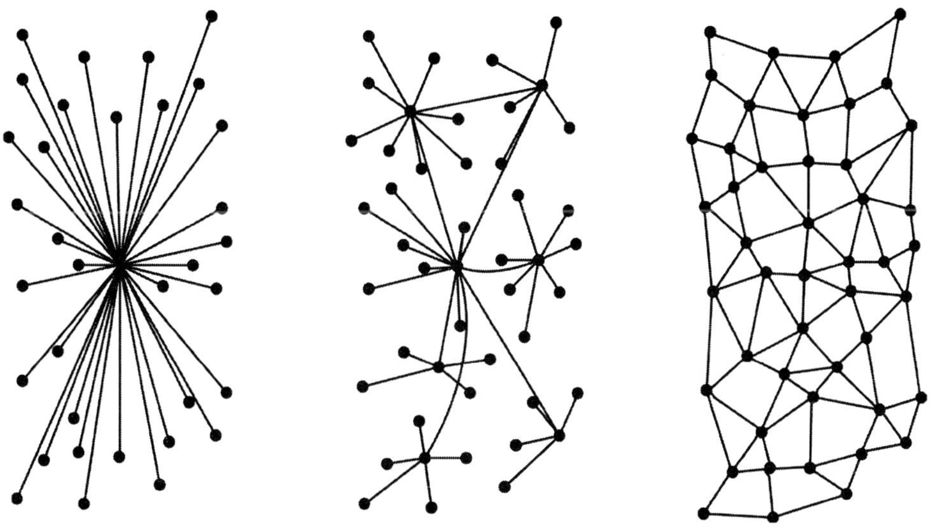

그림 1.8

분산 모델과 탈중앙화 모델의 차이점은 다음 표와 같습니다.

분산 모델	탈중앙화 모델
• 프로세싱processing은 여러 노드에서 시작되지만 결정decision은 여전히 중앙집중식 일 수 있음 • 책임성responsibility은 여러 노드간에 공유됨 • 시스템 정보는 네트워크의 노드 간에 공유됨	• 의사 결정의 중심이 없으며, 모든 노드는 결정decision에 대한 동등한 책임을 가지고 있음 • 각 노드는 네트워크 내에서 활동을 담당함 • 시스템 정보는 네트워크의 노드 간에 공유되지 않음

누군가, '한 시스템이 분산 모델과 탈중앙화 모델의 특징을 모두 가질 수 있을까?'라는 질문을 할 수 있습니다.

이에 대한 답은, 한 시스템이 분산 및 탈중앙화 네트워크 모델의 특징을 모두 가질 수 있다는 것입니다. 사실, 블록체인 기술도 마찬가지입니다. 블록체인은 탈중앙화 되어 있는 **분산 원장**이라고도 합니다. 간단히 Bitcoin을 예로 들어 보겠습니다. Bitcoin에는 공개 원장에 입력된 자체 타임 스탬프 정보가 있기 때문에 분산 네트워크 모델에서 작동합니다. 분산 원장 기술을 사용하지만 단일 권한이 없는 탈중앙화 모델을 기반으로 합니다. 블록체인 기술을 사용하는 모든 앱은 분산 모델과 탈중앙화 모델을 모두 활용합니다.

탈중앙화 모델의 역사

수십 년 동안 존재해 온 웹 또는 인터넷 자체는 탈중앙화에 속합니다. 하지만, HTTP 프로토콜은 웹 주소를 서버 주소로 변환하고 중앙 서버를 통해 제어되는 신뢰할 수 있는 서버를 사용합니다. 이때 HTTP 프로토콜은 메시지를 보내고 받기 위해 네트워크를 연결합니다.

Yahoo와 Myspace는 중앙 서버를 기반으로 구동되며, 사람들에게 가장 많이 사용되는 네트워크 어플리케이션이었습니다. 하지만 Yahoo와 Myspace는 서버 유지 관리 비용과 소프트웨어를 사용하는 사용자의 프로필에 대한 비용을 개인이나 그룹이 지불하지 않아도 되었습니다. **BitTorrent**는 대용량 미디어 파일을 즉시 다운로드할 수 있는 솔루션으로 만들어졌으며 해당 프로토콜을 대중화 했습니다. 사용자가 다운로드하려는 파일이 있는 경우, BitTorrent 프로토콜은 다양한 소스에서 파일을 찾아서 보다 빠른 속도와 높은 안정성을 제공하는 여러 서버를 통해 파일을 다운로드합니다. 이것은 탈중앙화 시스템의 첫 번째 예 중 하나에 해당합니다.

다음은 일부 탈중앙화 어플리케이션입니다.

OpenBazaar

OpenBazaar는 eBay의 탈중앙화 버전입니다. 중개인은 제품 비용을 결정하지 않습니다. 대신 판매자는 자신의 제품 가격을 결정합니다. 유일한 문제는 판매자가 판매해야 하는 자체 서버에서 상점을 호스팅해야 한다는 것입니다. OpenBazaar는 BitTorrent와 유사한 프로토콜을 사용하며 판매자와 구매자 간의 거래를 위한 화폐로 Bitcoin을 활용합니다.

Popcorn time

Popcorn time은 Netflix와 유사한 비디오 및 TV쇼 스트리밍용 어플리케이션으로, BitTorrent 프로토콜을 사용합니다. 그러나 자체 시스템 파일이 있기 때문에 언제 어디서나 비디오를 보려면 사용자가 자신의 시스템에 다운로드해야 합니다.

Lighthouse

Lighthouse는 일련의 스마트 컨트랙트가 포함된 Bitcoin 지갑입니다. 스마트 컨트랙트는 Kickstarter(2009년 시작된 미국의 크라우드 펀딩 서비스)와 유사한 특정 프로젝트에 돈을 저당하는 데 도움이 됩니다. 목표에 도달하면 프로젝트 지갑에서 자금을 검색할 수 있습니다.

Gems

Gems는 소셜 메시징 어플리케이션으로, WhatsApp과 유사한 비즈니스 모델입니다. Gems는 자체 통화를 발행합니다. 광고주가 중개인 역할을 하는 대신, 사용자에게 직접 데이터 비용을 지불하도록 합니다.

블록체인을 이용한 탈중앙화

한 사용자가 다른 사용자에게 자금을 이체하려는 간단한 예를 생각해 봅시다. 일반적으로 사용자는 자신의 은행 계좌에서 수취인 계좌로 자금을 이체합니다. 거래는 중앙 서버에 의해 통제되고 제어되며, 거래 수수료는 은행에 의해 부과됩니다. 따라서 은행은 중개자 역할을 수행합니다. 블록체인 기술을 사용하면 중개인없이 자금을 이체할 수 있습니다. 이것을 **중개인 제거**[disintermediation]라고 합니다. 중개자를 제거하는 것은 블록체인 기술에 사용되는 탈중앙화의 핵심 개념입니다.

이제 탈중앙화가 블록체인에서 어떻게 작동하는지 살펴보겠습니다.

- 탈중앙화는 네트워크를 통해 정보를 저장하므로, 중앙 스토리지 또는 중앙 장애 지점central point of failure에서 발생하는 위험을 제거합니다.
- 해당 시스템은 암호학적 기술을 사용합니다. 모든 사용자가 접근할 수 있는 공개키를 통해 인증을 수행합니다. 공개키의 사용 정도는 수학적 절차에 따라 다릅니다.
- 해당 시스템은 애드혹Ad-hoc 메시지 전달 및 분산 네트워킹을 사용합니다.
- 네트워크의 모든 노드는 블록의 사본을 가지고 있습니다. 데이터 평등Data equality은 데이터 복제에 의해 유지되며, 공식적인 복사본이라는 것은 없습니다. 모든 사용자는 동등한 권리를 가지고 있으며 모두 동일한 데이터 사본을 가집니다. 트랜잭션은 네트워크로 브로드캐스트 됩니다.

탈중앙화 어플리케이션 Decentralized application, Dapps의 세 가지 주요 기능은 다음과 같습니다.

- 누구도 소유하지 않음
- 고장 시간Down time 없음
- 강제로 종료될 수 없음

탈중앙화 생태계

성공적인 탈중앙화를 달성하기 위해서는 블록체인과 관련된 요소들이 모두 탈중앙화되어야 합니다.

저장소

블록체인에서 데이터는 네트워크를 통해 분산된 블록에 저장됩니다. 그러나, 이 저장소는 트랜잭션 해시와 같은 소량의 데이터로 제한되기 때문에, 대용량 데이터 파일은 이와 유사한 방식으로 저장할 수 없습니다.

정보를 저장하는 다른 방법은 P2P 시스템 내에서 파일 공유를 활용하는 분산 해시 테이블을 사용하는 것입니다. 저장소에 필요한 두 가지 주요 요소에는 가용성availability과 안정성stability이 있습니다. 즉, 필요할 때 데이터를 검색할 수 있어야 하고 네트워크 링크에 액세스할 수 있어야 합니다. **IPFS**Interplanetary File System는 이러한 특성을 모두 가집니다. 저장 및 검색에는 Merkle **지도 비순환 그래프**Directed Acyclic Graph, DAG를 사용하여 HTTP 프로토콜을 대체합니다.

통신

탈중앙화 시스템에서는, 네트워크와 노드가 오류 또는 잘못된 과정 없이 메시지를 주고받을 수 있는 원활한 통신이 필요합니다. 따라서, 중앙 허브 없이 모든 사용자 기반의 탈중앙화 된 통신 방법이 생성됩니다. 시스템을 단독적으로 종료하고 제어할 권한을 가지고 있는 노드는 없습니다.

계산

탈중앙화를 위해서는 해싱과 같은 암호화 방법에 대한 계산이 필요합니다.

그림 1.9는 탈중앙화 시스템을 설명합니다.

탈중앙화 자율 조직 Decentralized Autonomous Organization, DAO은 회사의 내규를 스마트 컨트랙트 코드에 포함시켜 분산시키는 것을 목표로 하는 가장 복잡한 형태의 스마트 컨트랙트입니다. 역사적으로 Bitcoin 블록체인 네트워크는 최초의 자율적autonomous 엔터프라이즈로 간주되었습니다. Bitcoin은 어느 누구나 참여할 수 있는 분산 합의 프로토콜을 사용하였습니다. 결국 DAO는 기술의 완전한 가상화를 위해 발전했습니다. DAO는 합의 기술을 사용하는 분산 네트워크에서 실행됩니다. 작성된 컴퓨터 코드 또는 조직 구성원의 투표를 통해 전자적으로 결정을 내리는 사업체 또는 조직으로 간주될 수 있습니다.

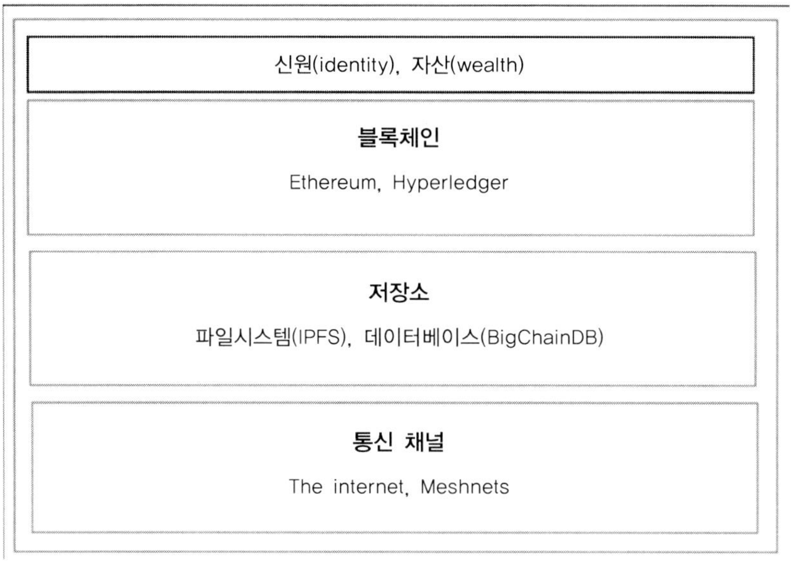

▌그림 1.9▐

분산 어플리케이션의 요구 사항은 다음과 같습니다.

- Dapps는 오픈 소스 프로그램으로 작성되어야 하며, 토큰을 통해 자율적으로 제어 및 실행되어야 합니다. 모든 변경 사항은 투명[transparent]해야 하며, 합의에 따라 동작해야 합니다.
- 조직 및 운영에 대한 데이터와 기록은 암호화로 보호되고, 공개 원장에 저장되어야만 합니다.
- 탈중앙화 어플리케이션에서 토큰을 생성하는 경우, 암호화 표준을 따라야 합니다. 이 토큰은 일반적으로 채굴자 비용으로 제공됩니다.

탈중앙화의 단점은 다음과 같습니다.

- **채굴자** : 51%의 공격은 퍼블릭 블록체인의 본질적인 장애로 간주됩니다.
- **Eclipse** : Eclipse는 블록체인에 대한 네트워크 수준 공격입니다. 공격자는 전체 네트워크를 제어하면서 블록체인 네트워크에서 노드를 변경하려고 합니다.
- **자금 생성 신용 사기**[money-making scams] : 탈중앙화 퍼블릭 블록체인은 수 많은 사기의 표적이 됩니다.

엔터프라이즈를 위한 블록체인

현재 블록체인 기술은 비즈니스 세계에서 큰 주목을 받고 있습니다. 엔터프라이즈를 위한 많은 엔터프라이즈 어플리케이션이 연구 및 개발되고 있습니다. 엔터프라이즈는 다음과 같은 블록체인 기술 기능을 활용하는 데 관심이 있습니다.

- 거래비용 및 시간 절감
- 제품 및 시스템 보안 개선
- 사기/위조 방지
- 투명성 향상
- 새로운 수익원

엔터프라이즈 블록체인 플랫폼

이전에 말했듯이, 암호화폐는 블록체인 기술에서 실행되는 하나의 어플리케이션입니다. 블록체인 기술은 훨씬 더 많은 것을 제공할 수 있습니다. 블록체인 솔루션을 개발하고 운영을 수행함으로써, 다양한 산업 분야에서 블록체인 기술의 진정한 잠재력이 연구되고 테스트되고 있습니다. 다음은 다른 블록체인/DLT 기반 플랫폼 중 일부입니다.

Ethereum : Ethereum은 2014년부터 사용되어 왔으며, 탈중앙화 어플리케이션의 패러다임을 이해하는 데 중요한 역할을 했습니다. 강력한 스마트 컨트랙트 기능과 함께 유연한 구조를 지니고 있습니다. Ethereum은 다양한 산업 간 프로젝트 및 비즈니스 어플리케이션에 사용되고 있습니다. 블록체인 기술을 사용하여 고급 어플리케이션을 만들려는 비전을 가지고 개발된 무허가형(또는 퍼블릭) 플랫폼입니다. 현재 Ethereum에서 사용되는 합의 알고리즘은 작업 증명입니다. Ethereum은 향후 합의 알고리즘을 지분 증명Proof-of-Stake으로 변경할 계획을 가지고 있습니다.

Hyperledger Fabric : Hyperledger는 2017년 Linux 재단에 의해 설립되었습니다. Hyperledger는 업계 간 엔터프라이즈 솔루션을 위한 오픈 소스 플랫폼입니다. Hyperledger는 전 세계 조직과 185개 이상의 협력 관계를 유지하고 있습니다. Hyperledger 프로젝트 중에서 가장 유명한 것은 IBM이 제안한 Hyperledger Fabric입니다.

R3 Corda : Corda는 2015년에 시작된 플랫폼으로, 은행 및 금융 서비스 산업을 위해 개발되었습니다. R3은 Corda라는 오픈 소스 탈중앙화 분산 원장 플랫폼을 만들기 위해 모인 세계 최대 엔터프라이즈들의 컨소시엄입니다. **Corda**는 프로세스 및 트랜잭션에 토큰 또는 암호화폐를 요구하지 않습니다. 네트워크 참여자에게만 데이터 접근을 제공하는 허가형 블록체인입니다.

Ripple : Ripple은 글로벌 결제 시스템을 위한 엔터프라이즈 블록체인 솔루션입니다. Ripple의 주요 목표는 은행을 연결하여 원활한seamless 지불 처리가 가능한 시스템을 만드는 것입니다.

Quorum : Quorum은 세계 최고의 투자 및 금융 회사 중 하나인 JPMorgan에 의해 개발되었으며, Ethereum 블록체인 코드로부터 갈라져 나온 기술입니다. 작업 증명 합의 알고리즘을 사용하는 대신, Quorum은 투표 기반Vote-based 알고리즘을 사용합니다. 스마트 컨트랙트 및 네트워크 구성 방법에 따라 초당 수백 건의 트랜잭션을 처리할 수 있습니다.

다음은 다양한 엔터프라이즈 블록체인 시스템을 비교한 표입니다.

이름	타입	처리속도
	엔터프라이즈 블록체인	
Hyperledger Fabric	허가형 DLT	3.5k – 110k tx/s
Quorum	변형된 Ethereum 블록체인	25 – 200 tx/s
R3 Corda	DLT	15 – 1700 tx/s
	퍼블릭 블록체인	
Bitcoin	Bitcoin 블록체인	7 – 10 tx/s
Ethereum	Ethereum 블록체인	15 – 20 tx/s
Stellar	Stellar 블록체인	1000 – 2000 tx/s

위의 표에서 볼 수 있듯이 엔터프라이즈 블록체인은 일반적으로 Bitcoin 또는 Ethereum과 같은 표준 퍼블릭 블록체인보다 처리량이 많고 대기 시간이 짧으며 합의 프로토콜이 덜 복잡합니다. 엔터프라이즈 블록체인 플랫폼의 주요 기능 중 일부는 다음과 같습니다.

- 분산 원장
- 합의 메커니즘
- 스마트 컨트랙트
- 신원identity 관리
- 허가
- 접근 제어
- 토큰/암호화폐(일부의 경우)

블록체인 사용을 위한 고려 사항

다수의 엔터프라이즈와 조직에서 블록체인 기술을 도입하고 사용하기 시작했습니다. 다만, 모든 비즈니스에서 이 기술을 구현해야 하는 것은 아닙니다. 최근 설문 조사에서, 많은 비즈니스가 블록체인의 기본 개념을 이해하지 않고 이를 활용하는 것으로 입증되었습니다. 많은 조직이 가상화폐공개ICO 기반의 암호 토큰을 개발하고 공개하였으나 이 중 80%는 사기scam라는 것이 드러났습니다.

다음은 블록체인 기술을 비즈니스에 구현하기 전에 명심해야 할 사항입니다.

- **투명성**transparency : 블록체인 기술의 두드러진 특징은 투명성입니다. 네트워크 사용 권한이 있는 사람은 누구나 거래 내역을 볼 수 있습니다. 이들은 정보를 볼 수 있지만 동일한 정보를 수정/삭제할 수는 없습니다. 따라서 전체 네트워크에 대한 투명한 명세에 관심이 있는 엔터프라이즈는 블록체인 기술을 고려할 수 있습니다.
- **효율성** : 블록체인 기술의 불변성immutability은 수동 검증이 필요 없으므로, 운영 효율성이 향상됩니다.

- **무결성** : 전체 네트워크는 합의를 통해 설립되며 블록체인 네트워크의 모든 부분이 특정 조건하에서 프로그래밍 됩니다. 따라서 어느 누구도 조건을 변경하거나 독립적으로 작동할 수 없으므로, 무결성이 강화됩니다.
- **보안** : 고급 암호화 개념은 완벽한 보안을 보장합니다. 따라서 트랜잭션 데이터를 안전하게 유지하려는 회사들은 블록체인 기술을 활용할 수 있습니다.
- **중개인 제거**disintermediation : 조직에서 데이터가 분산되어 있는 경우, 중앙 기관이 모든 것을 제어하는 중앙 데이터베이스 보다는 중개성이 없고 분산성을 지닌 블록체인 기술이 적합합니다.
- **견고성**robustness : 블록체인 기술의 견고성은 분산된 특성에 기인하므로, 단일 장애 지점single point of failure 문제를 해결합니다.

분산 시스템

분산 시스템은 공통의 결과를 얻기 위해 함께 작동하도록 연결된, 둘 이상의 시스템/노드로 정의됩니다. 노드/시스템은 각 노드가 메시지를 보내고 받을 수 있도록 연결된 개별 엔티티로 정의될 수 있습니다.

각 노드에는 자체 코어 메모리 또는 처리 장치가 있습니다. 노드는 내결함성Fault tolerant이 되어 임의의 방식으로 작동하며, 그 결과로 비잔틴 노드Byzantine node/시스템이 됩니다.

노드는 악의적일 수 있으며, 전체 네트워크가 잘못된 행동을 하는 것처럼 보이게 합니다. 분산 시스템의 주요 도전과제는 모든 노드가 협력하면서 동시에 내결함성을 피하는 것입니다. 그러나 분산 시스템에는 일관성, 가용성 및 파티션 허용 오차가 동시에 필요하므로 이를 모두 만족하는 것은 쉽지 않습니다.

블록체인 기술은 비잔틴 장군 문제라고 하는 방법을 사용하여 이 세 가지 중요한 요구사항을 동시에 충족시킬 수 있었습니다.

내결함성은 큰 위협 중 하나입니다. 노드가 예기치 않게 중단되어 전체 네트워크가 마음대로 작동하거나, 전체 노드가 비활성 상태가 될 수 있기 때문입니다.

비잔틴 장군 문제

합의 프로토콜을 사용하여 안전한 거래 시스템을 만들려면, 시스템에 내결함성이 필요합니다. 이제 비잔틴 장군 문제를 간단히 살펴보겠습니다.

두 장군 문제 : 이 문제에 대해, 장군 1과 장군 2가 있는 예를 들어보겠습니다. 장군 1은 지도자이며 장군 2는 지도자의 지시를 받는 부하 장군입니다. 이 때 두 장군이 서로 다른 장소에 진을 치고, 그 둘 사이에 적의 기지국을 두고 있다고 가정하겠습니다.

메시지 전달자인 메신저messenger를 통해, 장군 1은 장군 2에게 공격 수행 메시지를 보냅니다. 그러나 장군 2에 도착하기 전에 메신저가 적에게 잡히거나 죽을 수 있습니다.

메신저가 장군 2에게 무사히 도착하더라도, 장군 2는 장군 1에게 수신 확인 메시지를 보내야 합니다. 이로 인해 네트워크 불일치가 생길 수 있습니다. 이 문제를 해결하기 위해 비잔틴 장군 솔루션the Byzantine Generals Solution이 제안됩니다.

블록체인의 종류

블록체인에는 두 가지 범주가 있습니다.

1. **퍼블릭 블록체인** : 퍼블릭 블록체인은 Bitcoin 또는 Ethereum과 같은 플랫폼을 말합니다. 누구나 네트워크에 참여할 수 있고, 누구나 네트워크에서 거래할 수 있으며, 모든 사람이 네트워크에서 동일한 데이터 세트를 보유하고 있습니다. 퍼블릭 블록체인은 트랜잭션을 수행하기 위한 특정 권한이 필요하지 않습니다. 네트워크상의 모든 당사자는 동등한 권한을 가지며, 동일한 원장 사본을 가지고 있습니다.
2. **프라이빗 블록체인** : 프라이빗 블록체인은 이름에서 알 수 있듯이 블록체인 네트워크에 가입하도록 지정된 특정 당사자들로 구성됩니다. 모든 트랜잭션

과 데이터는 해당 당사자로만 제한됩니다.

이 책의 나머지 장에서는 프라이빗 블록체인인 Hyperledger를 다룰 것입니다.

다음 표는 퍼블릭 블록체인과 프라이빗 블록체인의 차이점을 보여줍니다.

특성	퍼블릭	프라이빗
데이터 접근	누구나 데이터에 접근 가능	일부 제한된 노드만이 데이터 접근 권한을 가짐
성능	프라이빗 블록체인보다 느린 성능을 가짐	퍼블릭 블록체인보다 빠르지만 중앙집중형 데이터베이스 구조보다는 느림
안전성	데이터 보안을 위한 합의 알고리즘에 의존함	합의 외에도 노드로 사전 승인된 개체가 있으면 추가 보안 계층이 추가될 수 있음
익명성	참여자들은 일부 또는 전체 익명성을 가짐	참여자들은 공개되어 있음

요약

암호화폐라는 단어가 최근 많은 주목을 받게 되면서, 암호화폐가 기술의 핵심 그 자체라고 오해할 수 있습니다. 하지만 기본 메커니즘으로 사용되는 필수 요소는 블록체인 기술입니다. 블록체인은 Bitcoin에 의해 대중화 되었으며, 탈중앙화 되고 중앙의 신뢰를 필요로 하지 않는 분산 원장입니다. 1장에서는 블록체인의 핵심 계층과 시장에서 사용되는 다양한 유형의 블록체인을 포함하여 블록체인 기술의 기본 사항을 다루었습니다. 또한 블록체인 기술의 핵심 개념 중 일부를 이해하고, 일반적으로 사용되는 핵심 용어와 개념을 검토하여 블록체인 기술의 핵심 개념을 파악했습니다.

다음 장에서는 엔터프라이즈에 분산 응용 프로그램을 배포할 때 가장 널리 사용되는 네트워크 중 하나인 Hyperledger에 대해 자세히 설명합니다.

CHAPTER 2

Hyperledger와 Composer

Ethereum 사용자가 Hyperledger로 넘어갈 때 가장 먼저 나올만한 질문은, '왜 Hyperledger 같은 블록체인 기술이 만들어졌나?' 입니다.

Hyperledger가 만들어진 배경을 이해하려면, 엔터프라이즈 레벨 어플리케이션에 사용하기 어려운 Ethereum의 한계를 먼저 파악해야 합니다. Ethereum 네트워크가 4개의 노드인 **Node 1**, **Node 2**, **Node 3**, **Node 4**로 구성되어 있다고 가정하겠습니다. 스마트 컨트랙트가 네트워크에 배포되면, 4개의 모든 노드로 전파되어 분산시스템이 형성됩니다. **Node 1**에 의해 트랜잭션 Tx1이 발생한다고 가정합시다. Tx1은 **Node 1**에 의해 초기화 되었지만, Ethereum 퍼블릭 블록체인의 분산 특성으로 인해 네트워크의 다른 모든 노드로 Tx1이 전파됩니다.

이때 트랜잭션이 암호화되고 노드의 ID가 드러나지 않더라도, 모든 노드는 적어도 특정 트랜잭션이 발생했음을 알고 있습니다. 다른 모든 노드는 트랜잭션의 정보를 알아내기 위해 트랜잭션(정확한 세부 사항이 아닌 최소한의 기본 정보)에 대한 역공학 기법 Reverse engineering을 수행함으로써, 트랜잭션이 무엇을 목적으로 하는지를 알아낼 수 있습니다. 이는 퍼블릭 블록체인의 특성으로, Bitcoin 및 Ethereum과 같은 암호 화폐 세계에서 트랜잭션의 투명성을 제공합니다.

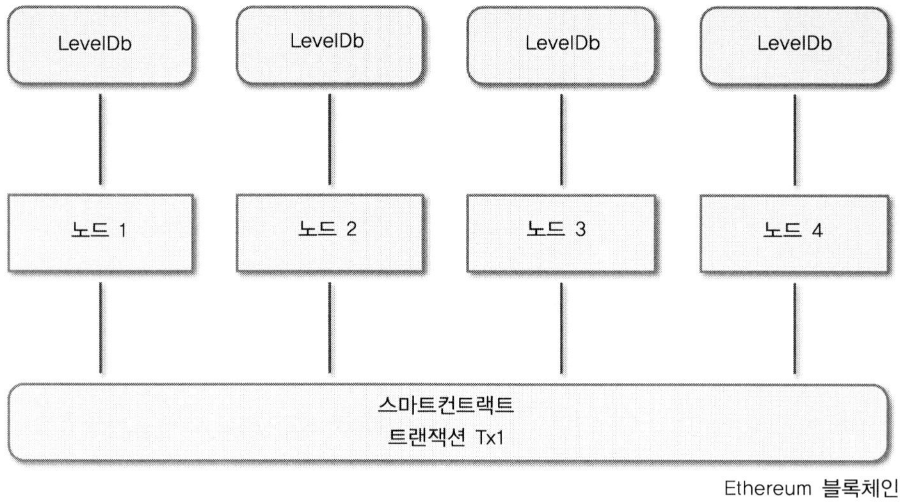

▌그림 2.1▐ Ethereum 블록체인

하지만, 은행권에서는 트랜잭션의 완전한 투명성 보장이 어렵습니다. 은행(또는 기관)이 자신만이 보유한 고객의 프라이버시를 드러내지 않은 채로 서비스에 활용하고 싶어 하는 경우도 있기 때문입니다. 예를 들어, 은행은 VIP 고객에게 더 나은 신용카드 수수료나 대출 금리를 제공합니다. 은행은 이러한 정보의 노출을 꺼려하기 때문에, 완전한 투명성이 문제가 될 수 있습니다.

또한, 경쟁사와 관련된 문제도 있습니다. 모든 은행은 기본적으로 더 나은 시장을 만들기 위해 상호 경쟁관계에 있습니다. 은행들은 다른 은행들이 경쟁 우위를 서지 못하도록 금융거래 세부 사항, 전략 및 정책을 기밀로 유지하는 것을 선호합니다. 이러한 종류의 기밀 및 프라이빗 시스템은 Ethereum과 같은 퍼블릭 블록체인에서는 불가능합니다. 따라서 Ethereum은 엔터프라이즈 어플리케이션에 적합하지 않습니다.

이러한 이유로 Hyperledger 프로젝트가 시작되었습니다. Hyperledger는 엔터프라이즈 환경에 적합한 블록체인 기술 개발을 목표로 하고 있습니다.

Hyperledger는 오픈 소스 프로젝트로 알려진 Linux 재단이 관리합니다. 업체들이 자신들의 플랫폼 코드를 Linux 재단에 제출하면, Linux 재단은 업계 전문가 및 전문 조직을 초청하여 컨소시엄을 만들고 해당 기술의 플랫폼 참여, 개발, 테스트를 수행합니다.

Hyperledger 자체는 블록체인 플랫폼이 아닙니다. Hyperledger는 엄브렐러umbrella 프로젝트로서, 단일 프로젝트가 아닌 다양한 플랫폼과 프로젝트로 구성되어 있습니다.

Hyperledger의 비전은 엔터프라이즈 내에서 블록체인 기술의 사용을 장려하는 것입니다. Hyperledger에서 가장 널리 사용되는 프로젝트는 Fabric이며, 이 책의 나머지에서 자세히 설명합니다.

이 장에서는 다음과 같은 주요 주제에 중점을 둘 것입니다.

- 비즈니스를 위한 블록체인
- Hyperledger Fabric의 장점
- 기존 블록체인의 문제점
- Fabric 아키텍처 및 합의
- Hyperledger 도구
- Composer Playground

2장의 목표 : 이번 장에서는 Hyperledger의 주요 구성 요소와 함께 Hyperledger의 목적을 설명합니다. 또한 비즈니스 네트워크의 빠른 배포에 주로 사용되는 Composer Playground에 대해서도 설명할 것입니다.

비즈니스를 위한 블록체인

그림 2.2는 중개자들로 구성된 전통적인 비즈니스 네트워크를 보여줍니다. 중개자는 모든 비즈니스에 존재합니다. 주식 거래 과정을 예로 들면, 수탁자, 거래자, 주식 명의 개서 대리인Transfer agent 등의 중개자가 있습니다. 중개자는 프로세스를 지연시키고, 비용을 증가시키며, 병목 현상을 일으키기도 합니다. 블록체인 기술은 중개자에 대한 의존

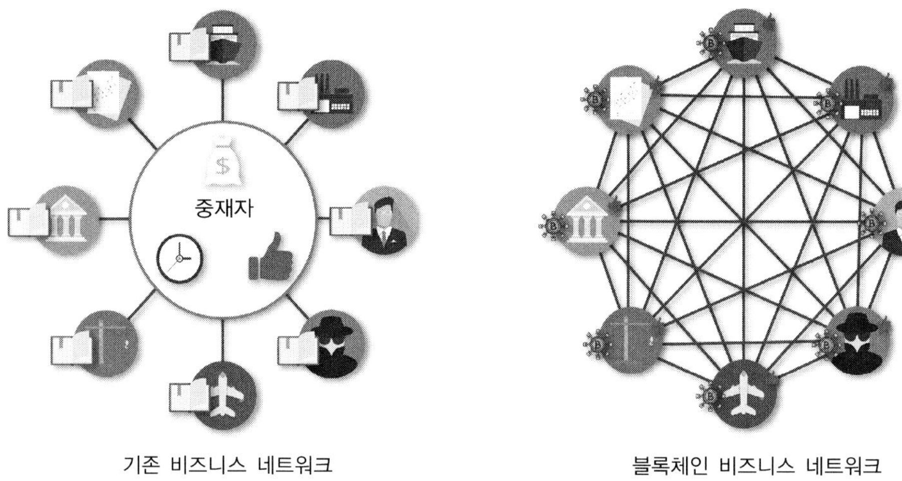

| 그림 2.2 |

성을 극복하는 방법을 제공합니다. 블록체인은 스마트 컨트랙트 형태의 프로세스를 작성하는 방법을 제공하여, 분산 플랫폼에서 실행해 줍니다. Hyperledger는 허가형permissioned 플랫폼 중 하나로, 프라이버시와 보안을 보장합니다.

기존 비즈니스 네트워크의 또 다른 문제는 각각 고유한 레코드를 가진다는 것입니다. 해당 네트워크에서 발생하는 모든 활동이 업데이트 될 수 있도록, 지속적으로 동일하게 조정되어야 합니다.

그러나 블록체인 기술은, 단 하나의 원장을 유지하고 관리하며 각 참여자는 모두 해당 원장에 대한 사본을 가지고 있습니다. 따라서 조정할 필요가 없습니다. 게다가 블록체인이 갖는 분산적 특성으로 인해 사본은 불변immutable합니다.

블록체인 비즈니스 네트워크는 몇 가지 장점이 있습니다.

1. 중개자가 없는 구조를 가짐으로써, 병목 문제없이 매우 효율적입니다.
2. 비즈니스 트랜잭션을 체계화 할 수 있습니다. 오래전부터 비즈니스는 구두계약 또는 법적 합의를 통해 수행되어 왔으며, 종이 기반Paper-based의 계약자 간 상호 서명을 통해 일반적으로 수행됩니다. 하지만 블록체인 세계에서는 자율적 계약 실행이 가능한 스마트 컨트랙트가 생성됩니다. 이렇게 제3자 개

입없이 조건이 자동으로 실행되면, 법적 효력이 약해질 수는 있습니다. 법적 인 측면은 완전히 다른 주제에 해당하며, 이 책의 범위를 벗어납니다. 하지만 스마트 컨트랙트를 사용하여 법적 분쟁이 발생했던 전례는 없습니다. 분명한 것은, 스마트 컨트랙트가 프로세스를 자동화하고 기존 비즈니스 네트워크에 필요한 대부분의 수작업을 제거하여 효율성을 극대화한다는 것입니다.

3. 상대방을 신뢰해야 할 필요가 없어집니다. 블록체인 네트워크에서 동작하는 스마트 컨트랙트에 모든 계약 조건이 명시되어 있기 때문에, 그 자체로 투명성과 불변성을 지닙니다.

블록체인 기반의 비즈니스 네트워크는 다음 네 가지 개념으로 구성됩니다.

1. **공유 원장**Shared ledger : 블록체인 네트워크는 공유 원장을 생성하며, 모든 참여자가 동일한 원장을 보유합니다.
2. **스마트 컨트랙트**Smart contracts : 스마트 컨트랙트는 계약 조건 및 약관을 자동으로 실행합니다.
3. **프라이버시** : 외부 커뮤니티로부터 데이터를 안전하게 유지하는 허가형 블록체인을 사용할 경우, 프라이버시 수준이 더 높아집니다.
4. **합의**Consensus : 트랜잭션 승인 또는 거절의 근거를 만듭니다.

Hyperledger는 엔터프라이즈 환경에 알맞은 블록체인 기술 개발을 목표로 만들어졌습니다. 다음은 Hyperledger의 목표 중 일부입니다.

1. Hyperledger는 엔터프라이즈 어플리케이션을 주 대상으로 합니다.
2. Hyperledger의 아이디어는 여러 커뮤니티가 저마다의 블록체인 어플리케이션을 구축하고 활용하는 것입니다.
3. 협업을 통해, 커뮤니티는 다양한 블록체인 플랫폼에서 저마다의 **개념증명**Proof-of-Concept 과정 및 적용 사례를 테스트할 수 있습니다.
4. Hyperledger의 중요한 목표 중 하나는, 사람들에게 블록체인 기술과 그 잠재력을 알려주는 것입니다.

Hyperledger Fabric의 장점

1. **풍부한 질의**Rich queries : 단 한번의 질의만으로, 블록체인 플랫폼에서 실행된 모든 트랜잭션을 찾을 수 있습니다.
2. **모듈러 아키텍처** : 모듈러Modular란 여러 모듈을 함께 또는 필요에 따라 사용할 수 있음을 의미합니다. Ethereum의 경우, 전체 블록체인을 활용해야 하기 때문에 모듈러 아키텍처가 아닙니다. Hyperledger에서는 필요한 모듈만 사용할 수도 있습니다.
3. **디지털 키와 민감 데이터의 보호** : Hyperledger는 Bitcoin, Ethereum과 동일한 분산 원장 개념을 사용하여 디지털 키와 데이터가 무단으로 변경tampering되지 않도록 보호합니다.
4. **허가형 데이터** : 허가된 당사자만 데이터에 접근할 수 있습니다. Ethereum이나 Bitcoin 블록체인과 달리, 누구나 모든 데이터를 볼 수는 없습니다. 이것은 엔터프라이즈 어플리케이션의 필수 요소에 해당합니다.
5. **성능 및 확장성** : Hyperledger는 성능 및 확장성 측면에서 다른 퍼블릭 블록체인 네트워크보다 성능이 우수합니다. 엔터프라이즈들은 특정 기술을 사용하는데 있어 빠른 성능을 요구합니다. 또한, 효율성 및 확장성을 더욱 더 높이기 위해 주기적으로 추가적인 개선작업을 진행합니다.

기존 블록체인 기술의 문제점

1. **느린 트랜잭션 속도** : Ethereum과 Bitcoin 블록체인에서의 트랜잭션은 매우 느립니다.
2. **익명성** : 퍼블릭 블록체인에서는 다른 채굴자(또는 네트워크 참여자)가 누구인지 알 수 없습니다. Hyperledger는 멤버쉽 서비스를 통해 이 문제를 해결합니다. 멤버쉽 서비스를 기반으로 하는 네트워크는 특정 멤버만이 네트워크의 특정 인스턴스에 접근 가능합니다. 뒷부분에서 멤버쉽 서비스를 더 자세

히 알아보겠습니다.

3. **암호화폐** : Ethereum과 Bitcoin 같은 퍼블릭 블록체인은 제대로 동작하기 위해서 자체 암호화폐에 크게 의존합니다. 엔터프라이즈는 암호화폐 개념에 관심이 없으므로, 퍼블릭 블록체인은 엔터프라이즈의 요구 사항을 충족하지 못합니다. 하지만, Hyperledger는 어떠한 암호화폐도 필요하지 않으므로 엔터프라이즈 고객이 선호하는 플랫폼이 되었습니다.
4. **프라이버시의 부족** : 퍼블릭 블록체인은 트랜잭션에 대한 프라이버시가 부족합니다. 퍼블릭 블록체인에서는 체인의 투명성으로 인해 모든 트랜잭션을 모든 사람이 볼 수 있습니다. 그러나 Hyperledger는 이러한 문제를 방지합니다. 잠시 후, Hyperledger Fabric이 참여자들의 트랜잭션 프라이버시를 어떻게 보장하는지를 살펴보겠습니다.

Hyperledger Fabric의 구조

다음은 Hyperledger 구조를 계층layer별로 설명합니다.

1. 첫 번째 계층은 API 및 SDK로, Hyperledger 블록체인을 사용자 어플리케이션과 통합하는 데에 사용됩니다.
2. 다음 블록은 멤버십 서비스입니다. Hyperledger는 멤버십 서비스 개념을 제공하여, 권한이 있는 특정 당사자에게만 비즈니스 네트워크에서의 트랜잭션 수행 및 데이터 접근을 보증합니다. 모든 멤버들이 동일한 네트워크에 참여하려면, 해당 비즈니스 네트워크의 멤버십 서비스에 등록해야 합니다. Hyperledger에 설정된 모든 새로운 비즈니스 네트워크는 자체 비즈니스 네트워크를 구동하고 있습니다.
3. 블록체인 및 트랜잭션 블록을 통칭하여 블록체인 서비스라고 부르며, B2B Business-to-Business 프로토콜, 분산 원장 및 합의 알고리즘을 모두 처리합니다.
4. Hyperledger의 체인코드chaincode는 Ethereum의 스마트 컨트랙트와 유사합니다. 체인코드는 참가자들이 서로 상호 작용하는 방식을 결정하는 비즈니스

로직과 프로그래밍으로 구성됩니다.

5. 마지막으로, 여러 Hyperledger 서비스가 있습니다. Cello, Explorer 등이 있는데, 이들 서비스는 Hyperledger Fabric과 근본적으로 다릅니다.

이상으로 Hyperledger 구조를 간략히 살펴보았습니다. 지금부터 좀 더 자세히 설명하겠습니다.

Hyperledger에서의 합의

블록체인에서, 합의는 거래의 유효성 판정 방법을 결정합니다. Hyperledger에서는 두 노드의 동작에 의해 결정됩니다.

1. 오더링Ordering 노드
2. 검증Validating 노드

Hyperledger에는 오더러Orderer라는 독특한 개념이 있습니다. 다음 예제로 오더러를 이해해 보겠습니다.

부서간 정보 공유를 위해 블록체인 기술을 사용하는 회사 X가 있다고 가정해 봅시다. X에는 QA, 엔지니어링 및 생산 부서의 세 부서가 있습니다. 따라서, X에는 3개의 검증 피어, 즉 QA 피어, 엔지니어링 피어 및 생산 피어가 있습니다. 이들 각각은 X가 사용하는 블록체인 비즈니스 네트워크의 노드를 형성합니다. 이 외에도, 오더링 노드가 있습니다.

이 세 부서는 노드를 의무적으로 운영하며, 각 부서원들은 멤버쉽 서비스에 등록하여 신원을 확인받아야 합니다. 그래야만 블록체인 네트워크에서 노드를 사용할 수 있습니다. 이들 노드는 서로 다른 권한을 가지고 있습니다.

이제, 세 부서가 공유하는 블록체인 네트워크에서 구동 중인 스마트 컨트랙트를 회사 X가 실행한다고 가정합시다. 스마트 컨트랙트는 네트워크 어디서든 사용할 수 있으며, 각 노드는 동일한 사본을 가집니다. 이 스마트 컨트랙트의 내용을 방정식 $A = A + 1$이라고 가정합시다.

이 체인코드에 대한 첫 번째 트랜잭션이 QA 노드에 의해 시작되었다고 가정해 봅시다. QA 노드는 이 트랜잭션을 위해 읽기/쓰기 쌍 $A=0/A=1$을 생성합니다. 오더러를 제외하고, 네트워크의 다른 모든 노드에서 유사한 쌍이 생성됩니다.

트랜잭션이 모든 노드에 전파되고 각 노드가 읽기/쓰기 쌍을 생성하기 위해 컨트랙트의 수행을 마치면, 노드들은 결과 값을 오더러에게 보냅니다. 오더러는 해당 트랜잭션에 대한 합의를 수행하기 위해 값을 검토한 후, 최종 결과를 모든 피어에게 보내어 각자의 데이터베이스에 커밋commit하도록 합니다. 이로써 해당 플랫폼에서 합의가 이루어집니다.

Hyperledger의 도구

Hyperledger Explorer

Ethereum이 Explorer(`https://etherscan.io/`)를 사용하는 것처럼, Hyperledger Explorer는 블록 세부 정보, 네트워크 세부 정보, 트랜잭션 메타 데이터 등과 같은 중요한 메타 데이터를 탐색하는데 사용됩니다. 메타 데이터는 네트워크 및 다양한 원장을 분석하는데 유용합니다.

Hyperledger Explorer는 GitHub(`https://github.com/hyperledger/blockchain-explorer`)에서 호스팅되며, Hyperledger Fabric이나 Sawtooth 같은 다른 블록체인 플랫폼에서 작동하도록 구성될 수 있습니다.

또한 Hyperledger Explorer는 블록체인 네트워크에서 사용되는 성능 지표metrics를 파악하는데 매우 유용합니다.

Hyperledger Cello

관리자 관점에서 바라볼 때, 여러 개의 병렬 실행Parallel-running 블록체인 플랫폼과 그

수명주기lifecycle를 제대로 관리하는 것은 어렵습니다. 이 문제를 해결하기 위해 Linux 재단은 Hyperledger Cello를 만들었습니다. Cello는 블록체인을 쉽게 배포, 관리 및 종료할 수 있도록 블록체인 네트워크를 서비스로 제공합니다. Cello는 여러 개의 블록체인 플랫폼을 처리하는 훌륭한 도구입니다.

Hyperledger Cello는 IBM이 기여했으며, GitHub(`https://github.com/hyperledger/cello`)에 호스팅되어 있습니다.

현재 Hyperledger Cello는 Hyperledger Fabric을 지원합니다.

Hyperledger Composer

이전 버전의 Hyperledger Fabric을 사용하여 체인코드와 비즈니스 로직을 개발하고 관리하는 것은 복잡하고 어려웠습니다. Hyperledger Fabric의 비즈니스 네트워크 개발과 관련된 복잡성을 줄이기 위해 Composer가 도입되었습니다.

Hyperledger Fabric으로 종단간End-to-End 어플리케이션을 개발하기 위해, `node.js` 기반의 여러 도구 및 모듈이 Composer의 일부로 차용되었습니다. Composer는 비즈니스 네트워크를 개발하는데 널리 사용되었습니다.

Composer는 GitHub(`https://github.com/hyperledger/composer`)에서 호스팅되며, 설명서는 `https://github.com/hyperledger/composer`에 있습니다.

또한 웹 사이트(`https://composer-playground.mybluemix.net/`)에서 비즈니스 모델 및 네트워크 개발을 위한 사용자 인터페이스를 제공합니다.

Hyperledger Caliper

블록체인 플랫폼을 위한 몇 가지 중요한 성능 지표가 있습니다. 이들 지표를 통해 블록체인의 성능을 측정하는 도구가 필요합니다. Hyperledger Caliper는 초당 트랜잭션, 지연 시간latency, 리소스 사용률 등과 같은 지표로 성능을 측정하기 위해 만들어졌습니다. 플랫폼을 테스트할 때, 여러 매개 변수를 지정할 수도 있습니다.

Caliper는 GitHub(https://github.com/hyperledger/caliper/)에서 호스팅됩니다.

Hyperledger Quilt

가치와 자산을 저장하는 여러 종류의 블록체인 플랫폼이 존재합니다. 이들 플랫폼들이 서로 간에 자산을 공유하려면 상호 운용성을 제공하는 것이 필수적입니다. 가령 Ethereum과 Bitcoin 블록체인 간의 지불처럼 말입니다. Quilt는 블록체인 간의 상호 운용성을 구현하기 위해 개발되었습니다. Quilt는 GitHub(https://github.com/hyperledger/quilt)에서 호스팅됩니다.

Hyperledger URSA

암호화는 블록체인 기술의 주요 구성 요소 중 하나입니다. 하지만 서로 다른 블록체인 플랫폼에서 사용 가능한, 공통의 암호화 리소스 및 라이브러리를 호스팅 하는 저장소repository가 없는 상황입니다. 따라서 표준적이고 안전하게 저장소를 만들어야 합니다. 트랜잭션 서명, 해싱, **영지식 증명**Zero-knowledge proof 등과 같은 일반적인 작업에 필요한 암호화 리소스가 GitHub(https://github.com/hyperledger/ursa)에 저장되어 있습니다.

Hyperledger Composer

Hyperledger Composer는 블록체인 기반 분산 어플리케이션을 쉽고 빠르게 개발하고 테스트하는 오픈소스 프레임워크입니다. 기존에 몇 주 또는 몇 달이 걸렸던 Hyperledger 어플리케이션 개발을, Composer를 사용하면 며칠 만에 만들고 실행할 수 있습니다. Composer는 비즈니스 네트워크 모델링에 유용합니다. Composer는 Hyperledger Fabric 블록체인 인프라를 활용합니다. Fabric에서 합의 프로토콜은 임의로 변경 가능하며, 네트워크 전체에서 사용자를 식별하고 트랜잭션을 검증합니다. 따라서, Composer는 Fabric 기반 블록체인 네트워크의 빠른 개발 및 배포를 위한 도구입니다.

다음은 Composer의 몇 가지 장점입니다.

1. 블록체인 비즈니스 네트워크 및 Hyperledger에 대한 이해를 높입니다. 블록체인 비즈니스 네트워크에 대해 관심은 있지만 전문지식이 부족한 분들은, Composer 플랫폼을 활용하여 블록체인 네트워크가 어떻게 작동하는지 더 상세히 이해할 수 있습니다.
2. 비즈니스 네트워크를 신속하게 개발하고 배포할 수 있기 때문에 시간을 절약할 수 있습니다.

Hyperledger Composer의 아키텍처를 살펴보도록 하겠습니다.

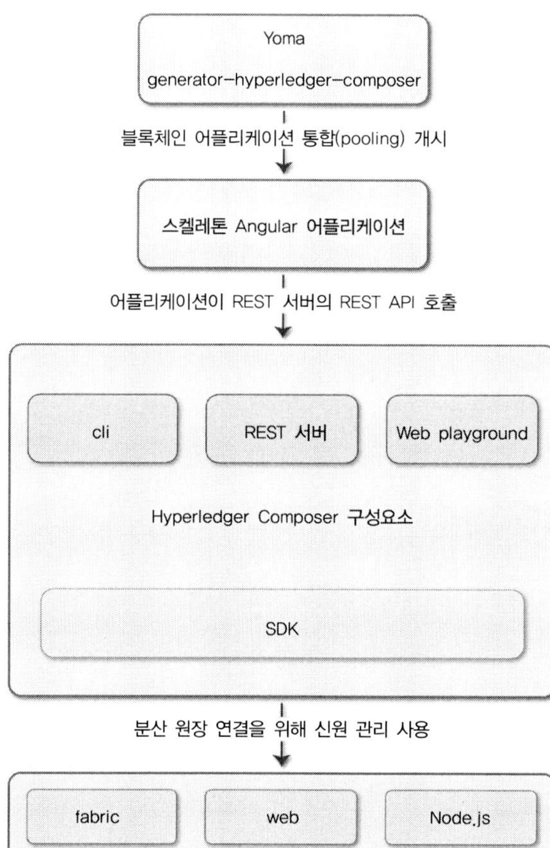

┃그림 2.3┃

Hyperledger 구성 요소

다음은 Hyperledger Composer 구성 요소의 목록입니다.

- 실행 런타임(Fabric, web, Node.js)
- 연결 프로파일
- JavaScript SDK
- 커맨드 라인 인터페이스Command Line Interface, CLI
- REST 서버
- LoopBack 커넥터
- Playground 웹 사용자 인터페이스
- Yeoman 코드 생성기
- VSCode 및 Atom 편집기 플러그인

이들 구성 요소에 대해 좀 더 자세히 알아보겠습니다.

실행 런타임 Execution runtime : Composer는 여러 개의 탈부착 가능한pluggable 구성 요소를 지원합니다.

- Hyperledger Fabric은 원장을 분산화 방식으로 저장합니다.
- 웹은 Playground 및 상태state 관리에 사용되며, 브라우저의 로컬 저장소에 관련 정보를 저장합니다.
- Node.js로 비즈니스 로직 및 테스트를 구현합니다. 상태는 인-메모리의 키-값 저장소에 저장됩니다.

연결 프로파일 Connection profile : Hyperledger Composer의 연결 프로파일은 실행 런타임과의 연결을 지정합니다. 다양한 유형의 실행 런타임을 위해 다양한 구성 옵션이 사용됩니다. 예를 들어, Hyperledger Fabric에는 암호 인증서, IP 주소(호스트 주소) 및 포트가 있어야 피어와 연결할 수 있습니다.

Javascript SDK : Fabric의 다양한 API를 통해 개발자는 블록체인 네트워크와 상호

작용하는 어플리케이션을 생성 및 관리할 수 있습니다. 이들 API는 아래와 같이 두 종류의 NPM 모듈로 나뉩니다.

- Composer-client : 트랜잭션을 네트워크에 제출하는 용도로 활용됩니다. 또한 자산 및 참가자(피어)에서 READ, CREATE, UPDATE 및 DELETE와 같은 작업을 질의하고 실행하는데 활용됩니다.
- Composer-admin : 블록체인 네트워크를 관리하며 INSTALL, START 및 UPGRADE와 같은 작업을 수행할 수 있습니다.

커맨드 라인 인터페이스 : 개발자와 관리자가 비즈니스 네트워크를 배포하고 관리할 수 있습니다.

REST 서버 : REST 서버는 기본적으로 비즈니스 네트워크를 위한 개방형 API[Open-API] (Swagger)를 생성합니다. REST 서버는 블록체인 네트워크의 Composer 모델을 개방형 API 정의로 변경하고, 자산 및 참가자에 대한 CREATE, READ, UPDATE 및 DELETE와 같은 작업을 런타임에 구현합니다. 이 작업을 통해 추가 비즈니스 로직 처리 또는 검색을 위한 트랜잭션을 제출할 수 있습니다.

LoopBack 커넥터 : LoopBack 커넥터는 Hyperledger Composer의 REST 서버에서 REST-API를 커스터마이징하는데 사용됩니다. LoopBack 커넥터는 기본적으로 LoopBack 프레임워크를 지원합니다.

Playground 웹 사용자 인터페이스 : 비즈니스 네트워크를 정의하고 테스트하는 웹 기반의 사용자 인터페이스입니다. 비즈니스 분석가는 웹 기반 Hyperledger Fabric에서 실행되는 샘플 및 프로토타입 비즈니스 로직을 런타임에 신속하게 가져올 수 있습니다.

Yeoman 코드 생성기 : 다음과 같은 스켈레톤[skeleton] 프로젝트를 생성하기 위한 오픈소스 프레임워크입니다.

- Angular 웹 어플리케이션
- Node.js 어플리케이션
- 스켈레톤 비즈니스 네트워크

Composer를 사용한 Hyperledger 어플리케이션

이번 섹션에서는 블록체인 네트워크와 상호 작용하는 Angular 2 어플리케이션을 만들고 실행하겠습니다. Hyperledger Fabric 블록체인 네트워크 상에서 트랜잭션을 실행할 것입니다.

우선, Composer 기반의 어플리케이션을 실행하는데 필요한 요소들을 설치해야 합니다.

- Ubuntu 14.04 또는 그 이상의 버전(4 GB RAM)
- Docker-engine
- Docker-compose
- Node.js v8.0 이상 v9.0 미만의 버전
- NPM v5.x
- Git
- Python: 2.7.x
- 코드 편집기(VScode 또는 atom)

Linux OS에서 Composer를 설치하는 방법은 다음과 같습니다.

- sudo나 root가 아니라, 일반 사용자로 설치를 진행합니다.
- CURL 명령어로 필수 구성 요소를 설치하고, sudo 명령으로 압축해제unzip를 진행합니다.
- sudo, su 명령어 또는 root 계정으로 npm을 사용하지 마십시오.
- root 계정으로 Node.js를 설치하지 마십시오.

다음 명령어로 Ubuntu에서 필수 구성 요소를 다운로드 하십시오.

```
curl -O https://hyperledger.github.io/composer/latest/prereqs-
ubuntu.sh
chmod u+x prereqs-ubuntu.sh
```

다음 스크립트를 실행하십시오.

```
./prereqs-ubuntu.sh
```

위에서 언급된 다른 필수 구성 요소도 설치하십시오.

이제 어플리케이션 작성 프로세스를 시작하겠습니다.

1단계 : 비즈니스 네트워크 구조 생성하기

비즈니스 네트워크 정의 Business network definition, BND는 Hyperledger Fabric 네트워크의 핵심 개념입니다. BND는 어플리케이션의 데이터 모델, 블록체인의 접근 제어 규칙 및 트랜잭션 로직을 정의합니다. BND를 생성하려면 디스크에 프로젝트 구조를 만들어야만 합니다. Yeoman 생성기를 사용하여 스켈레톤 비즈니스 네트워크를 생성할 수 있습니다. 해당 스켈레톤에는 비즈니스 네트워크의 구성 요소가 포함됩니다.

- Yeoman은 비즈니스 네트워크 생성에 널리 사용되는 도구입니다. 다음 명령은 비즈니스 네트워크의 이름, 설명, 프로젝트 작성자, 작성자의 이메일 주소, 라이센스 및 네임스페이스Namespace를 요청합니다.

  ```
  yo hyperledger-composer:businessnetwork
  ```

- 네트워크 이름으로 "testNetwork"를 입력한 뒤, 설명, 프로젝트 작성자, 작성자의 이메일 주소 정보를 적절히 입력하십시오.
- **라이센스**로 **Apache-2.0**을 선택하십시오.
- **org.example.myNetwork**를 선택하십시오.
- 비어 있는 네트워크를 생성할지에 대한 질문에는 **No**를 선택하십시오.

2단계 : 비즈니스 네트워크 정의

비즈니스 네트워크에는 자산, 참가자, 트랜잭션, 접근 제어 규칙, 이벤트, 질의(선택 사항)가 포함됩니다. 이전 단계에서 생성된 표준 비즈니스 네트워크에는 참가자, 자산, 비즈니스 네트워크 내에서 발생하는 트랜잭션에 대한 클래스 정의로 구성된 모델(.cto) 파일이 포함됩니다. 보통의boilerplate 비즈니스 네트워크에는 기본 접근 제어 규칙이 포함된 접근 제어(permissions.acl) 문서, 트랜잭션 처리 기능이 포함된 스크립트(logic.js) 파일 및 비즈니스 네트워크와 관련된 메타 데이터가 포함된 package.json 파일이 존재합니다.

자산, 참가자 및 트랜잭션 모델링

모델(.cto) 파일은 문서 업데이트에 필요한 주요 파일입니다. 이 파일은 Hyperledger Composer 모델링 언어로 작성되었습니다. 모델 파일에는 자산, 트랜잭션 참여자 및 이벤트 각각에 대한 클래스 정의가 있습니다.

org.example.myNetwork.cto 모델 파일을 열어 보십시오.

다음과 같이 파일 내용을 바꾸십시오.

```
namespace org.example.myNetwork

asset Car identified by manufacturer {
    String carType
    String description
    String price
    String color
    Seller owner
}

Participant Seller identified by sellerId {
    String sellerId
    String sellerName
}

Transaction Sell {
    Car car
    Seller newSeller
}
```

변경 사항을 저장하십시오.

JavaScript 트랜잭션 로직:

트레이드 트랜잭션Trade transaction이 정의된 모델 파일로 이동한 뒤 자산과 참가자 간의 관계를 설정하십시오. 트랜잭션 프로세스 함수 파일에는 모델 파일에 명시된 트랜잭션을 실행하는 JavaScript 로직이 있습니다.

트레이드 트랜잭션은 거래할 자산의 식별자를 수신하고, 트레이드 참가자의 식별자를 newSeller로 설정합니다.

`logic.js` 파일을 열고 코드를 다음으로 바꾸십시오.

```
            async function tradeCar(trade) {
                        trade.car.owner = trade.newSeller
                        let assetRegistration = await
getAssetRegistry(org.example.myNetwork.manufacturer)
            }
```

`logic.js` 파일을 저장합니다.

접근제어 목록 추가:

`permission.acl` 파일을 열고, 다음 내용으로 규칙을 변경하십시오.

```
rule Default {
    description: "Allow all participants access to all resources"
    participants: "Any"
    operation: All
    resource: "org.example.mynetwork.*"
    action: ALLOW
}

rule SystemACL {
    description: "System ACL to permin all access"
```

```
    participant: "ANY"
    operation: ALL
    resource: "org.hyperledger.
    composer.system.**"
    action: ALLOW
}
```

변경 사항을 permission.acl 파일에 저장하십시오.

3단계 : 비즈니스 네트워크 생성

이전 파일은 반드시 정의되어야 하고, 배치 가능한 비즈니스 네트워크 아카이브(.bna) 파일로 패키징 되어야 합니다. 그러기 위해서, 다음 단계를 수행합니다. 커맨드 라인을 사용하여 testNetwork(tutorial-network) 디렉토리로 이동합니다.

testNetwork(tutorial-network) 폴더에서 다음 명령어를 실행합니다.

```
composer archive create -t dir -n .
```

testNetwork@0.0.1.bna 또는 tutorial-network@0.0.1이라는 아카이브 파일이 생성되어 현재 디렉토리에 저장됩니다.

4단계 : 비즈니스 네트워크 배포

(3단계를 통해) 비즈니스 네트워크가 준비되면, Hyperledger Fabric 인스턴스로 동일한 네트워크를 배포할 수 있습니다. Fabric 관리자 정보를 사용하여 PeerAdmin 신원identity을 생성해야 합니다. 이 신원은 피어에 체인코드를 설치하고 composerchannel 상에서 실행할 수 있는 권한을 가집니다. 개발 환경을 설치 및 설정하는 동안 PeerAdmin 신원이 생성됩니다. 비즈니스 네트워크 설치가 완료되면 네트워크를 시작할 수 있습니다. 배포가 끝나면, network admin에 해당하는 새로운 신원이 생성됩니다.

올바른 크리덴셜Credential 얻기

비즈니스 네트워크를 Hyperledger Fabric에 배포하려면, composer 비즈니스 네트워크가 피어에 설치되어 있어야 합니다. 그 다음에 비즈니스 네트워크를 시작할 수 있으며, 신원 및 관련 카드 정보를 가진 새로운 참가자가 참여합니다. 통신 상태 테스트pinging 및 응답 체크를 통해 네트워크 테스트가 완료됩니다.

1. `testNetwork(tutorial-network)` 디렉토리에서 비즈니스 네트워크를 설치하고 다음 명령을 실행하십시오.

```
composer network install --card PeerAdmin@hlfv1 --archiveFile
tutorial-network@0.0.1.bna
```

   Composer 네트워크 설치 명령에는 PeerAdmin 비즈니스 네트워크 카드가 필요합니다. 본 예제에서는 이미 가져 왔으며, `.bna` 파일의 경로는 비즈니스 네트워크로 정의되어 있습니다.

2. 다음 명령으로 비즈니스 네트워크를 시작하십시오.

```
composer network start --networkName tutorial-network
--networkVersion 0.0.1 --networkAdmin admin
--networkAdminEnrollSecret adminpw --card PeerAdmin@hlfv1
--file networkadmin.card
```

   Composer 네트워크 구동 명령에는 다음 정보가 필요합니다.

   - 비즈니스 네트워크 카드
   - 비즈니스 네트워크를 위한 관리자 신원의 이름
   - 비즈니스 네트워크의 이름 및 버전
   - 비즈니스 네트워크 카드로 생성하고 가져올 파일의 이름

3. 네트워크 관리자의 신원을 가져와서, 사용 가능한 비즈니스 네트워크 카드로 저장합니다.

```
composer card import --file networkadmin.card
```

4. 비즈니스 네트워크가 성공적으로 배포되었는지 확인하려면, 다음 명령을 실행하여 네트워크 ping을 수행하십시오.

```
composer network ping --card admin@tutorial-network
```

ping을 수행할 네트워크를 식별하려면, 비즈니스 네트워크 카드가 필요합니다.

5단계 : REST 서버 작성

testNetwork(tutorial-network) 디렉토리로 이동하여 다음 명령을 실행하십시오.

```
composer-rest-server
```

- 카드 이름으로 admin@testNetwork 또는 admin@tutorial-network를 지정하십시오.
- 생성된 API에서 네임스페이스를 사용할지 묻는 메시지가 표시되면 **'Never use namespaces'**를 선택하십시오.
- 생성된 API를 보호하려면 **'No'**를 선택하십시오.
- 이벤트 게시를 활성화하려면 **'Yes'**를 선택하십시오.
- TLS 보안을 활성화하려면 **'No'**를 선택하십시오.

6단계 : Angular 어플리케이션 생성

tutorial-network 또는 testNetwork 디렉토리로 이동하여 다음 명령을 실행하십시오.

```
yo hyperledger-composer : angular
```

- **'Yes'**를 선택하여, 실행중인 비즈니스 네트워크에 연결합니다.
- 프로젝트 이름, 설명, 작성자 이름 같은 package.json 설명 및 기타 매개변수를 입력합니다.

- 비즈니스 네트워크 카드로 `admin@testNetwork`를 입력합니다.
- 그 다음, '**Connect to an existing REST API**'를 선택합니다.
- REST API 서버 주소를 `http://localhost`로 입력하고, 포트는 `3000`(또는 임의의 숫자)을 사용합니다.
- '`Namespaces are not used`'를 선택합니다.

Angular 어플리케이션을 구동하려면, Angular 프로젝트 디렉토리로 이동하여 `npm start`를 실행합니다.

REST API는 `http://localhost:3000`에서 실행됩니다.

이제 Composer 기반의 어플리케이션과 네트워크를 성공적으로 설정 완료했습니다.

다음으로 Composer 질의 언어와 REST-API를 살펴보겠습니다.

Composer 질의 언어

Composer 질의 언어는 결과 세트 상에서 자산의 업데이트나 제거 같은 연산을 위한 트랜잭션을 호출하는데 사용됩니다. 이들 질의는 비즈니스 네트워크의 루트 디렉토리 또는 부모 디렉토리 내 질의 파일(`.qry`)에 있습니다. 질의에는 기준을 제공하는 `WHERE` 절이 있기 때문에, 검색할 자산 및 참가자를 선택할 수 있습니다.

다음 단계는 질의 프로세스를 보여줍니다.

1단계 : 비즈니스 네트워크 업데이트

우선, 생성된 비즈니스 네트워크를 진화/변경/수정해야 합니다. 업데이트 된 비즈니스 네트워크에는 두 가지 이벤트와 추가 트랜잭션이 있습니다.

모델 파일 업데이트

이벤트와 새 트랜잭션을 가지려면, 모델 파일을 업데이트하십시오.

- testNetwork 또는 tutorial-network를 위한 모델(.cto) 파일을 엽니다.
- 다음 코드에서 언급한 이벤트와 트랜잭션을 추가합니다.

```
event TradeNotification {
        Car car
}
transaction RemovePriceCar {
}
event RemoveNotification {
        Car car
}
```

- 모델의 변경 사항을 저장합니다.

질의 및 이벤트를 위한 트랜잭션 로직 업데이트

모델 파일을 업데이트하면 프로세스를 위해 트랜잭션을 제출할 때 구동하는 추가 비즈니스 로직을 작성할 수 있습니다. 비즈니스 로직에 이벤트와 질의를 추가합니다.

- 트랜잭션 프로세서 기능 파일인 lib/logic.js를 엽니다.
- 트랜잭션 로직을 다음 코드로 교체합니다.

```
async function tradeCar(trade) {
    trade.car.owner = trade.newSeller;
    let assetRegistry = await getAssetRegistry('org.example.
                                                mynetwork.Car');

    // emit a notification that a trade has occurred
    let tradeNotification = getFactory().newEvent('org.example.
                            mynetwork', 'TradeNotification');
    tradeNotification.car = trade.car;
    emit(tradeNotification);

    // persist the state of the car
    await assetRegistry.update(trade.car);
```

```
}

/**
 * Remove all high price car
 */
async function removeHighPriceCar(remove) {

    let assetRegistry = await getAssetRegistry('org.example.
                                                   mynetwork.Car');
    let results = await query('selectCarWithHighPrice');

    for (let n = 0; n < results.length; n++) {
        let trade = results[n];

        let removeNotification = getFactory().newEvent('org.
                    example.mynetwork','RemoveNotification');
        removeNotification.car = trade;
        emit(removeNotification);
        await assetRegistry.remove(trade);
    }
}
```

- `logic.js` 파일을 저장합니다.

두 번째 함수(removeHighPriceCar)는 `query.qry`에 정의되어 있는 `selectCarWithHighPrice`라는 질의를 호출합니다. 이 질의는 가격이 1000보다 큰 모든 자동차 자산 레코드를 반환하고, 이벤트를 생성하며, `AssetRegistry`에서 자동차를 제거합니다.

2단계 : 조회 정의 파일 작성

트랜잭션 프로세서 로직에 사용된 질의는 `query.qry`라는 파일에 주어집니다. 각 질의 항목은 질의가 실행되는 리소스 및 자격을 정의합니다.

- `tutorial-network` 폴더에 `query.qry`라는 새 파일을 만듭니다.

- 다음 코드를 `query.qry` 파일에 붙여 넣습니다.

```
query selectCar {
    description: "Select all car"
    statement:
        SELECT org.example.mynetwork.Car
}
query selectCarWithHighPrice {
    description: "Select car based on quantity"
    statement:
        SELECT org.example.mynetwork.Car
            WHERE (price > 60)
}
```

- 이 파일을 저장합니다.

3단계 : 비즈니스 네트워크 아카이브 재생성

이제 비즈니스 네트워크에서 파일을 변경한 뒤, 비즈니스 네트워크 아카이브(`.bna`)를 다시 패키지하고 Hyperledger Fabric 인스턴스를 재배치해야 합니다. 새 버전 번호를 요구하므로 기존에 배치된 네트워크를 업그레이드해야 합니다.

- `testNetwork` 또는 `tutorial-network` 디렉토리에서 `package.json` 파일을 엽니다.
- 버전 파라미터를 0.0.1에서 0.0.2로 수정합니다.
- testNetwork 또는 tutorial-network 디렉토리로 이동합니다.
- 다음 명령을 실행합니다.

```
composer archive create --sourceType dir --sourceName .
-a tutorial-network@0.0.2.bna
```

4단계 : 업데이트된 비즈니스 네트워크를 배포하기

이제 업데이트된 네트워크를 배포하여 블록체인을 최신 버전으로 만들어야 합니다. 새로 작성된 비즈니스 네트워크 아카이브 파일을 사용하여 기존에 배치된 비즈니스 네트워크를 업데이트합니다.

- tutorial-network@0.0.2.bna 또는 testNetwork@0.0.2.bna 폴더가 있는 디렉토리로 이동합니다.
- 다음 명령을 실행하여, 새 버전으로 네트워크를 업그레이드합니다.

```
composer network upgrade -c PeerAdmin@hlfv1 -n tutorial-network
-V 0.0.2
```

- 이제, 다음 명령을 사용하여 현재 버전의 비즈니스 네트워크에 대해 ping합니다.

```
composer network ping -c admin@tutorial-network | grep Business
```

5단계 : REST 서버 생성

다음은 REST-API를 생성하는 단계입니다.

- tutorial-network 디렉토리로 이동하여 다음 명령을 실행합니다.

```
composer-rest-server
```

- 카드 이름으로 admin@tutorial-network를 입력합니다.
- API 생성에서 네임스페이스의 사용 여부를 물을 때, **'Never use namespace'**를 선택합니다.
- 생성된 API의 보안 여부를 물으면 **'No'**를 선택합니다.
- 이벤트 게시 사용 여부를 물으면 **'Yes'**를 선택합니다.
- TLS 보안 활성화 여부를 물으면 **'No'**를 선택합니다.

생성된 API는 배치된 블록체인 및 비즈니스 네트워크에 연결됩니다.

6단계 : 스켈레톤 Angular 어플리케이션 생성

다음은 Angular 어플리케이션을 생성하는 단계입니다.

- `tutorial-network` 디렉토리로 이동하여 다음 명령어를 실행합니다.

```
yo hyperledger-composer : angular
```

- 실행중인 비즈니스 네트워크에 연결하라는 메시지가 표시되면 'Yes'를 선택합니다.
- 표준 `package.json` 인수를 입력합니다.
- 비즈니스 네트워크 카드에 대해 `admin@tutorial-network`를 입력합니다.
- 기존 REST-API에 연결을 선택합니다.
- REST 서버 주소로 `http://localhost`를 입력합니다.
- 서버 포트로 `3000`을 입력합니다.
- 네임스페이스를 사용하지 않는다고 선택합니다.

Fabric Composer Playground

이번 섹션에서는, Composer의 사용자 인터페이스를 살펴보겠습니다. 몇 가지 일반적인 작업을 수행하기 위해서는 사용자 인터페이스에 익숙해져야 합니다.

Playground는 온라인 및 로컬 개발 모두에 사용할 수 있습니다. 데이터 보안, 가용성 등의 이유 때문에 로컬에서 Playground를 수행할 수 있습니다. 온라인 및 로컬 둘 다 비슷하며, 이 섹션에서는 온라인 버전으로 진행하겠습니다.

먼저 브라우저에서 다음 URL을 엽니다.

`https://composer-playground.mybluemix.net`

그림 2.4와 같이, 비즈니스 네트워크 모델링을 위한 온라인 개발용 포털을 볼 수 있습니다.

보시다시피, 살펴볼 수 있는 하나의 샘플 네트워크가 이미 존재합니다. '**Deploy a new business network**'를 클릭하면, 탐색하고 수정할 수 있는 다양한 템플릿이 표시됩니다.

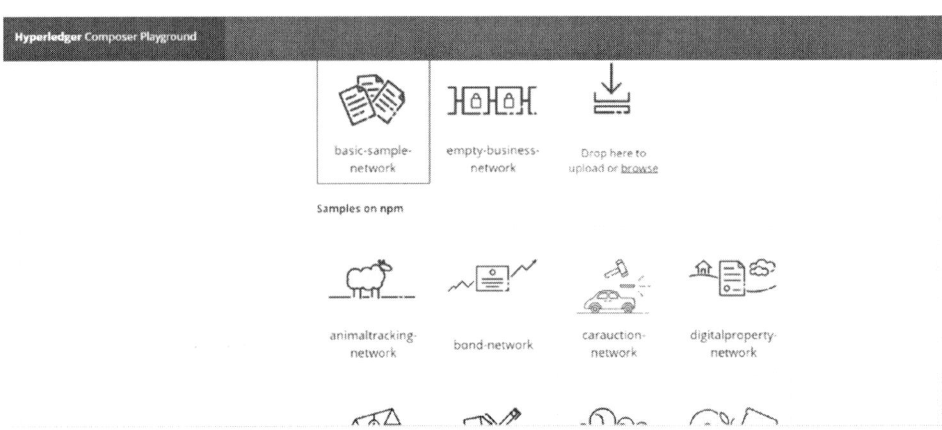

❙그림 2.5❙

UI를 사용하여 모델을 생성하며, 생성된 모델은 브라우저의 로컬 저장소에 저장됩니다.

기본 UI에는 두 개의 탭이 있습니다. 하나는 모델을 정의하고, 다른 하나는 모델을 테스트하는데 사용됩니다.

생성된 기본 파일 중 일부 — `README.md`, `sample.cto`, `sample.js` 및 `permissions.acl` — 를 볼 수 있습니다.

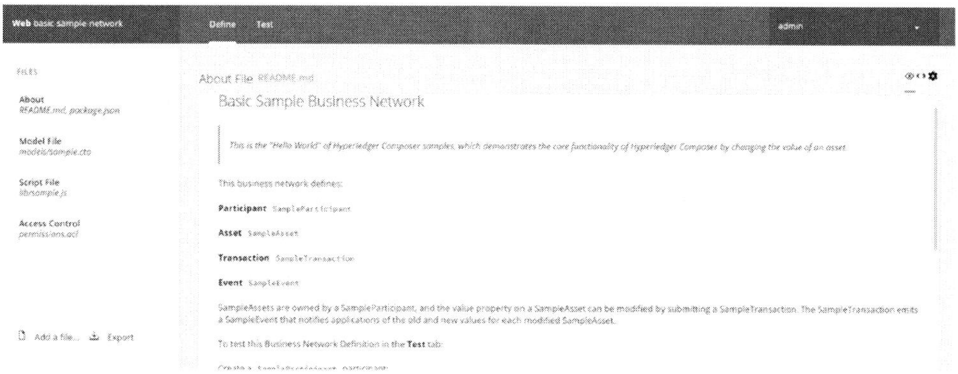

❙그림 2.6❙

왼쪽 하단의 '**Add a file**' 버튼을 클릭하여 새 파일을 만들 수 있습니다. 생성할 수 있는 다양한 파일 포맷이 나열됩니다.

상단의 **Test** 탭에서 모델 파일에 정의된 다른 엔티티entity를 생성할 수 있습니다. 예를 들어, `sample.cto` 파일에 샘플 참가자를 볼 수 있습니다.

```
participant SampleParticipant identified by participantId {
    String participantId
    String firstName
    String lastName
}
```

Test 탭에서 **Create New Participant**를 클릭하여 샘플 참가자를 생성할 수 있습니다.

`.json` 구조가 팝업으로 열리고, `firstName`, `lastName` 등과 같은 세부 정보를 추가할 수 있습니다. 세부 사항을 입력한 뒤, `Create New`를 클릭합니다.

테이블에 새로운 참가자가 표시됩니다.

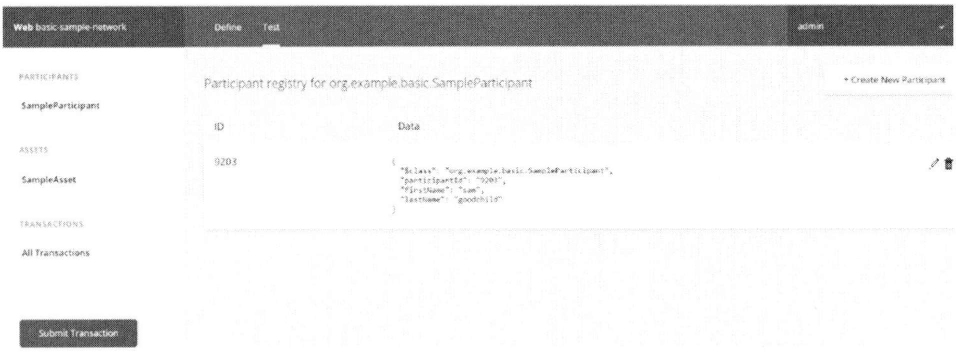

▌그림 2.7▐

새 엔터티를 추가하면 해당 트랜잭션이 네트워크에 기록되며, **All transactions** 탭에서 해당 트랜잭션을 볼 수 있습니다.

그림 2.8과 같이, 추가 정보가 있는 팝업으로 표시됩니다.

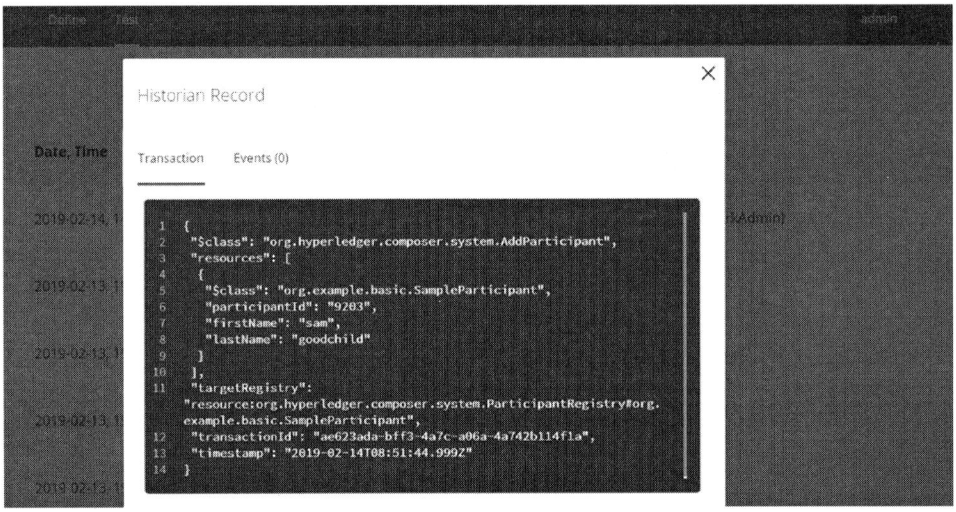

▌그림 2.8▐

트랜잭션 및 이벤트의 세부 사항을 볼 수 있습니다. **Submit** 버튼을 클릭하여 거래를 제출할 수도 있습니다. 또한 Export 버튼을 사용하여 모델을 내보내거나, 변경하거나, 새 배치를 위해 모델을 가져올 수도 있습니다.

개발을 위한 일반적인 단계는 다음과 같습니다.

1) 코드 편집기와 Yeoman을 사용하여 로컬에서 개발합니다.
2) 커맨드 라인 인터페이스를 사용하여 BNA를 생성하고, 이를 UI로 다시 가져옵니다.
3) 시뮬레이션 테스트를 동일하게 수행할 수 있습니다.
4) 이전 코드를 네트워크에 업로드 할 수도 있습니다.

요약

이번 장에서는 Hyperledger와 Hyperledger의 도구인 Composer의 기본사항을 설명했습니다. 이를 통해, 비즈니스 네트워크를 빠르고 원활하게 작성할 수 있습니다. 또한 종단간 어플리케이션을 만들기 위한 프런트 엔드와 백 엔드 생성을 지원합니다. 웹브라우저에서 비즈니스 네트워크 모델을 개발하는데 유용한 Composer UI도 다뤄봤습니다. 다음 장에서는 Hyperledger를 자세히 살펴볼 것입니다.

참고문헌

- `https://hyperledger.github.io/composer/latest/tutorials/tutorials.html`

CHAPTER

3 Hyperledger Fabric의 기초

1장에서는 블록체인과 탈중앙화, 그리고 2장에서는 Hyperledger과 Composer에 대해 알아보았습니다. 이로써 우리는 블록체인 기술의 전반적인 이해와 함께 Hyperledger가 어떻게 블록체인 환경에 알맞게 적용되는지를 살펴보았습니다. 이번 장에서는 Linux 재단의 역할과 함께 Hyperledger에 대해 자세히 알아볼 것입니다. 또한 Hyperledger 엄브렐러 프로젝트 내에서 가장 널리 사용되는 플랫폼 중 하나인 Hyperledger Fabric에 대해 설명하겠습니다.

이번 장에서 다루는 주요 주제는 다음과 같습니다.

- 엔터프라이즈 어플리케이션을 위한 블록체인 기술 사용
- 다양한 Hyperledger 프레임워크와 도구
- Hyperledger에서 가장 널리 사용되는 플랫폼인 Fabric에 대한 설명
- Fabric의 다양한 구성 요소
- Hyperledger Fabric에서의 트랜잭션 생성 및 실행
- 체인코드와 스마트 컨트랙트
- Hyperledger Fabric의 역사
- Node.js 체인코드와 SDK

3장의 목표 : 이번 장은 여러분들에게 Hyperledger Fabric의 소개 및 발전 방향에 대해 설명할 것입니다. 또한 다양한 비즈니스 운영을 위해 Fabric에 배포되는 체인코드

(또는 스마트 컨트랙트)의 개념을 소개합니다.

Hyperledger와 블록체인

블록체인 기술은 월드 와이드 웹에 의해 구축된 인터넷 기술에 비견되는 엄청난 기술입니다. 기존 데이터베이스와 달리, 블록체인은 레코드를 변경할 수 없는 분산 탈중앙화 원장 또는 데이터베이스로 정의됩니다.

데이터는 시간 순으로 저장되고 암호화로 연결되어 있기 때문에 불변성을 지니며, 만일 누군가가 하나의 레코드를 변경하려고 시도한다면 전체 체인이 유효하지 않기 때문에 특정 블록을 임의로 변경할 수 없습니다. 하지만, 여기서 불변성은 데이터를 아예 변경할 수 없다는 의미가 아닙니다. 예를 들어, 당신이 자동차의 소유자이고, 블록체인 원장 내에서 당신에게 소유권이 할당되었다고 가정해봅시다. 당신이 자동차를 판매하기로 결정하면, 블록체인에서 구매자를 자동차의 소유자로 업데이트할 수 있습니다. 그러나 블록체인에 저장된 자동차의 이전 소유자 내역은 변경할 수 없습니다. 만일 이전 내역에 대해 수정하려 하면, 암호화 링크는 끊어지게 되고 체인은 유효하지 않음으로 변경됩니다.

기존 클라우드 분산 데이터베이스와 유사하게, 네트워크의 구성원인 모든 노드에 데이터가 복제 및 저장됩니다. 또한, 은행이 데이터를 관리하는 기존 뱅킹 시스템과 달리, 단일 개체가 데이터를 제어하지 않기 때문에 분산되어 있습니다. 따라서 블록체인은 은행 고객의 위험 관리 능력을 크게 향상시킵니다.

간단히 말하자면, 블록체인은 중요한 정보를 저장할 수 있는 안전한 데이터베이스입니다. 대부분의 해킹을 방지하기 때문에, 이 자체로 단일 진실 소스^{Asingle source of truth}가 되어 신뢰성을 요구하는 다양한 어플리케이션에서 사용할 수 있습니다.

위대한 암호 해독과 블록체인 문제

최근 Bitcoin이나 암호 해독에 대해 관심 있었다면, 2018년에 발생한 Bitcoin 거품 붕

괴 현상을 들어보셨을 것입니다. 이때 대부분의 암호화폐 가치가 80% 이상 떨어졌습니다. Google 트렌드에서 볼 수 있듯이, 블록체인 애호가들 사이에 부정적인 인식이 생겨 Bitcoin과 블록체인의 인기가 급격히 떨어졌습니다. 다수의 블록체인 스타트업이 이미 운영을 중단했거나 종료하기 직전인 것으로 추정됩니다. 많은 사람들은 이러한 현상이 파괴적인 기술에 대한 과대광고 주기Hype Cycle에서의 자연 현상이며, 그 결과 초기 프로젝트의 약 10%만이 과대광고에서 살아남는다고 주장했습니다. 하지만, 대부분은 확장성, 대기시간, 데이터 및 트랜잭션 프라이버시 등의 문제점이 있으며, 이 문제점들은 퍼블릭 블록체인과 많은 관련이 있습니다. 결국 퍼블릭 블록체인은 엔터프라이즈 또는 전세계의 여러 고객을 위해 준비된 기술이 아닙니다.

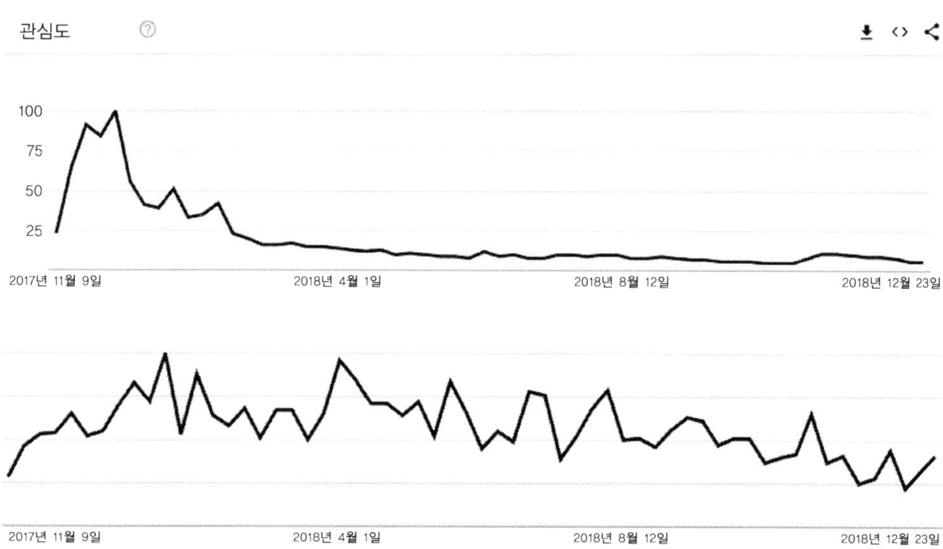

▌그림 3.1▐

실제로, 블록체인에는 과대광고가 일부 존재합니다. 첫 번째 그래프는 Google 트렌드 패턴을 나타내며, Bitcoin과 Ethereum 또는 기타 공개 블록체인에 대한 관심이 급격히 하락한 모습을 보입니다. 그러나 Hyperledger는 암호화폐와의 연관성이 적기 때문에 두 번째 그래프에서 보이는 것처럼 살아남을 수 있었습니다. 퍼블릭 블록체인은 다양한 기술적 및 사회적 이유로 인해 주류 기술로의 채택이 어렵습니다. 2019년은 허가형 블록체인 기술 분야가 진전이 있었습니다. 많은 회사들이 인기있는 퍼블릭 블록체인 플랫폼인 Ethereum에서 Hyperledger Fabric과 같은 허가형 블록체인 네트워크로 변경하기로 결정했습니다. 엔터프라이즈들은 그들의 문제를 다루기 위한 엔터프라이즈 블록체인 솔루션을 찾고 있으며, Ethereum에서 인센티브나 트랜잭션 부분만 이더토큰Ether tokens 형태로 유지하기로 결정했습니다.

요약하자면, 비즈니스 세계와 엔터프라이즈는 퍼블릭 블록체인 기반 솔루션을 먼저 시도해 봤으나, 퍼블릭 블록체인의 한계를 인지하였으며 이를 해결하기 위한 허가형 블록체인 기반 솔루션 구축을 긍정적으로 시도하고 있습니다.

엔터프라이즈를 위한 블록체인

기술, 법률 및 비즈니스 측면에서 엔터프라이즈는 표준 프레임워크로 작업하는 것을 선호합니다. 기존 프레임워크에 기술을 채택하고 통합하기 전에 주의해야 할 사항이 있습니다.

- **엔터프라이즈가 얻는 가치** : 투자자본수익률Return on investment, ROI은 엔터프라이즈의 중요 고려사항입니다. 따라서 엔터프라이즈가 사용할 블록체인 기술은 운영 비용 절감에 도움이 되거나 새로운 수익 수단을 제공해야 합니다. 투명성 또는 프로세스 개선을 위해 기술을 단순히 채택한다고 해서 엔터프라이즈에 경제적 우위를 제공하지는 않습니다.
- **오래 지속되는 강력한 솔루션** : 엔터프라이즈는 강력한 기술을 기반으로 하는 업계 표준 솔루션을 사용합니다. 따라서 대규모 유지 관리 및 지원이 필요한 단순한 솔루션은 장기적으로 엔터프라이즈에 막대한 비용의 손실을 유발합니다.
- **확장성, 대기 시간 및 유연성** : 엔터프라이즈에서 사용하는 블록체인 네트워크는 확장 가능해야 합니다. 하지만 Ethereum과 Bitcoin 퍼블릭 블록체인과 같은 플랫폼은 엔터프라이즈 표준과 일치하지 않습니다. Ethereum은 약 15 TPS(**초당 트랜잭션**)를 처리하는 반면 Bitcoin은 트랜잭션을 확인하거나 채굴하는데 매우 많은 확인 시간이 필요해 느립니다. 상호간의 신뢰는 엔터프

라이즈들 사이에서 분명히 큰 이슈이기 때문에, 퍼블릭 블록체인 사용으로 인한 시간과 보안성 간의 트레이드 오프는 엔터프라이즈 입장에서 매우 부담스러울 수 있습니다.

- **기존 시스템과의 상호 운용성 및 통합** : 만일 엔터프라이즈 내부 또는 외부의 기존 중앙 집중식 시스템을 중단시켜야만 블록체인을 구동시킬 수 있다면, 이것은 완전히 잘못된 블록체인 기술입니다. 클라우드 솔루션, SAP 및 ERP 시스템을 통해 구축된 대부분의 시스템은 확장 가능하고 강력합니다. 따라서 이후에 구축될 솔루션은 이러한 기존 시스템을 지원하고 통합할 수 있어야 합니다. 기존의 레코드 시스템에 대해서는, 솔루션을 교체하는 대신 어댑터나 커넥터를 제공해야 합니다.
- **규정 준수** : 엔터프라이즈가 만든 제품들은 기존 규정 프레임워크를 준수해야만 합니다. 이것은 퍼블릭 블록체인이 어려움을 겪고 있는 한 가지 주요 과제입니다.
- **기술 요구 사항** : 대부분의 엔터프라이즈에는 기술 표준과 프레임워크가 있으며 각 솔루션은 이를 준수해야 합니다. 엔터프라이즈는 표준 프로그래밍 언어, 도구, 합의 알고리즘, 프레임워크, UX 디자인 등을 따르는 경향이 있습니다. 또한 엔터프라이즈는 이러한 파급력 있는 기술을 지원할 수 있는 충분히 숙련된 리소스를 확보해야 합니다.
- **신원 관리 및 보안** : 엔터프라이즈는 조직 내 다양한 신원 관리 솔루션을 위한 광범위한 투자 및 인프라를 보유하고 있습니다. 따라서 새로운 솔루션은 기존의 잘 테스트된 보안 시스템과 상호 운용 가능해야 합니다. 멤버쉽 공급자 형태인 Hyperledger의 신원 관리 시스템이 어떻게 강력한지 살펴보겠습니다. 신원 관리 시스템을 통해 제공된 인터페이스를 기반으로, 자체 시스템을 구현하거나 기존 시스템을 연결할 수 있습니다.
- **데이터 프라이버시** : 엔터프라이즈는 트랜잭션 정보에 대한 포괄적인 데이터 프라이버시를 추구합니다. Hyperledger가 네트워크에서 논리적 채널을 구현하여, 여러 당사자 간의 프라이빗 트랜잭션을 용이하게 하는 방법을 살펴보겠습니다.

IBM, Intel 등 많은 거대 엔터프라이즈는 퍼블릭 블록체인 네트워크의 단점을 예측하고 감지했으며, 모든 사람에게만 공개되는 것이 아닌 이해 관계자에게만 공개되고 운영되는 보다 제한적인 블록체인 솔루션을 개발하기 시작했습니다. 그러나 연구 및 개발 초기 단계에는 여러 조직이 각자 독립적으로 수행하였기 때문에, 블록체인 기술 발전 방향의 이상과는 거리가 멀었습니다. 이후 Linux 재단이 오픈소스 커뮤니티를 기반으로 블록체인 개발을 주도하여 현재까지 계속 블록체인 기술을 관리하고 있습니다.

Hyperledger 프레임워크 및 도구

다음은 Hyperledger의 프레임워크들입니다.

Burrow

Hyperledger Burrow는 Linux 재단의 주도 하에 개발된 블록체인 프레임워크입니다. 기본 프레임워크는 Monax가 제공하고 Intel이 공동 후원했습니다. Burrow는 **Ethereum 가상 머신**Ethereum Virtual Machine, EVM의 사양에 따라 허가형 스마트 컨트랙트 어플리케이션 엔진을 일부 개발했습니다.

Fabric

Hyperledger Fabric 프레임워크는 Digital Asset과 IBM에 의해 개발되었습니다. Fabric은 모듈식 아키텍처로, 블록체인 어플리케이션 개발을 주 목표로 작동합니다. Fabric 프레임워크는 컨테이너 기술을 사용하여, 시스템의 어플리케이션 로직을 포함하는 스마트 컨트랙트(체인코드)를 호스팅합니다.

Indy

Hyperledger Indy는 탈중앙화 신원 관리를 위해 만들어진 분산 원장 및 유틸리티 라이브러리입니다. 분산 원장은 블록체인을 기반으로 독립적인 디지털 신원을 생성하고 사용하기 위한 도구, 라이브러리 및 재사용 가능한 구성 요소를 제공합니다. 관리 어플리케이션, 도메인 및 기타 신원 저장소 간에 상호 운용이 가능합니다.

Iroha

Hyperledger Iroha 또한 Linux 재단의 주도 하에 있으며 이전 프레임워크와는 또 다른 블록체인 플랫폼입니다. Iroha 프레임워크는 Soramitsu, Hitachi, NTT Data 및 Colu에 의해 개발되었습니다. Hyperledger Iroha는 C++ 언어로 개발되었고, 체인 기반 비잔틴 결함 허용 합의 과정에 고유한 알고리즘을 통합하여 사용합니다. 디지털 자산 및 신원 관리를 위한 빠른 명령 및 질의 세트를 제공합니다.

Sawtooth

Hyperledger Sawtooth는 분산 원장을 빌드, 배포 및 실행하는 블록체인 플랫폼 입니다. 중앙 권한이나 구현없이 디지털 레코드를 제공하는 모듈식 구조를 가집니다.

Hyperledger 도구는 다음과 같습니다.

Caliper

Linux 재단에서 주도하는 Hyperledger Caliper는 블록체인 벤치마크 도구입니다. 사전 정의된 적용 사례와 비교하여 특정 블록체인 기술의 구현 성능을 측정할 수 있습니다. 예를 들어 초당 트랜잭션 등 많은 성능 지표를 포함한 중요한 보고서를 생성합니다.

Cello

마찬가지로 Linux 재단에서 주도하는 Hyperledger Cello는 블록체인 모듈 툴킷Toolkit입니다. 블록체인 툴킷은 Soramitsu, Huawei 및 Intel의 후원과 함께 IBM에 의해 개발되었습니다. Hyperledger Cello는 온디맨드On-demand 및 서비스형As-a-service 배치 모델을 블록체인 에코 시스템에 적용하여 블록체인 생성, 관리 및 종료 부담을 줄이는 것을 목표로 합니다.

Composer

Hyperledger Composer는 비즈니스 소유자와 개발자가 스마트 컨트랙트 및 블록체인 어플리케이션을 만들어 비즈니스 문제에 대한 솔루션을 찾을 수 있도록 도와주는 협업 도구 세트입니다. Node.js, NPM, CLI 또는 기타 인기있는 편집기와 같은 최신 도구를 활용하며 JavaScript로 구축되었습니다. Composer는 비즈니스 중심 아이디어와 샘플 어플리케이션을 제공하여 강력한 블록체인 솔루션을 만들 수 있습니다.

그러나 Composer는 최근 종료되었으며, Hyperledger Fabric은 v1.3부터 Composer에 대한 호환성을 제공하지 않습니다. 따라서 지금은 기본 구현으로 전환하는 것이 좋습니다.

Explorer

Linux 재단이 주도하는 Hyperledger Explorer는 블록체인 모듈에 해당합니다. 블록체인 도구는 IBM, Intel 및 DTCC에서 제공했습니다. Hyperledger Explorer는 사용자 친화적인 웹 어플리케이션을 만들기 위해 블록, 트랜잭션 및 관련 데이터, 네트워크 정보, 체인코드 및 트랜잭션 제품군 또는 원장에 저장된 중요한 정보를 리포트, 배포, 호출 또는 질의할 수 있습니다.

Quilt

Hyperledger Quilt는 NTT Data와 Ripple에 의해 개발되었습니다. 블록체인 도구는 **ILP**InterLedger Protocol를 구현하여 원장 시스템 간의 상호 운용성을 제공합니다. ILP는 기본적으로 분산 및 비 분산 원장 간에 가치를 이전하도록 설계된 지불 프로토콜입니다.

Fabric 및 구성요소

Hyperledger Fabric은 합의, 원장, 노드 및 MSP Membership Service Provider 노드를 별도의 서비스로 분리한 모듈식 아키텍처를 사용합니다. 확장성이 뛰어나며, 마이크로서비스 Microservice 원칙을 따릅니다.

먼저 Fabric의 기술 스택을 살펴보겠습니다.

Golang : Fabric 모듈은 Go 언어라고도 불리는 Golang으로 작성됩니다. Golang은 Google 개발자가 개발한 고성능 프로그래밍 언어입니다. Golang에 익숙해지면, 구성요소에 대한 고수준의 디버깅이 필요할 때 유용합니다. 그러나 Node.js 및 Java에서도 체인코드를 작성할 수 있으므로, 굳이 Golang으로만 어플리케이션을 작성할 필요는 없습니다. Fabric은 Node.js로 작성되었기 때문에, 체인코드도 보통 Node.js로 작성합니다.

Node.js : Ryan Dahl이 2008년에 소개한 Node.js는 관련 소프트웨어 업계를 빠르게 점령했습니다. 백 엔드에서 JavaScript를 작성하는 기능에서 지금의 JavaScript 버전으로 변경되었는데, 기존의 비동기식asynchronous 및 이벤트 중심 동작Event-driven behavior은 v8 엔진에 의존하고 있습니다. 또한 Node.js는 프로그래밍 언어 중 가장 큰 커뮤니티를 보유하고 있습니다. `https://www.npmjs.com/`에서 모든 패키지를 찾을 수 있습니다. 체인코드와 클라이언트 어플리케이션 작성에 많이 사용되며, JavaScript를 기반으로 하는 프론트 엔드 작성에 Angular 7/REACT를 사용합니다. 따라서 관련 분야에서 경력을 쌓을 때 JavaScript에 대한 지식이 반드시 필요합니다.

뿐만 아니라 Hyperledger Fabric에 사용 가능한 npm 모듈 측면에서도 상당한 지원이 있습니다. 향후 설명할 Node.js SDK는 Hyperledger Fabric 네트워크와 상당히 안정적으로 상호작용합니다.

Fabric CLI와 체인코드 런타임은 체인코드 작성을 위해 Golang, Java, Node.js를 지원합니다.

Docker : Fabric은 모든 마이크로서비스에 Docker를 많이 사용하므로, Fabric 네트워크를 활용하려면 Docker의 기본 사항을 이해하는 것이 매우 중요합니다. 서비스 조정orchestration에 Docker Compose를 사용하고, Docker Swarm 또는 Kubernetes를 사용하여 Fabric 네트워크를 다중 VM 프로덕션 환경에 배치할 수 있습니다. 이 책의 뒷부분에서 Fabric 네트워크를 커스터마이즈하고 빌드하는 방법에 대해서 설명합니다.

`https://hub.docker.com`에 계정이 있다면 도움이 될 것입니다.

또한 `https://labs.play-with-docker.com/`를 통해 네트워크의 빠른 데모를 수행하겠습니다. Fabric에서 적용 사례에 대한 개념 증명을 구축할 때보다 더 표준적인 환경에서 작업하는 것입니다.

> 참고 : 컴퓨터에 Docker가 이미 설치되어 있는 경우에도 사용할 수 있습니다. 컴퓨터에 따로 설치할 필요가 없으며 웹을 통해 배울 수 있으므로 일부 모듈이 포함된 Play with Docker 웹 사이트를 사용하시길 권합니다. Hyperledger Fabric 작업에 필요한 모든 도구를 설치하는 방법은 나중에 자세히 설명하겠습니다.

gRPC 및 protobuffs : 일반적인 서비스는 REST API를 사용하여 서로 통신합니다. 기존 클라이언트 서비스 모델에서도 마찬가지입니다. 예를 들어, 프런트 엔드는 REST API를 사용하여 백 엔드와 대화하고, 데이터는 키-값 쌍key-value pair인 JSON 형식으로 전송됩니다. 그러나 이 방식은 단점이 있어서 새로운 방식이 제안되었습니다. Google의 gRPC 통신 방법은 데이터를 이진 형식으로 전송하거나 proto buffer로 전송함으로써, 뛰어난 성능과 낮은 지연 시간을 제공합니다. Hyperledger Fabric은 통신에 gRPC 및 protobuffs를 주로 사용합니다.

Apache Kafka 및 Zookeeper : Apache Kafka는 처리량이 많고 내결함성이 있는Fault-tolerant 분산 메시징 시스템입니다. Fabric의 구성 요소인 오더러Orderer를 구현하는데 사용되며, 트랜잭션을 합의하고 주문을 처리하여 블록 단위로 구축하고 피어에게 전송합니다. 전 세계 수많은 회사에서 사용하는 매우 유용한 스트림 프로세스이자 메시징 시스템입니다.

Fabric의 오더러 노드에는 Kafka가 필요하지만, 실제 Fabric 네트워크에는 Kafka가 이미 존재합니다. 로컬 개발 설정에서는 Kafka를 사용하지 않는 Solo 구현을 사용할 수도 있습니다.

여기서 주목할 사항은 해당 구현만 사용할 필요는 없다는 것입니다. Fabric의 합의consensus 패키지가 제공하는 인터페이스를 구현하여, 오더러로 합의를 달성할 수 있기 때문입니다(`https://github.com/hyperledger/fabric/blob/master/orderer/consensus/consensus.go`). 이처럼, 모듈식 및 플러그 앤 플레이plug and play 구현은 강력한 아키텍처입니다.

위 내용을 바탕으로 다음에 설명할 개념들을 자세히 이해할 수 있습니다.

Fabric 네트워크의 다른 노드는 무엇입니까?

- Hyperledger Fabric에서 트랜잭션 및 블록 생성은 어떻게 이루어집니까?
- 네트워크에서 어떻게 합의에 도달합니까?

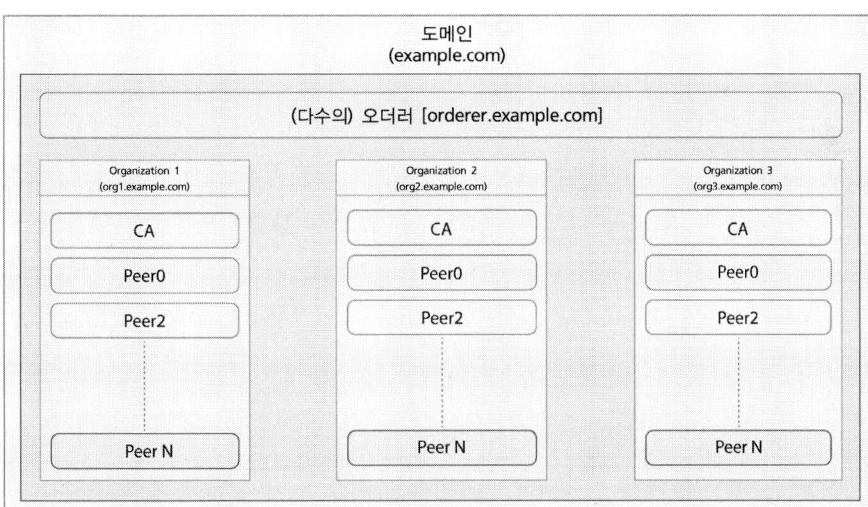

❙ 그림 3.2 ❙

그림 3.2로부터 Hyperledger Fabric 네트워크에 있는 모든 노드의 이름이 유래한 의미를 이해할 수 있습니다. Docker Compose 파일에 노드 이름으로 정의되고 각각의 이름

과 포트로 검색할 수 있으므로, 각 노드를 제대로 이해하는 것이 중요합니다. 다음 섹션에서 좀 더 자세히 살펴보겠습니다.

그림 3.2에서 **Peer2**는 **peer2.org1.example.com**으로 이름이 지정되며, 다른 피어/클라이언트/오더러도 해당 이름을 사용하여 식별합니다.

Fabric 네트워크의 노드는 크게 다음과 같이 분류할 수 있습니다.

피어 : Hyperledger의 피어는 체인코드를 유지 관리하고 트랜잭션을 승인하며 트랜잭션 및 블록의 유효성을 검사합니다. 네트워크의 각 구성원 조직은 이들 피어를 설정해야 합니다. 피어 내에는 아래와 같은 개체가 존재합니다.

- **앵커 피어**Anchor peer : 각 조직은 네트워크에 가입하기 전에 네트워크 설정에 하나의 앵커 피어를 정의해야 합니다. 이 앵커는 채널 외부에서 조직 외부의 네트워크에 있는 다른 노드와 통신하는 노드이므로 검색 가능해야 합니다. Hyperledger에서 트랜잭션의 작동 과정을 보게 되면, 앵커 피어에 대해 더 많이 알게 될 것입니다
- **보증 피어**Endorser peer : 각 조직에는 클라이언트 어플리케이션이 승인을 얻기 위해, 클라이언트 어플리케이션이 트랜잭션을 보낼 수 있는 하나 이상의 보증 피어가 필요합니다. 보증 피어는 클라이언트 어플리케이션이 해당 트랜잭션을 블록으로 주문하도록 유효한 읽기/쓰기 보증 응답Read/write endorsed response을 생성합니다. 보증 응답은 오더러 노드로 전송할 수 있고 유효한 피어에게 보낼 수도 있습니다. 또한 보증 피어는 체인코드를 호스팅합니다. 체인코드를 실행하여 트랜잭션을 확인하고, 읽기/쓰기 세트read/write set를 생성합니다. 따라서 체인코드는 트랜잭션에서 동일한 입력 세트에 대해 처음에는 보증 피어에 의해 실행되고, 두 번째는 검증 피어에 의해 실행됩니다. 이 절차의 중요성을 다음에 자세히 살펴보도록 하겠습니다.
- **검증 피어**Validating peer : 검증 피어는 보증 피어와 같습니다. 실제로 보증 피어는 검증 피어일 수 있습니다. 오더러가 블록에서 트랜잭션 순서를 정리하면, 각 조직에서 정적으로 또는 동적으로 선출된 리더 피어에게 트랜잭션을

보내고, 이후 리더 피어가 트랜잭션을 검증하기 위해 모든 검증 피어에게 분배한 후 트랜잭션을 확인하고 원장에 커밋합니다.

따라서 각 조직에는 하나 이상의 앵커 노드와 하나의 보증(검증) 노드가 있어야 합니다. 그 이상의 노드를 가질 수 있지만, 피어가 많을수록 트랜잭션 처리 시간이 길어지므로 이상적이지는 않습니다.

오더러 노드 : 오더러는 Hyperledger Fabric 네트워크의 핵심입니다. 네트워크의 모든 구성원을 연결하는 주체입니다. 오더러의 주요 임무는 모든 트랜잭션을 블록에 순서대로 위치시킨 다음, 네트워크에 속한 모든 조직의 동료에게 Kafka를 통해 메시지를 보내는 것입니다. 그림 3.2에서 볼 수 있듯이, 오더러는 조직 인프라의 외부에 존재할 수 있으며 조직 내의 모든 클라이언트 어플리케이션에서도 검색이 가능합니다. 클라이언트 SDK로부터 보증인 응답을 받고 서명을 확인한 후 트랜잭션을 순서대로 위치시킨 다음, 리더 피어를 통해 검증 피어에게 보냅니다.

오더러 노드는 데이터 또는 체인코드를 사용하지 않으며 트랜잭션을 블록으로 합의하고 논리적으로 정렬합니다. 앞에서 설명한 바와 같이, 오더러 구현은 쉽게 대체 가능한 구조를 지니며, 인터페이스를 구현하는 방식으로 자신만의 오더러를 구현할 수 있습니다. 개발 단계에 사용되는 구현은 Solo라고 하며, 실제로 합의에 참여하지 않는 모의 mock 주문자입니다.

MSP 및 CA 서비스 : MSP 노드는 네트워크에서 노드를 식별하는 데 필요한 인증서 인프라를 제공합니다. 잠시 뒤에 MSP를 좀 더 자세히 설명하겠습니다. MSP 또한 쉽게 대체 가능한 구성 요소이며 네트워크에 제공된 후크hook를 사용하여 기존 CA Certificate Authority 인프라로 대체할 수 있습니다. 클라이언트 SDK로 CA 서비스에 접근하면, 인증서 가져오기, 트랜잭션 보내기, 채널 수명주기 처리하기 등을 수행할 수 있습니다.

서비스 : 위 노드들 외에도, 네트워크의 일부는 아니지만 특정 서비스에 유용한 다른 노드가 있습니다.

- **CLI** : 네트워크의 핵심 구성 요소로, 기본적으로 채널 생성, 체인코드 설치, 체인코드 업그레이드 등과 같은 네트워크 관련 작업에 유용한 Docker 컨테이너입니다. 네트워크 관리자의 관점에서, CLI를 마스터하는 것은 매우 중요합니다. 대부분의 네트워크 작업을 SDK를 통해 수동적으로 수행하는 대신, CLI 코드를 사용하면 인터렉티브하게 수행할 수 있습니다.
- **CouchDB** : Hyperledger는 컨트랙트 상태의 키-값 쌍을 저장하기 위해 기본적으로 levelDB를 제공합니다. 그러나 고급 질의 및 스토리지의 경우 CouchDB 구현도 가능합니다. CouchDB는 원장 정보를 저장하고, 네트워크에서 피어와 함께 구현됩니다. 그러면 네트워크의 모든 피어에는 원장 데이터를 저장할 수 있는 CouchDB가 존재하게 됩니다. 동일한 하위 네트워크의 Docker Compose 파일에서 피어 서비스 파트에 CouchDB가 선언됩니다.

간단한 예제를 통해 Hyperledger Fabric 네트워크를 알아보겠습니다. 다음 섹션에서는 첫 번째 네트워크를 구축하여 해당 네트워크를 자세히 이해하겠지만, 여기서는 간단한 단계를 수행하여 기본 사항을 이해하겠습니다.

- 자주 사용하는 브라우저에서 `https://labs.play-with-docker.com/`으로 이동하고 Docker 계정으로 로그인하십시오. 'Play with Docker'는 Docker

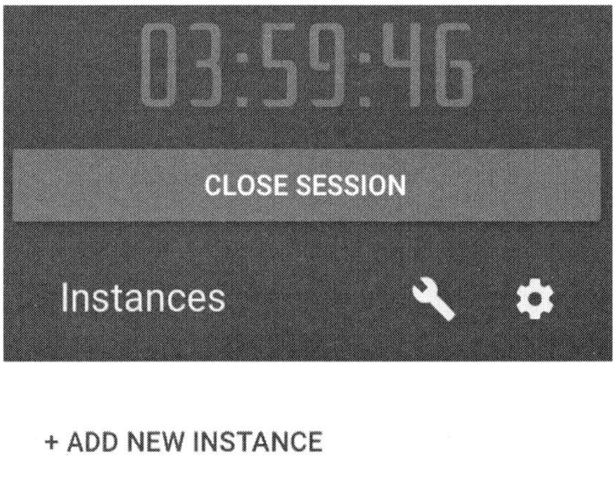

| 그림 3.3 |

기반 어플리케이션을 빠르게 실행할 수 있는 Docker 학습용 플랫폼입니다. 로컬 머신에 Docker 설정이 있으면 자유롭게 사용하십시오.

- 플랫폼에 로그인 한 후, 왼쪽 패널에서 **ADD NEW INSTANCE** 버튼을 클릭하십시오. Docker를 구동하기 위한 새로운 인스턴스가 시작됩니다.

다음 명령을 순서대로 실행하십시오.

```
sudo su

mkdir ~/fabric-dev-servers && cd ~/fabric-dev-servers
curl -O https://raw.githubusercontent.com/hyperledger/composer-tools/
master/packages/fabric-dev-servers/fabric-dev-servers.tar.gz

tar -xvf fabric-dev-servers.tar.gz

cd ~/fabric-dev-servers

./downloadFabric.sh

./startFabric.sh

docker ps
```

| 그림 3.4 |

```
docker images
```

위 명령들이 올바르게 실행되면, 로컬 시스템에서 사용 가능한 모든 로컬 Docker 이미지를 나열합니다.

```
bash-4.4# docker images
REPOSITORY                   TAG       IMAGE ID        CREATED         SIZE
hyperledger/fabric-ccenv     1.2.1     8651e7160d88    4 months ago    1.43GB
hyperledger/fabric-orderer   1.2.1     b1a1dd788841    4 months ago    152MB
hyperledger/fabric-peer      1.2.1     ef0e7788ead0    4 months ago    159MB
hyperledger/fabric-ca        1.2.1     be8400395e15    4 months ago    251MB
hyperledger/fabric-couchdb   0.4.10    3092eca241fc    7 months ago    1.61GB
```

그림 3.5

오픈 소스 저장소인 GitHub에서 Fabric 네트워크 스타터starter 코드를 가져왔습니다. 그런 다음 Fabric 네트워크를 실행하는데 필요한 모든 Docker 이미지를 가져왔습니다.

Docker 컨테이너는 어플리케이션을 배포하는데 사용하는 **VM**virtual machine과 같으며, Docker 이미지는 VM의 템플릿과 같습니다. Docker Compose는 이러한 모든 VM을 함께 조정orchestrate하는 도구입니다.

이제 다음 명령을 실행하여 네트워크를 시작하십시오.

```
./scripts/startFabric.sh
```

축하합니다! 조직을 위해 하나의 피어, Solo로 구현된 오더러, 하나의 CA 및 하나의 CouchDB로 구성된 첫 번째 간단한 네트워크를 시작했습니다.

여러 조직이 있는 복잡한 네트워크에서는 많은 컨테이너와 포트 매핑port mapping이 필요합니다. 그러나 위의 네 가지 구성 요소는 모든 유형의 Hyperledger Fabric 네트워크의 기반을 형성한다는 점을 이해하기 바랍니다.

Hyperledger Fabric에서 트랜잭션은 어떻게 처리됩니까?

지금까지 Fabric 네트워크의 기본 구성 요소에 대해 간략히 이해했습니다. 이제 다른 네트워크 구성 요소를 통해 트랜잭션이 전파되어 원장에 커밋되는 과정을 살펴보겠습니다.

트랜잭션의 진행 과정은 여러 단계로 구분됩니다. 각 단계에 대해 자세히 설명하겠습니다. 그림 3.6은 클라이언트 앱에서 블록으로의 트랜잭션 진행 과정을 나타냅니다.

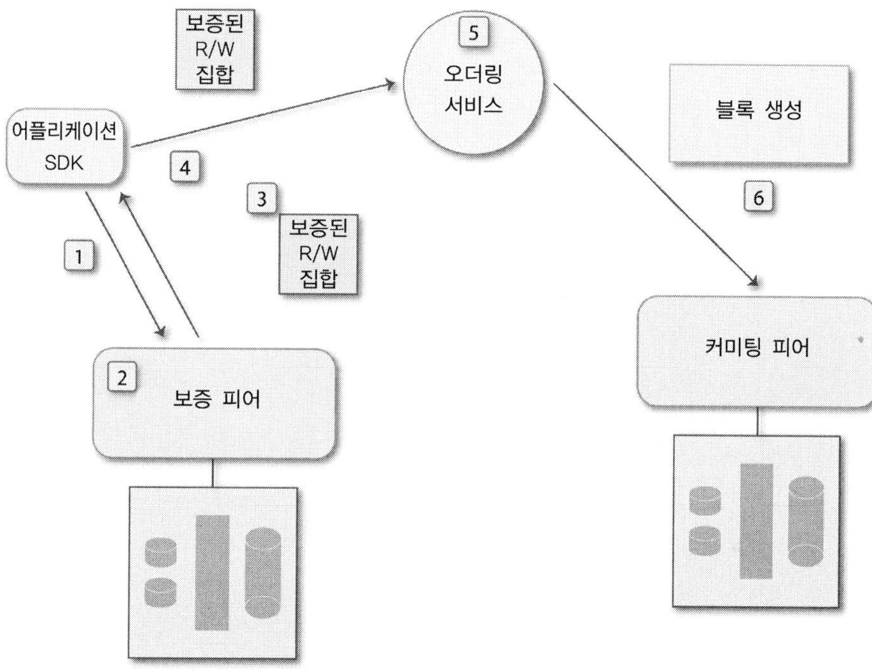

▌그림 3.6▐

클라이언트 SDK의 트랜잭션 전송 :

간단한 예를 통해 해당 단계를 살펴보겠습니다. 물론 다음 절에서 Hyperledger 데이터 구조를 자세히 설명할 것이므로, 여기에서는 간략히 설명하겠습니다. 원장에 자동차 소유자를 나타내는 carOwner라는 이름의 상태에 현재 소유주가 저장되어 있고, 소유자 정보는 특정 기관의 피어에 대한 키-값 쌍으로 저장되어 있다고 가정해 봅시다.

```
(k,v)=> carOwner : owner1
```

`owner1`이 자동차를 `owner2`에게 판매하기로 결정하고 자동차 소유권 대시 보드에서 Node.js 백엔드로 요청을 제출한 상태입니다.

Node.js SDK 클라이언트는 새로 제안된 상태[state]를 가져와서, 그림 3.6과 같이 채널 구성에 정의된 보증 정책에 따라 조직의 모든 보증 피어에게 제안서를 보냅니다. 제안서에는 Fabric 피어에 배포된 체인코드의 `updateOwner` 함수를 호출하기 위한 제안 요청이 포함됩니다.

트랜잭션 제안서 보증 :

보증 피어는 제안서를 받은 뒤, 조직 동료가 동의한 보증 정책을 준수하는지 여부를 확인합니다. 기본 정책에 따라 유효성이 검증되면, 보증 피어는 체인코드의 호출[invoke] 메소드를 실행합니다. 이 때 해당 호출이 원장을 업데이트 하지는 않습니다. 해당 호출은 에러가 있거나 계산 집약적인 트랜잭션을 제거하기 위해 수행된 시뮬레이션 트랜잭션과 비슷합니다. 트랜잭션을 호출한 결과는 다음과 같이 표시될 수 있는 읽기/쓰기 세트입니다.

```
Read set (k,v) => carOwner,owner1
Write set(k,v1)=> carOwner,owner2
```

이 읽기/쓰기 세트는 그림 3.6과 같이 클라이언트 SDK로 다시 반환됩니다.

- **승인된 제안서를 오더러에게 제출 :**

클라이언트 SDK는 승인된 트랜잭션을 오더러에게 제출하여 원장의 다음 블록에 포함시킵니다. 오더러는 원장에 트랜잭션을 포함시키기 위해 모든 승인된 응답의 서명을 확인한 다음, 블록 형태의 채널을 기준으로 시간 순서대로 배치합니다. 그런 다음 모든 조직의 리더에게 전달합니다.

- **커미팅 피어에게 트랜잭션을 제출하여 원장에 추가함 :**

트랜잭션 수명주기의 마지막 단계입니다. 오더러는 배치 제안[batch proposal] 또는 브로드캐스트를 모든 조직의 네트워크에 있는 리더들에게 브로드캐스트 합니다. 커미팅[commit-]

ting 피어는 장부에서 커밋되기 전에 특정 트랜잭션에 대해 체인코드를 마지막으로 한 번 더 실행하여 해당 트랜잭션을 다시 검증합니다. 실행 결과, 원장에 저장될 최종버전의 읽기-쓰기 세트가 생성됩니다. DB 및 읽기 세트의 상태는 다음과 같이 변경됩니다.

```
set(k,v) => carOwner , owner2.
```

Bitcoin, Ethereum 및 허가형 블록체인의 차이점

이번 섹션에서는 퍼블릭 네트워크와 허가형 네트워크의 차이점을 살펴보겠습니다.

또한 Hyperledger Fabric, 다른 허가형 블록체인, 프라이빗 블록체인 네트워크 간의 미묘한 차이점을 이해하게 될 것입니다.

마지막으로, Hyperledger와 같은 허가형 네트워크가 기존 데이터베이스 시스템과 어떻게 다른지 살펴봅니다. 이 차이점은 Hyperledger 네트워크를 수정된 분산 데이터베이스로 간주하고 있는 블록체인 애호가들에게 주요 관심사였습니다.

이러한 차이점을 이해하면, Hyperledger 네트워크를 사용하여 비즈니스 솔루션을 제공하려는 서비스에 대한 신뢰도가 높아질 것입니다.

퍼블릭 네트워크 vs. 허가형 네트워크

비전문가layman 관점에서 봐도 둘의 차이는 분명합니다. 퍼블릭 블록체인은 노드 참여 자격에 대한 제한이 없으며 글로벌 수준의 완벽한 탈중앙화 네트워크입니다. 반면, 허가형 네트워크는 자신을 식별하는 필수 인증서를 가지고 있어야 하며, 인증서를 제시해야만 네트워크의 구성원이 될 수 있습니다.

세부 요소 별로 서로의 차이점을 비교해 봅시다.

합의 : 2장에서 설명한 것처럼 분산 시스템에서 BFT, PBFT 등과 같은 전통적인 합의 알고리즘과는 달리, 퍼블릭 네트워크에는 익명 네트워크에서 합의를 달성하기 위해 POW, POS, DPOS 등과 같은 알고리즘이 필요합니다. 네트워크에 미확인 노드가 있으

므로, 기존 PBFT 합의 알고리즘으로는 네트워크에서 합의와 보안을 유지하기에 불충분합니다.

하지만, 노드가 식별되는 Hyperledger Fabric과 같은 네트워크에서 PBFT는 합의를 달성하기에 충분합니다. 또한 합의에 도달하는데 더 적은 수의 노드가 필요하므로 확장성, 대기시간 등의 측면에서 몇 가지 이점을 제공합니다. 실세계에서, 다수보다는 소수의 지인들과 함께 저녁 식사 장소를 합의하는데 더 적은 시간이 걸리는 것과 유사합니다.

tps[transactions per second](초당 트랜잭션 수) 측면에서 다양한 수준의 작업량으로 서로 다른 성능 테스트가 수행되었습니다. 일부 회사는 대기 시간이 1초 미만인 약 3,500 tps의 처리량에 도달했다고 주장합니다. 다른 많은 독립적인 연구자들은 평균 약 1000 tps를 주장하기도 했습니다.

Vitalik Buterin과 그의 팀이 이끄는 Ethereum은 두 번째 계층 솔루션인 Sharding과 Plasma를 연구하고 있지만, 구현에는 시간이 걸릴 것으로 예상됩니다. 현재 Ethereum은 약 15 tps를 제공하며, 이는 Fabric에 비해 매우 낮은 수치입니다.

Bitcoin의 tps는 약 7이며 Ethereum보다 훨씬 낮습니다.

인센티브 : 허가형 네트워크는 서로를 무조건 신뢰하지는 않지만 서로 거래하거나 거래를 하고 싶은 여러 조직에서 비즈니스 목적으로 사용됩니다. 인센티브 개념은 퍼블릭 블록체인 고유의 것입니다. 퍼블릭 네트워크의 보안과 무결성을 유지하려면 채굴에 사용할 수 있는 여러 노드와 토큰 인센티브를 제공해야 합니다. 그러나 거래에만 관심있는 회사는 자체 노드를 호스팅하고 네트워크에 가입한 후 이를 관리하게 되므로, 인센티브가 허가형 네트워크의 필수 요구사항은 아닙니다.

이러한 이유로 인해 Hyperledger에는 자체 암호화폐가 없습니다.

스마트 컨트랙트 :

Hyperledger에서의 스마트 컨트랙트는 체인코드라고 부르며 Golang, Node.js 또는 Java와 같은 표준 프로그래밍 언어로 작성됩니다. 퍼블릭 Ethereum 네트워크에서의 스마트 컨트랙트는 **Solidity**라는 언어로 작성됩니다.

Hyperledger의 스마트 컨트랙트는 비결정적Non-deterministic 트랜잭션을 지원하지 않지만 Ethereum은 이를 지원합니다. 비결정적 트랜잭션 개념이 비즈니스에 영향을 미칠 수 있기 때문에, 이 개념을 이해하는 것이 중요합니다.

비결정적 트랜잭션은 임의의 숫자를 계산하기, 일부 API에서 데이터를 가져오기, 또는 현재 타임 스탬프에 따라 트랜잭션을 수행하는 것과 유사합니다. 이러한 값은 코드가 실행될 때마다 변경될 수 있습니다.

Hyperledger에서 컨트랙트 실행은 읽기-쓰기 세트에 대해 한 번, 블록의 모든 트랜잭션 실행이 오더러를 통해 브로드캐스트 되었는지 여부를 확인하기 위해 한 번, 총 두 번 발생합니다.

출력을 생성하는 임의의 함수에 따라 상태가 설정되는 경우, 첫 번째 실행은 두 번째 실행의 출력과 다른 상태 값을 가질 수 있으며 이로 인해 트랜잭션이 실패하는 문제가 발생할 수 있습니다.

외부 API 호출이 시간 제약적 데이터Time-bound data(예; 특정 장소의 현재 날씨 데이터)를 가져오는 경우에도 마찬가지입니다. Ethereum에서는 Oraclize 솔루션을 사용하여 시간 제약적 데이터를 가져오는 외부 API를 질의할 수 있습니다. 그러나 Hyperledger의 체인코드 수준에서는 불가능합니다.

이제, 허가형 네트워크 간의 차이점을 확인할 차례입니다. Hyperledger, Corda 및 Quorum의 세 가지 대표적인 허가형 네트워크를 비교합니다.

Linux 재단의 Hyperledger Fabric, R3의 Corda, JP Morgan의 Quorum 간 차이점

허가형 네트워크의 혁신 측면에서 Linux 재단만이 유일한 컨소시엄은 아닙니다.

R3 컨소시엄은 다수의 식별 가능한 당사자 간의 법적 계약을 촉진하고 자동화하기 위한 허가형 네트워크를 만들기 위해 노력하고 있습니다.

JP Morgan의 Quorum은 Ethereum의 엔터프라이즈 버전입니다. Ethereum과 Solidity에 대해 알고 있다면 Quorum을 사용할 준비가 거의 된 것입니다.

허가된 당사자만이 접근 가능

이와 관련하여, 이 세 가지 블록체인은 모두 동일한 원칙을 가지고 있습니다. 당사자들은 사전에 알려지고 식별될 수 있어야 하며, 각 당사자를 식별할 수 있는 메커니즘이 있어야 합니다.

합의:

이전에 본 것처럼, Hyperledger Fabric에서는 트랜잭션이 블록에 커밋되기 전에 여러 단계의 검증을 거칩니다.

반면에 Corda에서 공증인[Notaries]은 변경 불가능한 체인에서 트랜잭션의 유효성 검증, 타임스탬프 및 커밋을 담당합니다. 공증인은 은행과 같은 중앙 기관일 수 있습니다.

Quorum은 **QuorumChain**이라는 합의 프로토콜을 사용합니다. 이 프로토콜은 접근 방식이 간단하며 다수 투표 메커니즘을 사용합니다.

이 때문에, tps 측면에서 거의 동일한 결과를 얻게 됩니다. 다만 Hyperledger Fabric는 모듈식 아키텍처 기반 기술로서 플러그 앤 플레이 방식에 해당합니다.

인센티브 및 토큰 :

세 블록체인은 모두 플랫폼을 위한 암호화폐를 지원하지 않습니다. 다른 토큰에서는 만들 수 없지만, Hyperledger에서는 토큰을 만들 수 있습니다.

체인코드/스마트 컨트랙트

Hyperledger는 체인코드 작성을 위해 Node.js, Golang 및 Java를 지원합니다. 이 언어는 개발자 커뮤니티에서 가장 일반적으로 사용되며 개발자에게 친숙한 플랫폼입니다.

Corda는 JVM에서 실행되는 Kotlin을 지원합니다. 여기서 주목할 점은 Corda의 스마트 컨트랙트에는 Hyperledger 또는 Quorum과 달리 법적 기반이 있다는 것입니다. 따라서 Corda는 단순한 코드가 아닙니다.

Ethereum과 유사한 Quorum은 스마트 컨트랙트 작성을 위해 Solidity를 지원합니다.

Hyperledger Fabric, Corda 및 Quorum의 명확한 차이점은, Corda와 Quorum이 주로 금융 기관에 초점을 맞추고 구축되었지만 Hyperledger Fabric은 모든 산업 분야를 위한 일반적인 솔루션에 가깝다는 것입니다.

Hyperledger Fabric과 기존 데이터베이스의 차이점 :

퍼블릭 블록체인의 많은 지지자와 허가형 블록체인의 비평가들은 Hyperledger Fabric이 또 다른 분산 데이터베이스에 불과하다고 비난했습니다. 그러므로, 이들 간의 차이점을 이해하는 것이 중요합니다. 기존의 관계형 데이터베이스는 분산 및 변경 불가능하도록 재설계할 수 있습니다. 하지만, Hyperledger Fabric과 같은 솔루션은 체인 데이터를 보호하기 위해 강도 높은 암호화를 사용하였으며, 당사자들을 완전히 분산시킨다는 하나의 목적을 위해 구축되었습니다.

블록체인의 모든 트랜잭션은 암호화되어 이전 레코드와 연결되므로, 이전 레코드를 변경하면 체인이 손상됩니다. 그러나 데이터베이스는 이렇게 안 되며, 블록체인과 주요한 차이점 중 하나입니다.

채널 :

이해 관계자 간에 프라이빗 트랜잭션을 용이하게 주고받기 위해, Hyperledger는 프라이빗 서브 네트워크와 같은 역할을 수행하는 채널을 사용합니다.

채널은 다중 조직 네트워크에서 트랜잭션 프라이버시를 제공합니다.

채널 구성은 YAML로 제공되며, 참가자 조직, 피어, 앵커 피어 등을 지정하고 이를 기반으로 네트워크가 채널을 시작합니다.

모든 조직에는 앵커 피어가 있습니다. 이들 피어는 다른 조직에서 검색 가능합니다. 다음 섹션에서 채널이 어떻게 Hyperledger 네트워크의 기초를 형성하는지 살펴볼 것입니다. 또한 프라이빗 데이터 콜렉션 기술Private data collection을 사용하여 채널 자체 내에서 프라이빗 트랜잭션을 수행할 채널 수를 줄이는 방법도 살펴볼 것입니다. 이 방법은 매우 유용합니다. Node.js용 Fabric SDK를 사용하여 채널을 세밀하게 제어하겠습니다.

Hyperledger Fabric 릴리스 버전 및 차이점

이 섹션에서는 다양한 Hyperledger Fabric 릴리스를 살펴봅니다.

Hyperledger Fabric은 2015년 가을에 발표된 IBM의 Open Blockchain 프로젝트의 결과물입니다.

Hyperledger Fabric은 GitHub에서 호스팅되는 오픈소스 프로젝트입니다. 다음 그래프(그림 3.7)는 지난 2년 동안 다양한 Fabric 릴리스의 타임라인을 보여줍니다.

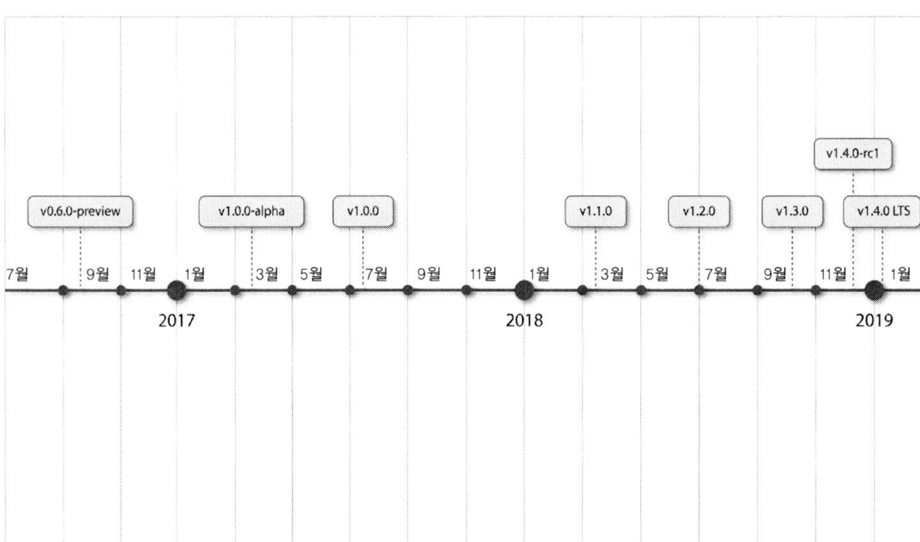

그림 3.7

2016년 9월 16일에 v0.6.0-preview로 Fabric의 첫 번째 버전이 릴리스 되었습니다. 그 이후로 많은 안정[stable] 버전이 출시되었습니다. Fabric의 개발은 지난 6개월 동안에도 진행되었으며 최대 3개의 주요 버전이 릴리스 되었습니다. 최신 버전의 Fabric(이 책의 작성일자 기준)은 v1.4.0이며 LTS 프로덕션 지원[production-ready] 릴리스입니다.

이 프로젝트는 GitHub에 150명 이상의 기여자를 보유하고 있으며, Jira에서는 프로젝트 기술에 대한 이슈 및 관련 기능이 활발히 분석되고 있습니다.

GitHub의 Hyperledger Fabric 프로젝트는 30개 이상의 회사 및 개인 기여자가 협력하여 활발하게 개발되고 있습니다.

다음으로 Hyperledger Fabric 주요 버전의 주요 차이점과 변경 사항을 살펴보겠습니다.

Hyperledger Fabric은 로드맵에 매우 세심한 주의를 기울였으며, 로드맵에서 계획된 모든 기능을 살펴보고 추적할 수 있습니다 : `https://jira.hyperledger.org/secure/ Dashboard.jspa?selectPageId=10104.`

Hyperledger는 2019년 2분기에 메이저 v2.0.0 릴리스를 계획했으며 허가형 블록체인에서 게임 체인저[Game changer]로 간주되고 있습니다.

Fabric 1.4는 첫 번째 프로덕션 용 LTS 릴리스 버전입니다.

여러 버전 간의 주요 차이점을 설명했지만, 버전의 대부분은 Fabric 구성 요소의 아키텍처 측면에서 크게 다르지 않습니다.

다음 섹션에서는 Fabric의 모듈식 아키텍처에 대해 자세히 살펴볼 것입니다. Fabric의 아키텍처는 1.1 이상 버전에서 거의 동일하며, 아키텍처의 견고성[robustness]으로 인해 단기간에는 변경되지 않을 것입니다.

Fabric 버전 별로 코드 기반 및 구조에 관심있다면 아래 표시된 대로 릴리스에 따라 다른 브랜치[branch]로 전환할 수 있습니다 :

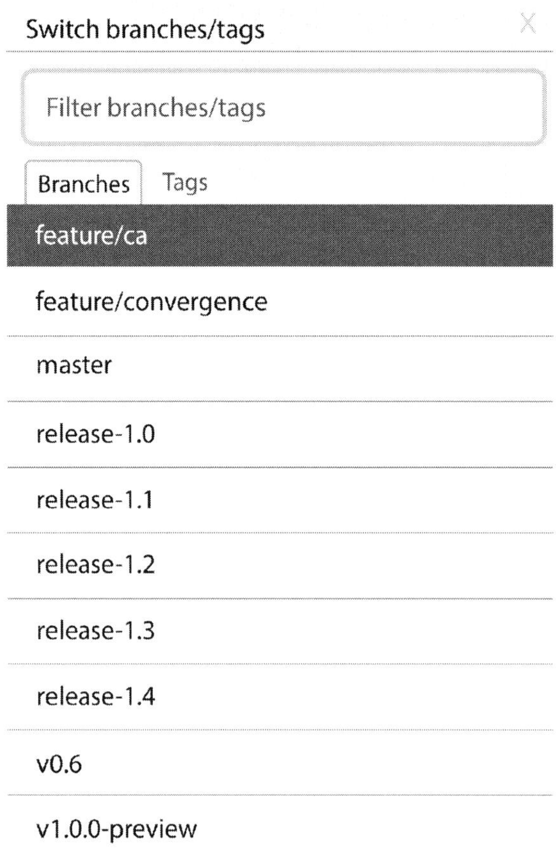

▌그림 3.8▌

Fabric 0.6

초기 버전인 Fabric 0.6은 엔터프라이즈 커뮤니티에서 해결해야 할 많은 부분이 누락되고 문제가 많았기 때문에 실제 적용 사례에 대한 준비가 되지 않았습니다. 그러나 당시 엔터프라이즈 블록체인 솔루션을 개발하려는 IBM의 노력은 높이 평가되었습니다.

Fabric 아키텍처는 모든 허가형 블록체인 네트워크의 핵심 빌딩 블록을 기반으로 합니다 :

- 블록체인과 연동하는 클라이언트 SDK

- 원장 및 스마트 컨트랙트를 보유하는 노드 또는 피어
- 네트워크에서 노드를 식별하고 등록하는 서비스
- 합의 메커니즘

Fabric은 0.6에서 1.0 버전으로 릴리스 될 때 급격히 변화했습니다. 이들 중 일부는 피어와 같은 구성 요소를 완전히 재작성했으며, 디자인 측면에서 단일체적monolithic 구조를 가집니다. 그림 3.9는 Fabric 0.6 버전 아키텍처를 나타냅니다 :

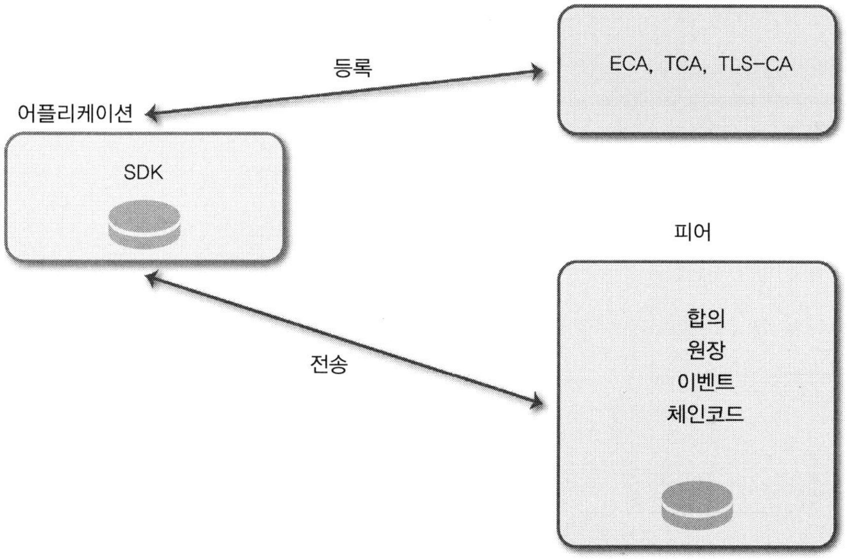

| 그림 3.9 |

구성원 등록을 위한 MSP가 있었으므로 확실히 허가형이지만, 프라이빗 하지는 않았습니다. 회사는 네트워크의 다른 당사자에게 세부 정보를 공개하지 않고, 다른 당사자와의 개인 트랜잭션을 수행할 수 있는 비즈니스 유스케이스(예: 입찰 프로세스)를 잘 정의하여 사용합니다. 하지만 프라이빗 트랜잭션을 처리하는 기능은 준비되지 않았습니다.

주목해야 할 또 다른 사항은 피어의 단일체적 디자인의 문제입니다. 합의, 원장 및 이벤트는 모두 피어의 일부였으며, 이러한 디자인은 모듈식 아키텍처의 기본 원칙에 위배

됩니다. 합의는 모든 다른 요소들과 분리되어야만 했습니다. 즉, 오더러가 추가적으로 필요함을 의미합니다.

체인코드 또한 결정적이며 업그레이드 불가능한 문제가 있었습니다. 장기long-term적인 블록체인 솔루션의 경우, 플랫폼은 스마트 컨트랙트를 재배치하지 않고도 업그레이드할 수 있어야 합니다. 재배포하면 체인코드와 관련된 모든 상태 데이터가 재설정되기 때문입니다. 이 문제는 심지어 Ethereum에서도 현재까지 해결하지 못하고 있습니다.

- MSP는 단일 장애 지점single point of failure이 되기 쉽기 때문에, 더욱 분산되어야 했습니다.
- 참가자를 추가하기 어려웠고, 트랜잭션의 확장성도 문제였습니다.
- 또한 TLS가 제공되지 않는 피어 간의 통신 때문에 심각한 보안 문제가 발생했습니다.

다양한 Fabric 그룹(요구 사항 팀, 기술 팀, 기능 팀 및 기타 팀을 포함)은 실험 및 개념검증 수준을 넘어서서 유용한 구체적인 블록체인 솔루션을 개발하기로 결정했습니다.

Fabric 1.0

Fabric 1.0은 첫 번째 주요 릴리스로 Fabric 0.6+ 릴리스의 모든 주요 문제를 해결합니다.

그림 3.10은 Fabric의 새로운 아키텍처를 보여줍니다. 이전 버전에는 없었던 상자가 오른편에 추가되었습니다. 플랫폼에서 모듈성과 플러그 기능을 달성하기 위해 변경이 필요했습니다. 또한 MSP에 몇 가지 새로운 메커니즘이 추가되어 기존의 MSP와 약간 다르게 보입니다 :

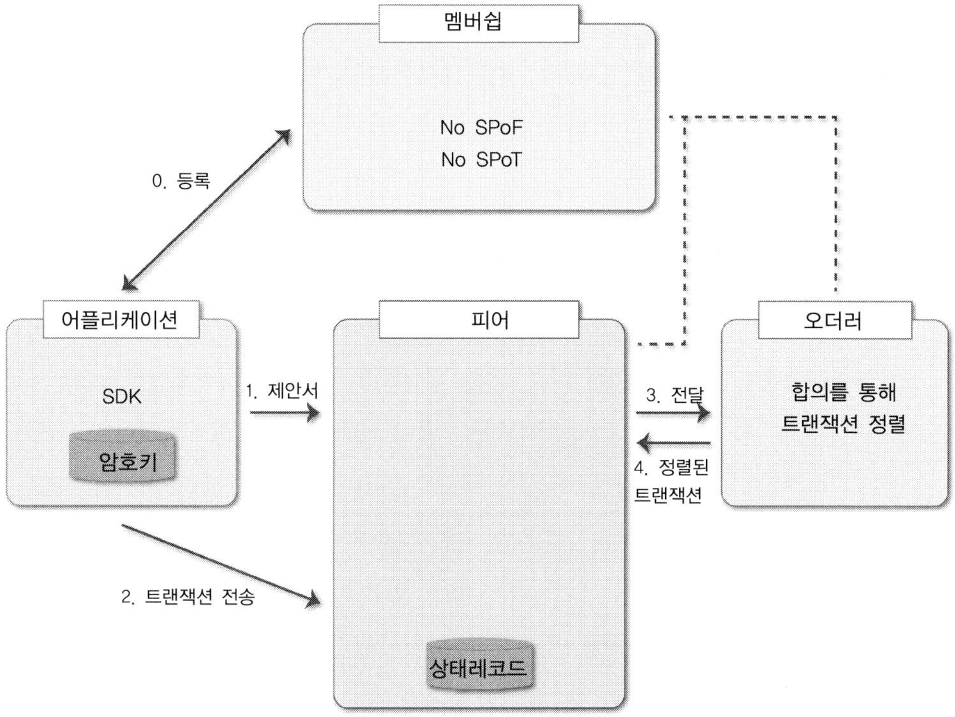

| 그림 3.10 |

Fabric 1.0의 주요 변경 사항은 다음과 같습니다.

- 허가형 네트워크에서 채널을 생성하고 프라이빗 트랜잭션을 수행하는 기능
- 트랜잭션 오더링 및 합의 달성을 위한 별도의 오더링 서비스
- 자체 MSP를 구현하거나 기존 MSP를 사용하는 기능
- 체인코드 작성을 위한 Java 지원

요컨대, 장착형 컴포넌트 — 소프트웨어 아키텍처의 관점에서 유용하게 사용되는 — 로 인해 더욱 개선된 모듈형 구조를 가집니다.

이벤트 : 블록체인 이벤트 개념을 살펴보겠습니다. 예를 들어, 트랜잭션이 완료될 때 블록을 추가하는 것이 하나의 이벤트로 간주됩니다.

Fabric 1.0에서는 이벤트 구현이 불명확하고 세분화되지 않았습니다. 이벤트 허브[event hub]는 피어가 연결하고 정보를 얻을 수 있는 이벤트인데, 이를 위한 서비스는 하나뿐입니다. 예를 들어 고수준에서 오더러가 블록을 할당할 때 채널 수준의 이벤트에는 여전히 문제가 있었습니다.

Fabric 1.0이 주요 릴리즈였지만, 몇 가지 주요 문제 및 보류중인 기능이 있었습니다 :

- 보안상의 이유로 피어, 오더러 및 클라이언트 간의 TLS 통신 활성화가 보류된 상태입니다.
- 성능을 향상시키고 CouchDB에서 데이터를 효율적으로 질의할 수 있는 CouchDB 인덱스 체인코드가 누락되었습니다.
- 채널이 제대로 작동하지 않아서 수정이 필요했습니다.
- 더 나은 이벤트 처리 메커니즘이 필요했습니다.
- Fabric이 제공하는 shim 패키지 내에서 중요한 유틸리티 패키지가 부족했습니다. 예를 들어, 기밀[confidential] 원장 데이터를 원장에 넣기 전에 수행하는 암호화 및 암호 해독 기능이 없었습니다. 일부 적용 사례에서는 블록체인 범위 밖의 클라이언트 솔루션이 안전하지 않았습니다.
- 체인코드 작성을 위해 JavaScript(Node.js) 지원을 포함시켜야 한다는 개발자 커뮤니티의 요구가 있었습니다.

Fabric 1.1

Fabric 1.1은 기존 0.6에 존재했거나 또는 Fabric의 아키텍처 변경으로 인해 발생하는 많은 문제를 해결했습니다.

Fabric 1.1에는 주요 아키텍처를 재작성하지 없었지만, 당시 엔터프라이즈나 개발자 커뮤니티로부터 몇 가지 주요 수정 사항을 제안받아 구현했습니다.

또한 체인코드를 작성하기 위한 Node.js 지원이 구현되었습니다. 이것으로 연결 작성 프로필writing connection profiles이라는 개념이 생겼습니다. YAML을 지금 바로 작성하여 네트워크에 제공할 수 있으면서, 동시에 채널 설정과 같은 모든 중요한 사항을 아래와 같이 구성할 수 있기 때문에 매우 유용했습니다.

예 :

```
channels:
  bankingChannel:
    orderers:
      - orderer1.banking.com
    peers:
      peer0.bankOfAmerica.example.com:
        endorsingPeer: true
        chaincodeQuery: true
        ledgerQuery: true
        eventSource: true
      peer0.royalBankOfScotland.example.com:
        endorsingPeer: true
        chaincodeQuery: false
        ledgerQuery: true
        eventSource: false
organizations:
  bankOfAmerica:
    mspid: bankOfAmerica MSP
    peers:
      - peer0.org1. bankOfAmerica.com
    certificateAuthorities:
      - ca- bankOfAmerica
    adminPrivateKey:
      path: …
    signedCert:
      path: …
  royalBankOfScotland:
    …continue
```

두 은행 간의 해당 프로파일 YAML은 별다른 설명이 필요 없습니다. 이름, 참가자 및 기타 구성을 제공하는 채널 프로필을 정의합니다. 또한 둘 이상의 조직과 MSP, 피어 및 인증서를 정의하는 조직의 연결 프로필을 정의합니다.

- 데이터 암호화 및 암호 해독을 위한 엔터티를 추가하여 shim 패키지를 개선했습니다.
- 피어, 오더러 및 클라이언트 간의 TLS 통신도 가능합니다. TLS 통신을 위해 몇 가지 환경 변수가 도입되었습니다. 예를 들어 Docker Compose를 통해 Docker 컨테이너에 주입할 수 있습니다 :

```
CORE_PEER_TLS_ENABLED = true
CORE_PEER_TLS_CERT_FILE = fqp
CORE_PEER_TLS_KEY_FILE = fqp
CORE_PEER_TLS_ROOTCERT_FILE = fqp
CORE_PEER_TLS_CLIENTAUTHREQUIRED = true
CORE_PEER_TLS_CLIENTROOTCAS_FILES = fqp
CORE_PEER_TLS_CLIENTCERT_FILE = fqp
CORE_PEER_TLS_CLIENTKEY_FILE = fqp
```

앞에서 논의한 것처럼, 이벤트는 Fabric 1.0 버전의 고질적인 문제였습니다. Fabric 1.1은 채널 레벨에서 이벤트를 도입했습니다. 이벤트는 참가자들이 채널과 트랜잭션에서 무슨 일이 일어나고 있는지 더 잘 볼 수 있게 하였습니다.

채널 레벨에서의 이벤트 도입은 많은 적용 사례를 통해 유용함을 증명했습니다. 예를 들어, 사용자가 가입을 완료한 후에 네트워크의 기록 이벤트에 액세스할 수 있습니다.

Fabric 1.1 버전에는 Deliver와 Deliver Filtered의 두 가지 서비스만이 도입되었습니다.

Fabric 1.2

Fabric 1.2의 주요 기능 중 하나는 프라이빗 데이터 콜렉션private data collection입니다. 이 기능은 여러 가지 면에서 채널과 다릅니다. 프라이빗 데이터 콜렉션을 신중하게 고려하고 실계하면, 많은 중복 채널을 만들지 않아도 됩니다.

프라이빗 데이터 콜렉션에 대해서는 예제 어플리케이션으로 자세히 설명하려고 합니다. 지금은 이 기능이 무엇인지, 어떤 문제가 해결되는지만 간단히 이해하겠습니다.

채널은 기본적으로 이해 당사자를 위해 전체 원장을 비공개로 유지하는데 사용되지만, 채널에는 일부 프라이빗 트랜잭션이 필요할 수 있습니다. 예를 들어 회사 A, B, C가 채널의 일부이고 A와 C가 이 채널에서 프라이빗 트랜잭션을 원한다고 가정해 보겠습니다. Fabric 1.1에서는 이러한 종류의 시나리오를 위해 별도의 채널을 만들어야 했으며, 채널은 리소스를 많이 사용하기 때문에 이상적인 솔루션이 아닙니다. 프라이빗 데이터 콜렉션은 이러한 종류의 프라이빗 트랜잭션을 채널에서 수행하기 위해 도입되었습니다.

프라이빗 트랜잭션을 채널로 보내는 방법에는 두 가지가 있습니다.

- 첫 번째 방법은 가십 프로토콜gossip protocol을 사용하는 것으로, 오더러를 거치지 않고 한 피어에서 다른 피어로 직접 프라이빗 데이터를 보냅니다.
- 두 번째 방법은 해싱을 사용하여 프라이빗 트랜잭션의 해시값만 저장하는 것이며, 일반적인 트랜잭션 수명주기와 마찬가지로 오더러가 포함됩니다.

지금이 Fabric의 가십 프로토콜이 무엇인지 설명하기에 적절한 타이밍입니다.

Hyperledger Fabric 문서는 가십 프로토콜을 확장 가능한 데이터 보급dissemination(확산spreading) 프로토콜로 정의합니다. 가십 프로토콜은 기본적으로 Fabric에서 P2P 통신을 위해 구현된 프로토콜입니다.

이것을 간단히 설명하겠습니다. 모든 조직에서 리더는 정적 또는 동적으로 선택됩니다. 리더는 두 가지 주요 책임이 있습니다 :

- 오더러 피어로부터 블록 가져오기. 블록이 할당되면 Kafka 기반 오더링 서비스가 이 블록을 조직의 모든 리더에게 브로드캐스트하기 때문에, 오더링 서비스로 블록을 검색할 수 있어야 합니다.
- 블록의 보급. 리더가 오더러로부터 블록을 수신한 뒤, 해당 블록을 조직 내의 모든 동료에게 전송해야 합니다. 이때 가십 프로토콜을 사용하여 블록을 전달합니다.

가십 프로토콜의 기본 용도는 모든 피어 원장을 동기화 상태로 유지하기 위해 새로운 수신 블록을 전파하는 것입니다.

여기서 여러분들은 앵커 피어와 리더가 어떻게 다른지, 그리고 가십 프로토콜이 Kafka 메시지 서비스와 어떻게 다른지 궁금할 것입니다.

우선, 리더는 오더러 피어와 통신하는 반면, 앵커 피어는 채널에 따라 다릅니다.

따라서 여러 조직이 있는 채널을 만들 때, 각 조직의 채널에 있는 피어는 앵커 피어를 사용하여 서로 통신합니다.

그림 3.11은 채널 및 블록 전파 과정에서 앵커 피어와 리더의 역할을 각각 보여줍니다.

네트워크에서 피어들을 관리(예: 가십 프로토콜에서 리더 선택)하는 데 사용할 수 있는 다양한 구성 후크가 있습니다.

```
CORE_PEER_GOSSIP_USELEADERELECTION=true
CORE_PEER_GOSSIP_ORGLEADER=true
```

이를 통해 오더러와 통신 가능한 피어들이 조직의 리더를 동적으로 선출할 수 있습니다.

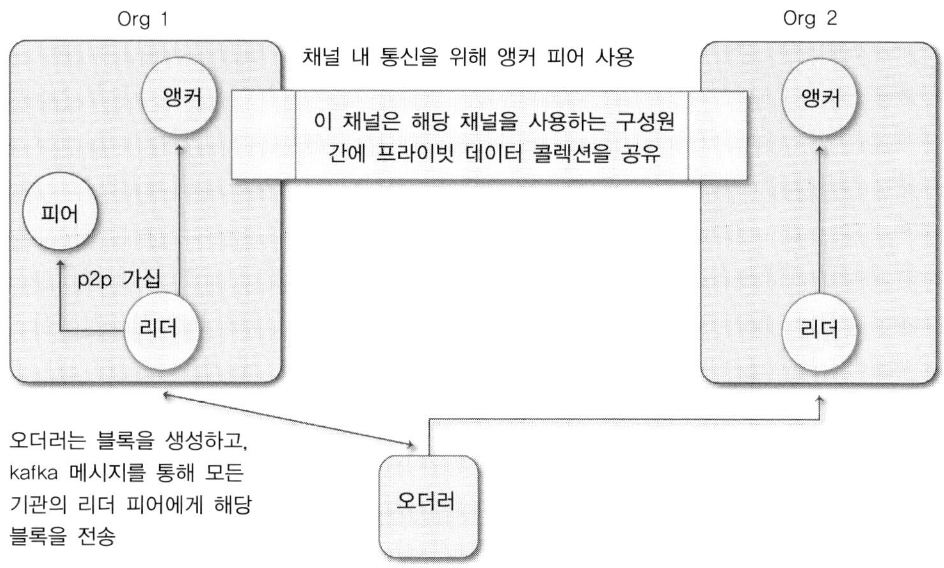

▍그림 3.11▍

검색 서비스discovery service는 버전 1.2에서 새로 릴리스된 주요 기능입니다. 이전 버전에서의 정적 연결 프로필은 조직 구조, 채널 구조 등 모든 것을 YAML 파일에 정의해야 했습니다. 어플리케이션을 재배치해야만 새로운 피어나 조직을 추가할 수 있었습니다.

또한, 클라이언트 SDK에는 피어 정보와 같이 네트워크 상태에 대한 메타 데이터가 없으므로 적절한 보증 정책을 작성하기가 어려웠습니다.

모든 트랜잭션이 유효한 것으로 간주되려면 보증 정책을 이행해야만 합니다. 보증 정책은 논리적인 진술로 정의됩니다. 다음 코드는 동등한 피어 보증을 요구하는 예제입니다.

```
AND ("org1.msp.member","org2.msp.member")
```

이 코드는 트랜잭션이 유효하기 위해서는 각 조직별로 적어도 한 명의 회원이 승인해야 한다는 것을 의미합니다.

대신, 다음과 같은 보증 정책을 사용할 수도 있습니다.

```
OR ("org1.msp.admin","org1.msp.admin")
```

이 코드는 어느 조직이든 상관없이 적어도 한 명의 관리자로부터 승인되면 충분하다는 것을 의미합니다.

보증 정책을 구성하기 위해, 클라이언트는 채널의 피어 및 해당 상태state에 대해 알고 있어야 합니다. 또한 채널에 새로 추가된 피어, 제거된 피어 등에 대해서도 알아야 합니다.

Fabric 1.2에는 서비스 검색이 도입되어, 로컬 구성 파일에서 모든 것을 수행할 필요가 없어졌습니다. 클라이언트 SDK가 검색 서비스로 질의를 보내어 네트워크의 피어에 대한 메타 데이터를 가져옵니다. 그 다음에, 보증된 응답을 수집합니다.

Fabric 1.2에는 접근제어 메커니즘이 개선되었습니다. 또한 앞에서 논의한 바와 같이 보증 정책을 탈부착 가능하게 만들었습니다. 즉, AND에 하나 이상의 매개변수를 추가하는 등, 채널의 모든 체인코드에 즉시 적용할 수 있습니다.

Fabric 1.3

Fabric 1.3의 주요 개선 사항은 Fabric CA와 Identity Mixer를 통합한 것입니다. x.509 인증서와는 별도로 Fabric CA 서버가 속성 기반 자격 증명을 발급할 수 있게 되었습니다. 이 업그레이드를 통해 네트워크 참가자의 신원에 대한 영지식 증명Zero-knowledge proof, ZKP을 활성화할 수 있습니다. 영지식 증명을 사용하면 누구나 자신의 정보 t를 보여주지 않고도 t가 사실인지 아닌지 확인할 수 있습니다. 따라서 신원 정보가 노출되지 않습니다.

예를 들어 보겠습니다. 보통 기관에서는 여러 가지 신분 증명을 위해 ID 제출을 요구합니다. ID 증명을 완료하면, 기관들은 번호, 주소 등과 같이 사용자에 대한 모든 세부 정보를 가지게 됩니다. 이는 바람직하지 않습니다. 이상적인 상황은 검증자가 다른 모든 세부 사항에 접근하지 않고도 유효한지 여부만 확인하는 것입니다. 이것이 퍼블릭 또는 허가형 블록체인에서 ZKP의 핵심 아이디어입니다. ID 관리 수준에서, 네트워크 참가자의 익명성을 유지하기 위해 ZKP의 구현이 필요합니다.

인증서 발행자인 기존 Fabric CA 서버는 Idemix 기능을 지원하도록 향상되었습니다. 이 CA 서버와 상호 작용하기 위한 Java 기반의 SDK도 제공되며, 현재 다른 언어로도 구현이 진행 중입니다.

바로 다음 섹션에서 인증서 관리를 다룰 때, 이러한 ID 속성을 생성하고 검증자와 트랜잭션을 수행하는 방법을 예제로 보겠습니다.

또한, Fabric 1.3 버전은 체인코드 개발을 위해 Java를 지원합니다. Java 기반의 어플리케이션이 많기 때문에 중요한 개선점입니다. 하지만, 이 책에서는 체인코드를 작성하기 위해 Node.js를 사용했고 네트워크용 클라이언트를 구현하기 위해 Node.js SDK를 사용했습니다.

1.3 버전 릴리스에서 CouchDB는 대규모 요청을 처리하고 구조화된 방식으로 제공하도록 최적화되었습니다. 이는 페이지 매김, 테이블 등과 같은 프론트 엔드 어플리케이션 모듈을 빌드하는데 사용됩니다.

1.1 이전 버전에 있던 이벤트 허브는 1.3 버전부터 더 이상 사용되지 않습니다. 따라서 피어 채널 기반의 이벤트 서비스가 이 버전에서 유일하며, 기본 이벤트 서비스가 되었습니다.

또 다른 중요 업그레이드는 체인코드 레벨의 보증 정책을 오버라이드 할 수 있는 주요 보증 정책의 도입입니다.

이제 다음과 같이, 초기화 단계에서 특정 체인코드의 보증 정책을 정의할 수 있습니다.

```
peer chaincode instantiate -C <someChannelId> -n somecc -P "AND('Org1.
member', 'Org2.member')"
peer chaincode upgrade -C <someChannelId> -n somecc -P "AND('Org1.
member', 'Org2.member', 'Org3.member')"
```

위와 같이, CLI에서 특정 체인코드를 위한 보증 정책을 제공할 수 있습니다.

그러나, 실시간으로 `OwnerOfCompany` 같은 특정 상태state를 위한 별도의 보증 정책이 필요한 상황을 고려해 봅시다. 보증 정책은 상태 키 레벨state key level이므로 이러한 적용 사례에 맞지 않습니다.

이를 수정하기 위해서는 체인코드의 수명주기에 의존할 필요없이, 체인코드 내에서 수정될 수 있는 키 레벨의 보증 정책을 작성해야만 했습니다.

Fabric 1.4 LTS

Fabric은 2019년 1월 10일, 최소 1년 동안의 지원을 약속한 최초의 장기 지원 버전long-term support version을 출시했습니다. 커뮤니티들이 해당 버전을 프로덕션 어플리케이션에 사용하도록 Fabric이 공식적으로 권장합니다.

Hyperledger 조직의 아래 링크를 방문하면 전체 릴리스 정보를 읽을 수 있습니다.

https://www.hyperledger.org/blog/2019/01/10/introducing-hyperledger-fabric-1-4-lts

주요 발표 중 하나는 Composer 기반의 Hyperledger Fabric 개발에서 벗어나 Fabric 어플리케이션의 개발을 위한 보다 풍부한 환경을 제공하는 것입니다.

커뮤니티에서는 Composer 기반 도구의 사용에 대한 의견 차이가 있었습니다. 왜냐하면 이들 도구는 구성 가능한 Fabric의 중요한 부분을 추상화하기 때문입니다. 따라서 Hyperledger Fabric은 1.3 이후 Composer에 대한 호환성 제공을 중단할 것이라고 발표했습니다.

https://lists.hyperledger.org/g/composer/message/125

따라서 Fabric 어플리케이션 개발을 진행하기 전에 기본이 아닌 것을 사용하지 않도록 도구들을 현명하게 선택해야 합니다. 특히 특정 도구를 일시 중지한 경우와 같은 상황에 대비하여 도구에 대한 종속성을 피해야 합니다.

Composer는 사용 가능한 템플릿에서 몇 번의 클릭만으로 실제 빠른 POC를 구축하는 데에는 훌륭했지만, 프로덕션 수준에 맞추기 위하여는 더 강건하게 구현되어야 했습니다.

또한 체인코드 개발을 위한 개발 설정이 조금 복잡합니다. Ethereum이 Truffle Suite와 Ganache 등을 사용하여 스마트 컨트랙트를 신속하게 테스트, 개발 및 배포할 수 있는 것에 비해 쉽지 않은 것은 사실입니다.

업계에서 Hyperledger Fabric을 채택하려면, 적절한 개발 도구가 필요합니다. 따라서 Visual Studio 코드 확장이 도입되었습니다. `https://marketplace.visualstudio.com/items?itemName=IBMBlockchain.ibm-blockchain-platform`

VS 코드에 익숙하다면 이 도구를 사용해 보십시오. 예제 어플리케이션을 빌드할 때 해당 확장을 사용할 것입니다.

Fabric 1.4는 확실히 모든 관점에서 주요한 릴리스입니다. 0.6에서 시작하여 1.4까지 Fabric의 진화는 정말 경이롭게 발전하였으며, 우리는 Fabric을 통해 확장 가능하고 안전하며 모듈화가 가능한 블록체인 솔루션을 구축할 수 있다는 것에 감사해야 합니다.

다음 주요 릴리스는 2.0이며 일부 혁신적인 기능이 계획되어 있습니다. 그러나 2.0이 출시될 때까지 모든 마이너 업데이트는 1.4에 제공되며, 1.4는 중간에 모든 프로덕션 어플리케이션의 기본 버전이 됩니다.

이 책에서는 Fabric 1.4의 적용 사례를 기반으로 완전한 종단간 어플리케이션을 구축할 예정입니다.

1.4 버전의 주요 업데이트는 다음과 같습니다.

- **로깅 향상** : 프로덕션 준비Production-ready 버전을 목표로 하는 모든 어플리케이션의 주요 구성 요소 중 하나인 로깅 기능이 향상되었습니다.
- **Node.js SDK의 개선된 프로그래밍 모델** : 체인코드 및 클라이언트 어플리케이션을 쉽게 개발할 수 있도록 여러 NPM 모듈이 추가되었습니다.

월드 스테이트 및 상태

이 섹션에서는 Hyperledger Fabric의 월드 스테이트를 설명합니다.

Hyperledger Fabric의 월드 스테이트를 이해하기 전에, 블록체인 원장에 대한 개념을 재확인 하겠습니다.

블록체인 원장 : 데이터를 암호화된 방식으로 저장할 수 있는 저장소 또는 파일 시스템으로 간주될 수 있습니다. 암호화된 데이터는 네트워크의 모든 피어 노드에서 사용할 수 있습니다. 원장에 저장된 실제 정보를 확인하려면 암호를 해독해야 합니다. 암호화 역전 메커니즘Reversal mechanism(해당 정보가 저장된 사용자의 공개 키)을 사용하여 이 정보를 해독할 수 있습니다.

원장은 은행 잔고의 신용credit 또는 직불debit 메모로 생각할 수 있습니다. 따라서 원장을 통해 현재 잔액을 확인하거나 계정의 신용 및 직불 내역을 검토할 수 있습니다.

Hyperledger Fabric은 다음 두 가지 개념을 중심으로 진행됩니다.

- 원장 상태state의 현재 값
- 이러한 상태를 결정하는 트랜잭션 내역

이제 Hyperledger Fabric의 구조를 살펴봅시다.

월드 스테이트 : 원장 상태 세트의 현재 값을 보유하는 저장소(데이터베이스)로 정의됩니다.

월드 스테이트를 유지하는 이유는, 프로그램에서 현재 값(트랜잭션)을 가져오는데 전체 트레일 체인(트랜잭션 로그)을 순회한다면 시간 복잡도(검색 시간)가 증가하기 때문입니다. 기본 원장 상태는 키-값 쌍으로 표시됩니다. 월드 스테이트는 자주 생성되고, 업데이트 및 삭제될 수 있기 때문에 변경이 가능합니다.

트랜잭션 히스토리(블록체인) : 월드 스테이트에서 발생한 변경 사항을 보유하는 레코더 역할의 트랜잭션 로그입니다. 모든 트랜잭션은 블록으로 수집 및 저장되며, **연결 목**

록Linked list처럼 블록체인에 동적으로 계속 추가됩니다. 블록체인은 현재 월드 스테이트의 역사를 기록하고 있는 것입니다. 블록체인 데이터 구조는 **불변성**을 지닙니다.

따라서 월드 스테이트는 모든 원장 상태에 대한 현재의 가치입니다. 월드 스테이트가 키-값 쌍으로 어떻게 표현되는지 예를 들어 보겠습니다.

```
{key = Book1, value = "The habit loop"} version 0
{key= Book2, value = {name: "Zero to one", author: "Peter thiel",
age:"51"}} version 0
```

키에 해당하는 간단한 값을 가지거나, 키에 해당하는 더 복잡한 데이터 구조를 가질 수 있습니다. 두 키 (Book1, Book2)의 버전은 0입니다.

원장 상태는 필요한 정보를 보유하는데 사용되며, 블록체인을 통해 공유됩니다. get, put 및 delete와 같은 API를 사용하여 상태에 액세스할 수 있습니다. 이 API는 체인 코드 프로그램에서 사용할 수 있습니다. 데이터베이스는 상태 저장, 검색 및 다양한 작업을 제공하기 때문에, 월드 스테이트는 데이터베이스로 구현됩니다.

모든 트랜잭션에는 수명주기가 있어서, 각 트랜잭션은 월드 스테이트로 변경됩니다. 이 작업은 어플리케이션에 의해 호출되며, 해당 트랜잭션은 원장 블록체인에 추가됩니다. 일련의 **보증 기관**Endorsing organizations이 서명한 트랜잭션만이 월드 스테이트로 업데이트됩니다. 만일 특정 수의 보증인이 서명하지 않으면, 트랜잭션은 이루어지지 않으며 월드 스테이트로 업데이트되지 않습니다.

앞에서 우리는 버전 번호가 월드 스테이트와 연관되어 있음을 보았습니다. 상태가 변경되면 버전이 증가하게 됩니다. 상태가 업데이트 될 때, 트랜잭션이 생성될 때의 상태와 동일한 버전인지 확인합니다. 즉, 트랜잭션 전후에 값이 변경되고, 임의의 버전 값이 할당되지 않았음을 확인합니다.

데이터베이스로서의 월드 스테이트 :

월드 스테이트는 데이터베이스를 구현한 것입니다. 현재 CouchDb와 LevelDb가 Hyperledger 월드 스테이트 데이터베이스에서 지원됩니다. 월드 스테이트는 Hyperledger에서 장착형 구성 요소에 해당하며, 탈부착 가능합니다. 월드 스테이트는 키-값 쌍으로 나타나므로, NoSQL 데이터베이스를 사용할 수 있습니다. 월드 스테이트 데이터베이스는 관계형 데이터 저장소, 그래프 또는 제3의 형태일 수 있습니다. LevelDb는 동일한 운영체제와 함께 네트워크 노드에 배치됩니다.

데이터베이스는 get 및 set에 대한 다양한 질의를 지원하고 다양한 데이터 유형을 처리할 수 있기 때문에, 원장 상태가 JSON으로 저장된 경우 CouchDb를 사용할 수 있습니다. CouchDb는 별도의 운영체제 프로세스 인스턴스에서 실행되지만, 네트워크 노드와 CouchDb 인스턴스 사이에는 관계성relation이 있습니다. 해당 관계와 데이터베이스는 체인코드에서 보이지 않습니다.

멤버십 서비스 제공자(MSP)

비즈니스에는 신뢰가 필요합니다. 해당 비즈니스에 서로 다른 두 조직이 참여하는 경우 트랜잭션에 참여하는 사용자를 신뢰하고 식별identify/검증해야 합니다. 암호화(디지털 인증서)를 사용하면 이를 달성할 수 있습니다.

이번 섹션에서는 MSPMembership Service Provider를 살펴보겠습니다. MSP는 Hyperledger Fabric의 핵심 구성 요소 중 하나입니다. 우리는 MSP에 대해 '무엇을, 왜, 어떻게?'라는 3가지의 근본적인 질문에 대한 답을 할 수 있게 될 것입니다.

> 참고 : MSP는 Fabric의 노드(피어, 오더러) 모듈이자 이러한 모듈의 인스턴스입니다. MSP는 ID를 검증하고 이를 주체principals(규칙)로 분류합니다. 각 피어 및 오더러에 여러 MSP가 있을 수 있으며, MSP는 노드 자체 또는 채널에 속할 수 있습니다.

Fabric 정책/접근제어 : 여기에는 누가 MSP의 인스턴스를 수행할 수 있는지, 그리고 무엇을 수행하는지 명시되어 있습니다.

노드(피어/오더러)가 접근제어 검사 또는 채널에서 정의된 정책을 사용하는 경우, 해당 노드가 해당 채널을 위한 MSP를 사용한다고 합니다.

'무엇을?'

조직에 대한 정의가 포함되어 있는 일련의 암호학적 재료(인증서)가 있습니다. 모든 피어 및 오더러는 이 유형의 인증서가 필요합니다.

> 참고 : Fabric CA로부터 발급받은 사용자 인증서를 말하는 것이 아닙니다.

MSP의 인증서에는 공통 속성이 있어서, 피어와 오더러가 동일 조직에 속하는지 여부를 결정할 수 있습니다.

MSP가 동일한 피어는 서로 통신할 수 있습니다. 그러나 다른 조직의 피어와는 서로 통신할 수 없습니다.

아래에서는 MSP, 인증서 및 설정에 대해 자세히 설명합니다.

멤버십 서비스 제공자 :

- 멤버십 운영 아키텍처를 추상화하여 서비스를 제공하는 구성 요소입니다.
- 암호화 메커니즘 및 프로토콜, 유효성 검사 인증서 및 사용자 인증에 추상화abstraction를 적용했습니다.
- MSP는 고유한 ID 개념을 정의하고, ID 유효성 검사, 서명 생성 및 확인 등 ID 인증을 관리하는 규칙을 정의할 수 있습니다.
- Fabric 네트워크에는 하나 이상의 MSP가 존재할 수 있습니다.

구성configuration :

- 피어, 오더러 및 채널에서 로컬로 MSP의 인스턴스 설정을 구성할 수 있습니다. 피어, 오더러 서명 및 채널에서 클라이언트 ID 유효성 검사 및 서명 확인이 가능합니다.
- 위에서 설명한 각 MSP는 네트워크에서 참조할 이름이 필요합니다. MSP의 규칙은 컨소시엄consortium을 나타내며, **MSPID(MSP 식별자identifier)**라고 하는

채널에서 조직이 참조되어야 합니다. MSP 식별자는 노드의 모든 인스턴스에 대해 고유해야 합니다.

> 참고 : 하나의 식별자를 두 MSP 인스턴스에 할당하면 안됩니다. 오더러를 설정할 때 오류가 발생할 수 있습니다.

이 시점에서 더 나아가, 암호 및 PKI를 자세히 살펴보겠습니다.

PKIPublic Key Infrastructure는 서버(터미널)와 클라이언트(웹사이트/모바일) 간의 통신을 암호화하는 구조/프레임워크입니다. 이 구조에는 암호화 키에 해당하는 공개-개인키Public-private keys 두 가지 키가 있습니다. 공개키는 공개되어 있으며, 클라이언트(웹/모바일)에 연결된 사용자가 접근할 수 있습니다. 개인키는 고유키에 해당하며 비밀로 유지되어야 합니다. 클라이언트와 서버 간에 데이터 교환 또는 통신이 발생하면, 클라이언트는 데이터의 암호화 및 암호 해독에 공개키를 사용하고 서버는 개인키만 사용합니다.

키 관리:

모든 시스템(여기에서는 암호 시스템)의 보안은 사용자를 고유하게 식별할 수 있는 방법에 따라 다릅니다. 암호 시스템에서 각 사용자는 클라이언트의 공개키 및 서버의 개인키와 연결됩니다. 키가 충분히 안전하면 암호 시스템도 안전합니다. 그림 3.12에서 키 관리 및 키의 수명주기를 확인할 수 있습니다.

PKI 프레임워크는 공개키의 보증assurance, 식별 및 분배를 제공합니다. PKI 프레임워크에는 다음과 같은 구성 요소가 있습니다.

- 공개키 인증서, 즉 디지털 인증서(ITU 표준 X.509)
- 개인키 토큰
- 인증 기관
- 등록 기관
- 인증서 관리 시스템

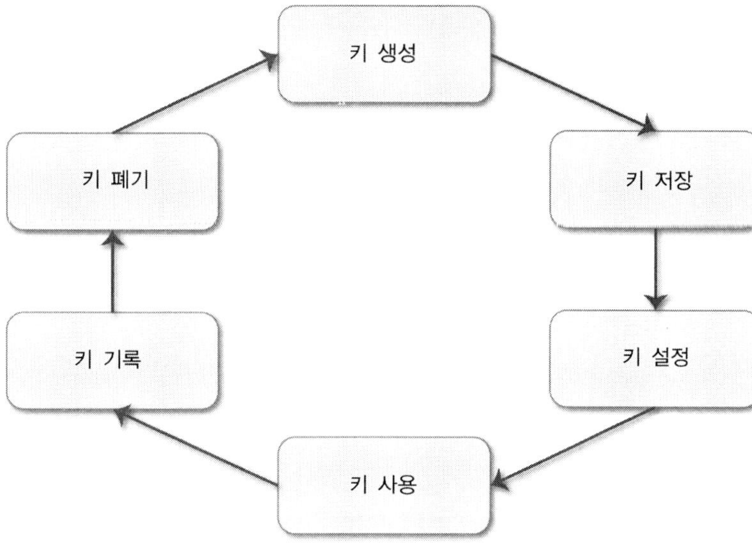

▌그림 3.12▐

그림 3.13는 개인/엔터티가 디지털 인증서를 얻는 프로세스를 나타냅니다.

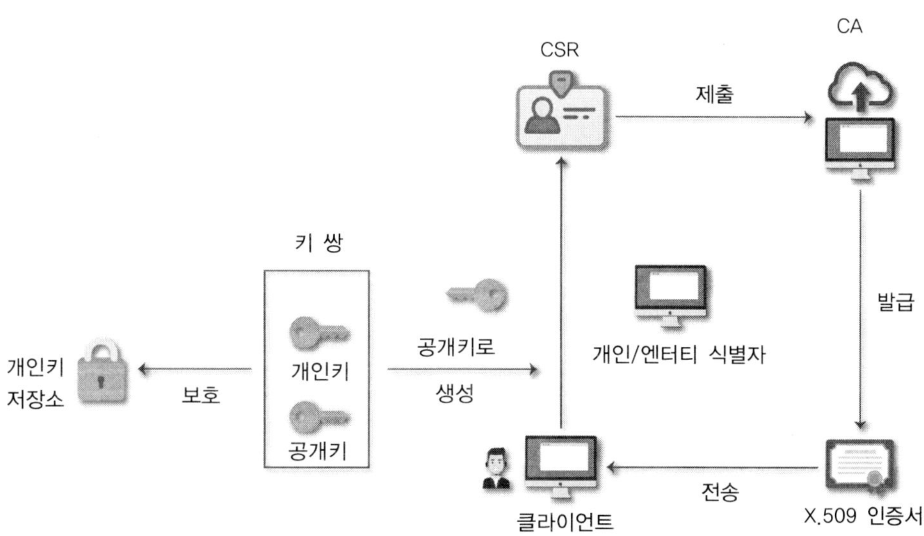

▌그림 3.13▐

MSP 인증서 생성 및 서명 키

X.509 인증서 :

공개키 인증서의 형식을 정의하는 표준입니다. X.509 인증서는 **TLS/SSL(Transport Layer Security/Secure Socket Layer)**을 포함한 인터넷 프로토콜에서 사용됩니다. TLS/SSL은 웹 브라우징을 위한 보안 프로토콜인 HTTPS의 기반 기술입니다. X.509 인증서는 공개키 및 ID(호스트 이름, 조직 또는 개인)로 지정되며, **CA**가 서명하거나 사용자가 자체 서명합니다.

- X.509 인증서를 MSP 구성으로 전달하기 위해, Fabric 어플리케이션은 오픈 소스 도구인 **OpenSSL**을 사용합니다.
- 물론 다른 암호 파라미터 생성 도구를 사용할 수 있겠지만, 이는 프로덕션 측면에서 바람직하지 않습니다.

피어 및 오더러의 MSP 설정 :

MSP를 설정할 때의 중요한 점 중 하나는, MSP를 로컬(각 피어 및 오더러)별로 설정해야 하는 것입니다. MSP는 관리자를 서명하여 피어와 오더러를 활성화시키고, 하위 폴더와 파일을 포함하는 폴더(예 : `$my_path/mspconfig`)를 작성해야 합니다.

- `admincerts` : 관리자 인증서를 Base64로 인코딩한 **PEM**Privacy Enhanced Mail 파일이 포함된 폴더
- `cacerts` : 루트root CA 인증서의 PEM 파일이 포함된 폴더
- `intermediatecerts` : 중간intermediate CA 인증서용 PEM 파일이 포함된 폴더(선택 사항)
- `config.yaml` : 지원되는 조직 구성 단위 및 ID 분류를 구성하는 파일(선택 사항)
- `crls` : **CRL**Certificate Revocation Lists(인증서 해지 목록)을 포함하는 폴더(선택 사항)
- `keystore` : 노드의 서명 키가 PEM 파일로 저장된 폴더

> 참고 : RSA 키는 지원되지 않습니다.

- `signcerts` : 노드의 X.509 인증서가 PEM 파일로 저장된 폴더
- `tlscacerts` : TLS 루트 CA의 인증서 PEM 파일로 저장된 폴더(선택 사항)
- `tlsintermediatecerts` : 중간 TLS CA 인증서가 PEM 파일로 저장된 폴더(선택 사항)

노드의 구성 파일(피어의 경우 `core.yaml`, 오더러의 경우 `orderer.yaml`)에서 `mspconfig` 폴더의 경로와 노드 MSP의 식별자를 지정해야 합니다. `mspconfig` 폴더의 경로는 `FABRIC_CFG_PATH`를 기준으로 하며, 피어의 경우 `mspConfigPath`이고 오더러의 경우 `LocalMspDir` 값으로 제공됩니다. 노드의 MSP는 피어의 경우 `LocalMspID`이고 오더러의 경우 `LocalMSPID` 값으로 각각 제공됩니다.

MSP와 Fabric CA는 어떻게 다른가?

앞에서 말씀드렸듯이 MSP는 다양한 자격증명 아키텍처를 제공하기 위한 인터페이스입니다. 기본적으로 MSP는 멤버십 통합orchestration 아키텍처를 위한 추상 계층에 해당합니다.

MSP는 다음 기능을 제공합니다.

- 구체적인 ID 포맷
- 사용자 자격증명의 유효성 검사
- 필요한 경우, 사용자 자격증명 폐기revocation
- 서명 생성 및 검증

Fabric CA : 인증서와 키를 생성하여 MSP를 초기화합니다. Fabric CA는 MSP를 간단히 구현한 것으로, Fabric CA(OpenSSL)를 대체할 수 있는 다른 방법을 사용해도 됩니다.

Hyperledger Fabric용 Node.js SDK

Hyperledger Fabric 네트워크와 프로그램이 상호작용 하기 위해, 현재 두 개의 SDK가 존재합니다. Node.js 및 Java 기반 SDK가 있으며, 다른 언어를 기반으로 한 여러 SDK가 릴리스 될 예정입니다.

먼저 가장 인기있는 Node.js SDK를 살펴보겠습니다.

SDK의 API는 다음 용도에 사용됩니다.

- **피어에 체인코드 설치** : 스마트 컨트랙트를 원격으로 배포하는 것이 가장 중요합니다. 나중에, Visual Studio 코드 확장을 통해 몇 번의 클릭만으로 쉽게 처리하는 방법을 살펴보겠습니다.
- **피어에서 체인코드 초기화** : 또 다른 중요한 기능입니다.
- 채널 생성, 관리 및 채널 메타데이터 가져오기와 같은 채널 관련 작업
- 원장에 대한 질의
- 트랜잭션 수행

다른 기능들도 있지만, 위 기능들은 가장 중요한 기능에 해당합니다. 다음 섹션에서 해당 기능들을 주로 사용하겠습니다.

Node.js SDK는 Hyperledger Fabric 네트워크와 함께 작동하기 위해서 다음의 npm 모듈을 제공합니다.

- Fabric **네트워크** : `https://www.npmjs.com/package/fabric-network`
- Fabric **클라이언트** : `https://www.npmjs.com/package/fabric-client`
- Fabric CA **클라이언트** : `https://www.npmjs.com/package/fabric-ca-client`

Fabric 네트워크 모듈은 기본적으로 Fabric 클라이언트와 Fabric CA 클라이언트 모듈을 모두 캡슐화encapsulation하기 때문에 고수준의 API를 제공합니다. 반면에 Fabric 클

라이언트와 Fabric CA 클라이언트는 네트워크 상에서의 수행되는 작업에 대한 세밀한 제어가 필요한 환경에 더 선호됩니다.

Fabric CA 클라이언트는 등록enrolment 서비스를 위한 API를 제공합니다. Fabric CA는 인증서를 기반으로 수명주기 기능lifecycle operation을 수행하는데 사용됩니다. Fabric 클라이언트 모듈은 피어 및 오더러와 상호 작용 하에 수명주기 기능을 제공하기 위한 고급 API를 제공합니다. 이를 통해 인스턴스화, 업그레이드, 트랜잭션 전송, 질의 체인코드와 같은 기능을 수행합니다.

또한, Fabric CA는 채널과 관련된 작업(예: 조직 추가, 체인코드 설치 등)을 수행합니다.

모듈은 Fabric 네트워크 프로파일 및 채널 세부사항을 설정하기 위해 연결 프로파일 YAML 파일을 사용합니다. 이전에 연결 프로파일 YAML에 대해 설명할 때 간략하게 살펴보았던 사항입니다. 첫 번째 네트워크를 구축할 때, 보다 자세히 설명하도록 하겠습니다.

Node.js에서 독립형standalone 스크립트 또는 재사용 가능한 모듈을 얻으면, SDK를 사용하여 이 작업을 수행할 수 있습니다. 어플리케이션에서 언제든지 (예: Express에 구축된 기존 웹 어플리케이션의 경로 내에서) 호출할 수 있습니다.

Node.js SDK의 프로세스 형태는 다음과 같습니다. Node.js SDK를 사용하여 네트워크와 상호 작용하는 방법을 설명하는 시나리오를 살펴보겠습니다.

사용자 컨텍스트를 얻기 위해, 관리자 계정을 사용하여 CA 서버로부터 필요한 인증서 가져 오기 :

네트워크와 상호 작용하려면, 먼저 CA 서버로부터 필요한 인증서를 가져오기 위해 네트워크에 등록되어야 합니다.

모든 유형의 사용자는 두 가지 단계를 수행해야 합니다. 먼저 자격증명을 사용하여 CA 서버에 등록한 다음, 필요한 인증서를 발급받아 특정 위치에 저장합니다. 그런 다음 해당 인증서를 사용하여 네트워크와 연결합니다.

등록register을 위해 CA 클라이언트에서 사용 가능한 register(config) 메소드를 사용하고, 기재를 위해 setUserContext(config) 메소드를 사용합니다.

관리자 ID는 이미 CA 서버에 등록되어 있으므로, 해당 자격증명을 사용하여 CA 서비스에 관리자를 기재할 수 있습니다.

```
client.setUserContext({username:'org1peeradmin', password:'org1PWD'})
.then((adminDetails)
```

그러면 CA 서버에 관리자가 기재되며, 새 사용자를 등록하고 기재하는데 사용할 관리자 세부 정보가 반환됩니다.

실제로는 여러 조직과 여러 CA가 존재하므로 제공된 네트워크 프로파일을 기반으로 특정 CA 서버를 위한 Fabric 클라이언트 CA를 구축해야 합니다.

Fabric 클라이언트 CA를 구축하기 위하여 다음 명령을 입력합니다 :

```
let ca_client = client.getCertificateAuthority();
```

Fabric CA 클라이언트를 구성한 다음, CA 서버에 새 사용자를 등록할 수 있습니다.

CA 클라이언트를 설정하고 관리자 개체를 사용할 수 있게 되면, 사용자 ID, 사용자를 추가할 조직, 그리고 관리자 세부 정보를 제공하여 새 사용자를 등록하고 입회할 수 있습니다.

사용자 등록이 완료되면, 사용자 세부 정보를 얻게 됩니다. 사용자 세부 정보를 활용하여 인증서를 받기 위해 사용자를 기재하고, 인증서를 사용하여 트랜잭션에 서명할 수 있습니다.

```
ca_client.register({enrollmentID: 'org1user1', affiliation: 'org1'},
                  adminDetails)
   .then((secret) => {
      return client.setUserContext({username:'user1', password:secret });
   }). then((user) => {
```

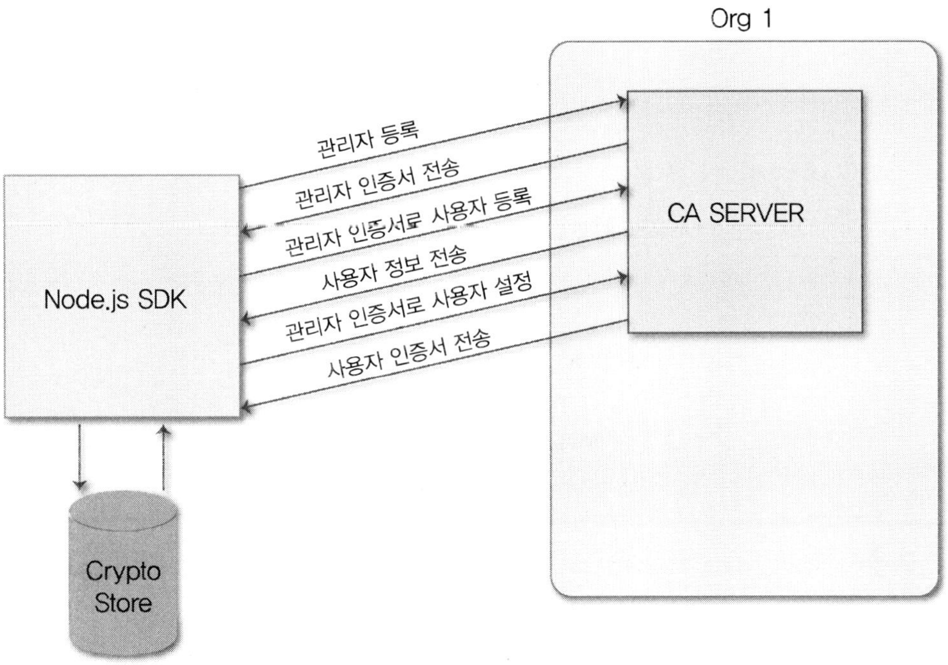

| 그림 3.14 |

그림 3.14는 이 프로세스의 흐름도입니다.

Node.js SDK에서 트랜잭션을 전송하는 Hyperledger Fabric :

필요한 인증서를 발급받았다면, 체인코드 상에서 트랜잭션을 수행하기 위한 로직을 작성하거나, 체인코드와 채널을 위한 수명주기 기능을 수행합니다.

다음 예제는 Fabric SDK를 사용하여 체인코드에서 특정 함수를 위한 트랜잭션을 전송합니다.

배포된 체인코드에서 메소드를 실행하려면 다음 정보가 필요합니다.

- 체인코드 이름
- 함수 이름
- 함수의 인수
- 생성된 트랜잭션 ID

또한, 트랜잭션 제안서Transaction proposal를 보낼 채널 이름이 필요합니다.

다음 코드는 Fabric 클라이언트 모듈을 통해 트랜잭션 제안이 어떻게 수행되는지를 보여줍니다.

```
  import {fabric_client} from 'fabric-client';
let channel = fabric_client.newChannel('carTradeChannel');
let requestConfig = {
        chaincodeId: 'carOwnershipCC',
        fcn: 'changeOwner',
        args: ['owner2', '2030031'],
        txId: fabric_client.newTransactionId
}
channel.sendTransactionProposal(requestConfig)
```

피어에게 트랜잭션 제안서를 보내기 전에, 트랜잭션 제안 정책을 파악해야만 합니다. 이 정책은 구성 객체Configuration object 형태로, 구조화된 방식을 통해 전달됩니다.

이번 장의 초반에 여러분들은 Fabric 1.2에 도입된 검색 서비스를 이미 살펴보았습니다. 검색 서비스는 보증 정책에 따라 필요한 모든 피어를 쉽게 찾아줍니다. 따라서 Fabric 클라이언트는 검색 서비스의 도움으로 정책에 따라 모든 트랜잭션 제안서를 각 피어에게 보냅니다.

트랜잭션 제안을 반환하는 피어

클라이언트가 체인코드 보증 정책에 따라 필요한 피어에게 트랜잭션 제안서를 보내면, 트랜잭션 제안을 받은 모든 피어는 다음 작업을 수행합니다.

서명이 유효하며 올바른 CA 서버에서 서명이 되었는지 확인합니다.

트랜잭션 제안서의 중복성을 확인하고 체계적으로 구성되어 있는지 확인합니다.

더 많은 유효성 검사 :

트랜잭션 제안이 완료되면, 배포된 체인코드에서 요청 객체에 해당하는 함수가 인수와 함께 실행됩니다. 그런 다음 피어는 트랜잭션 응답, 즉 읽기-쓰기 세트를 생성하고 서명한 다음, 제안된 트랜잭션 응답을 SDK로 다시 반환합니다.

서명된 트랜잭션 제안서를 클라이언트 SDK로부터 오더러에게 보내기 :

제안된 트랜잭션 결과를 피어로부터 충분히 받으면, 이를 함께 묶어 오더러에게 보냅니다. 오더러는 채널을 기준으로 시간 순서대로 트랜잭션을 하나의 블록 내에 정렬하며, 상태를 클라이언트 SDK에게 반환합니다.

```
}).then((proposalResults) => {
    let proposalResponse = proposalResults[0];
    let proposalArray = proposalResults[1];
    var AreAllproposalsCorrect = true;
    proposalArray.forEach((response)=> {
        if(response.status === 200) {
            AreAllproposalsCorrect = false;
            if(response) {
                AreAllproposalsCorrect = channel.verifyProposalResponse
                                         (response);
            }
            // check whether all read write sets are same from all peers
            // .......
            // Then set an event listener for this transaction
        }
    })
    requestObjForOrderer = {
        proposalResponses: proposalArray,
        proposal: proposalResponse
    };
    return Promise.all(channel.sendTransaction(requestObjForOrderer));
```

해당 코드를 간단하게 설명하겠습니다. 먼저, 제안된 응답을 피어로부터 proposalResponse 형태로 받습니다. 그런 다음 이 반환된 객체와 제안된 응답에서 모든 응답 배열을 검색합니다.

이때 일련의 트랜잭션 제안을 반복하여 유효성을 확인합니다.

이후, sendTransaction 함수를 통해 모든 응답을 오더러에게 보냅니다.

여기까지의 과정을 통해 SDK의 작업이 완료되었습니다. 이 때 조직의 리더 피어는 수신된 블록을 모든 피어에게 가십 프로토콜을 통해 전파합니다. 모든 피어는 이러한 트랜잭션을 순서대로 실행하고 원장을 업데이트합니다.

이것이 전체 프로세스입니다. 클라이언트 SDK가 없다면, 모든 작업을 CLI로 수행해야 합니다.

지금까지 Node.js SDK에 대한 입문 과정을 마치고, 간단한 시나리오를 통해 네트워크와 연결하는 방법을 설명했습니다. 완벽한 예제는 아니지만, 제시된 코드는 SDK 사용법을 이해하는데 도움이 될 것입니다.

Node.Js에서의 체인코드

Hyperledger는 체인코드 또는 스마트 컨트랙트 작성을 위해 Golang, Node.js 및 Java 등 다수의 언어를 지원합니다. 이번 섹션에서는 Node.js를 사용하여 체인코드를 작성하는 프로세스를 살펴봅니다. 이 책에서는 Typescript를 사용하여 체인코드를 작성할 것입니다. Typescript는 표준화된 방법 중 하나로 es6와 유사하며, JavaScript보다 더 좋습니다. Node.js로 체인코드를 개발하기 위해, Fabric 팀은 두 개의 npm 모듈을 제공하고 있습니다. 이 패키지는 체인코드를 작성하는데 사용되는 Go 및 Java 패키지와 유사합니다. 그중 하나는 컨트랙트 개발을 위한 고수준 API를 제공하고, 다른 하나는 체인코드 개발을 위한 저수준 API를 제공합니다.

Node.js 체인코드 작성 프로세스를 소개하기 전에, 체인코드의 구조를 이해해야 합니니다. Fabric은 체인코드 작성을 위한 인터페이스를 정의했습니다. Go, Node.js 또는 Java에 관계없이 모든 컨트랙트는 이 인터페이스를 구현해야 합니다.

체인코드 작성 인터페이스는 3가지 프로그래밍 언어 모두에 대해 Fabric shim 패키지로 제공됩니다.

shim 패키지를 확장할 경우, 체인코드를 구현하는 두 가지 방법이 있습니다.

Init(stub) 비동기화

이 메소드는 체인코드가 초기화 또는 업그레이드될 때 호출됩니다. 일부 상태를 초기화하는 방법입니다.

이 메소드는 피어와 통신하기 위한 여러 가지 방법을 제공하는 `stub` 매개변수를 사용합니다. ID, 대상 채널, 인수 등을 호출하는데 사용할 수 있습니다.

다음은 Stub의 중요한 기능 중 일부입니다.

- `Stub.getArgs()` : 이 메소드는 CLI에서 체인코드를 초기화하는 동안 전달되는 모든 인수를 제공합니다. 이 메소드는 문자열 배열을 반환합니다. 또한 모든 체인코드 구현에 사용됩니다.
- `Stub.getFunctionAndParameters()` : 체인코드에서 호출해야 하는 함수 이름 및 관련 매개 변수를 제공하는 메소드입니다.

상태 데이터의 질의 및 관리를 위해, 다음 함수들이 제공됩니다.

- `Stub.getState(key)` : 이 메소드는 상태의 키 이름을 받고, 피어로부터 해당 상태를 검색합니다(예 : `stub.getState(ownerOfCar)`).
- `Stub.putState(key, value)` : 이 메소드는 상태의 키 이름과 값을 받고, 피어의 원장에 넣습니다(예 : `stub.putState(ownerOfCar, Rob)`).
- `Stub.deleteState(key)` :이 메소드는 상태 저장소에서 상태를 삭제합니다(예 : `stub.deleteState(ownerOfCar)`).

- Stub.getHistoryForKey(key) : 이 메소드는 상태의 이력이 포함된 반복자 객체Iterator object를 반환합니다(예를 들어, stub.getHistory(ownerOfCar)는 자동차의 모든 이전 소유자를 반환합니다).

이외에도 shim 패키지의 stub 모듈에서 다른 유용한 메소드가 많이 있습니다. 체인코드 상태에 대한 작업을 수행하고, 클라이언트 ID 같은 기타 정보를 얻는 데 사용할 수 있습니다. 다양한 적용 사례에 대한 메소드 정의는 다음 링크를 참조하십시오(https://fabric-shim.github.io/release-1.3/fabric-shim.ChaincodeStub.html).

Invoke(stub) 비동기화

이 메소드는 체인코드의 수명주기 내에 호출되어, 비즈니스 로직을 수행하고 프로세스의 상태를 업데이트합니다.

이 책에서 표시된 대부분의 로직은 거의 모든 적용 사례에 활용됩니다.

Invoke 메소드에는 피어 상태의 작업을 위한 stub 매개변수인 ChaincodeStub이 존재합니다.

이제 스마트 컨트랙트 작성을 위한 개발설정 방법 중 하나를 살펴보겠습니다.

VSCode 확장을 통해 작성된 스마트 컨트랙트를 개발하려면 :

- VSCode extension이라는 VSCode 및 IBM 블록체인 플랫폼을 설치합니다.
- 키보드 단축키 Shift + CMD + P를 사용하여 명령 팔레트Command palette를 불러오고, 드롭다운dropdown에서 **IBM Blockchain Platform: Create Smart Contract Project**를 선택하십시오.
- 드롭다운에서 **JavaScript**를 클릭하십시오.
- 새 폴더를 만들고, 원하는 이름(예 : TestContract)을 지정하십시오.
- 새 폴더를 만들어 시작하고, 해당 폴더를 엽니다. 그런 다음 왼쪽 상단의 드롭다운에서 **Add to Workspace**를 클릭하십시오.

- 이 위치에서 스마트 컨트랙트 **lib/my-contract.js**를 확인하십시오.

스마트 컨트랙트 수정 :

`lib/my-contract.js` 내에 작성된 기존 컨트랙트를 아래 컨트랙트로 변경하십시오 :

```
'use strict';
const { Contract } = require('fabric-contract-api');
class MyDemoContract extends Contract {
```

이 초기화 메소드는 Fabric contract API에서 가져온 것으로 인수를 취합니다. 여기에서는 "Hello World"를 사용하여 원장(원장 업데이트)의 상태를 설정하고 함수가 호출되었음을 보여줍니다.

```
async instantiate(ctx) {
    let temp = { text: 'Instantiate Method from was called!' };
    await ctx.stub.putState('Hello',
    Buffer.from(JSON.stringify(temp)));
}
/*

A custom build method to take an argument and create a temp object that
can be updated to the ledger:

*/
    async transaction1(ctx, arg1) {
        console.info('transaction1', arg1);
        let temp = { text: arg1 };
await ctx.stub.putState('Hello', Buffer.from(JSON.stringify(temp)));
        return JSON.stringify(temp);
    }
}
module.exports = MyDemoContract;
```

방금 정의한 `MyDemoContract` 함수를 살펴보겠습니다. instantiate 함수는 temp(임의의 의사 이름pseudo name) 객체를 만든 다음 `Hello` 키를 사용하여 원장에 저장합니다. `transaction1` 함수는 Hyperledger Fabric 컨텍스트(`contract-api`)와 하나의 인수 `arg1`을 취합니다. `arg1`은 사용자가 정의한 임시 객체를 저장하는데 사용됩니다. `ctx.stub.putState` 메소드는 원장에 임시 오브젝트를 보유한 다음, 해당 오브젝트를 반환하는데 사용됩니다.

패키징Packaging : 스마트 컨트랙트 패키징은 피어에 설치 가능하다는 말입니다.

- Shift + CMD + P 명령으로 명령 팔레트를 열고, 패키지 스마트 컨트랙트를 선택하십시오.
- 왼쪽 사이드 바를 확인하십시오. 그런 다음 IBM 블록체인 플랫폼 아이콘(정사각형 기호)을 클릭하십시오. 왼쪽 상단에서 모든 스마트 컨트랙트 패키지를 볼 수 있습니다. 모든 것이 잘 진행되었다면 **TestContract @0.0.1**을 볼 수 있습니다.

피어에 스마트 컨트랙트 설치 :

피어 노드에 스마트 컨트랙트를 설치하려면, Hyperledger Fabric 네트워크에 먼저 연결해야 합니다. VSCode extension과 함께 제공되는 기본 네트워크는 테스트 및 개발에 적합합니다.

스마트 컨트랙트를 테스트하고 개발하는데 최소한의 리소스만 요구합니다.

다음의 각 역할별 Docker 컨테이너를 로컬 PC에서 구동하겠습니다 :

- Orderer
- CA
- CouchDb
- Peer

네트워크를 시작하려면, 오른쪽 하단에서 IBM Blockchain Platform extension을 선택하십시오. **Blockchain Connections** 팝업이 표시됩니다.

다음으로 **local_fabric**을 볼 수 있습니다. 클릭하면 자동으로 스크립트가 실행됩니다. 이후 다음과 같은 출력을 볼 수 있습니다.

```
Starting fabricvscodelocalfabric_orderer.example.com_1        ... done
Starting fabricvscodelocalfabric_ca.example.com_1             ... done
Starting fabricvscodelocalfabric_couchdb_1                    ... done
Starting fabricvscodelocalfabric_peer0.org1.example.com_1     ... done
```

`local_fabric` 연결을 다시 클릭하십시오. 구동이 완료되면 채널 뷰로 이동합니다. `mychannel`이라는 기본 채널이 있습니다. 이 채널을 클릭하십시오.

기본 채널 `mychannel`이 확장되고, 피어 및 스마트 컨트랙트가 표시됩니다. 피어를 클릭하면 cryptoconfig 파일에 정의한 **peer0.org1.example.com**이 표시됩니다(이 예제에서는 일부 피어 및 조직이 디폴트로 설정됩니다). 해당 피어를 마우스 오른쪽 단추로 클릭하고 스마트 컨트랙트 설치를 클릭하십시오.

Extension은 설치할 패키지를 묻습니다. **TestContract@0.0.1**을 선택하십시오.

스마트 컨트랙트 초기화 :

IBM Blockchain extension의 왼쪽 하단에서 **Blockchain connections**로 이동하여 **mychannel**을 마우스 오른쪽 단추로 클릭하십시오. 그런 다음 스마트 컨트랙트 **instantiate** 클릭 또는 명령 팔레트와 IBM-Blockchain Platform 선택을 위해, 바로가기 Shift + CMD + P를 사용합니다. 그런 다음 드롭다운 목록에서 스마트 컨트랙트를 초기화하십시오.

IBM blockchain extension은 초기화 할 컨트랙트 및 버전을 묻습니다. 다른 버전의 컨트랙트가 하나 이상 있을 수 있으므로, **TestContract @0.0.1**을 선택하십시오.

IBM blockchain extension은 호출할 함수를 묻습니다. `instantiate`를 입력하십시오.

다음 프로세스에서, 체인에서 인수를 요구합니다. 호출된 함수의 인수를 요구하는데,

이 예제에는 인수가 없으므로 Enter 키를 눌러 건너뜁니다.

일정 시간(초/분)이 지나면, 오른쪽 하단에서 계약이 성공적으로 초기화 되었음을 확인할 수 있습니다.

이 예제는 Hyperledger 체인코드의 기본을 이해하기에 충분합니다. 실제 적용 사례를 위해 체인코드 개발을 수행할 때, 좀 더 자세히 살펴보도록 하겠습니다.

요약

이번 장에서는 현재 블록체인 환경을 살펴보고 Hyperledger와 같은 허가형 블록체인이 어떻게 발전해 왔는지를 살펴보았습니다. 또한 퍼블릭 및 허가형 블록체인 네트워크의 미묘한 차이점을 살펴보았습니다. 그 다음, Linux 재단에서 호스팅하는 다양한 블록체인 프로젝트 및 이러한 솔루션을 지원하는 다양한 도구를 조사했습니다. 또한 Hyperledger Fabric이 다른 허가형 블록체인 네트워크 및 기존 분산 데이터베이스와 어떻게 다른지를 배웠습니다.

그리고 Fabric이 지난 3년 동안 어떻게 발전되었는지 배웠습니다. POC 기반 블록체인 네트워크에서 시작하여 프로덕션 수준의 허가형 네트워크가 되었습니다. Hyperledger Fabric의 거대한 도약은 경이로웠으며 업계 전반에 걸친 기반을 마련했습니다.

그런 다음 Fabric 네트워크 자체에 대한 주요 세부 사항과 오더러, 피어, MSP 등과 같은 다양한 노드의 역할을 살펴보았습니다. 또한 네트워크에서 트랜잭션의 구성을 파악하고 동작 과정을 함께 살펴보았습니다.

마지막으로, Fabric에서 체인코드의 세부 사항과 Node.js 기반 체인코드를 간략하게 살펴보았습니다. 네트워크와 상호 작용할 수 있는 Node.js용 SDK도 살펴보았습니다.

참고자료

- https://www.hyperledger.org/
- https://hyperledger-fabric.readthedocs.io/en/release-1.4/
- https://hyperledger-fabric-ca.readthedocs.io
- https://fabric-SDK-node.github.io/
- https://github.com/hyperledger/fabric
- https://www.tutorialspoint.com/cryptography/
- https://www.npmjs.com/package/fabric-network
- https://developer.ibm.com/technologies/blockchain/

CHAPTER 4

프레임워크, 네트워크 토폴로지 및 모델링

이번 장에서는, 네트워크 토폴로지의 구현 프로세스에 대한 설명과 함께 Fabric 네트워크 모델링의 실행 절차를 살펴보겠습니다. 우선, 세부 사항을 살펴보기 전에 Hyperledger의 적용 사례를 점진적으로 구축하여 Hyperledger 네트워크 및 프로그래밍 모델을 이해하겠습니다.

Hyperledger의 비상장 기업 네트워크

일반적으로, 비상장 기업은 공식 신용 구조 및 공공 증권 거래소에 대한 접근 권한이 없기 때문에 효율성 및 비즈니스 연속성에 대한 문제에 직면하게 됩니다. 블록체인 및 Hyperledger 기술은 비상장 기업이 신뢰할 수 있는 디지털 플랫폼을 구축하여 주주 데이터를 관리하고 신용에 대한 접근 권한을 높일 수 있도록 도와줍니다. 블록체인 플랫폼은 많은 국가에서 비상장 기업이 발행하고 있는 종이 거래 인증서를 대체합니다.

이 플랫폼에는 발행자(기업), 규제 기관 및 투자자의 세 가지 주요 당사자가 있습니다. 블록체인 플랫폼은 보다 상세하고 효율적이면서 동시에 투명한 시스템을 제공하기 때문에 기업의 상세 정보를 더욱 직관적으로 사용할 수 있습니다 :

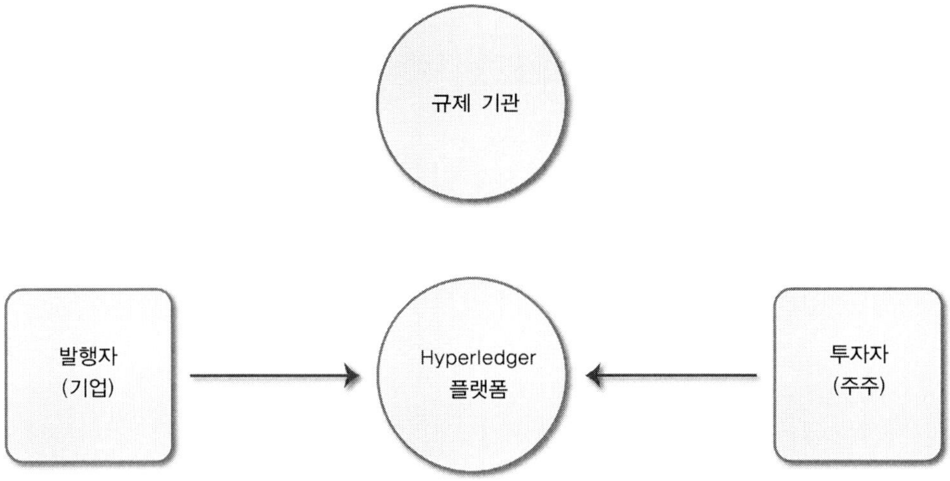

▌그림 4.1 ▌

해당 솔루션을 구현함으로써, 기업은 성숙하고 광범위한 투자자 생태계에 참여하여 더 많은 자금을 확보할 수 있습니다. 이를 통해 기업은 매우 안전하고 투명한, 마치 공공 경기장과 같은 환경에서 재무 정보를 공유함으로써 새로운 트랜잭션 네트워크를 설정하고 신용을 얻을 수 있습니다. 또한 비상장 기업은 주주 데이터를 교환하는 방식을 변화시켜서 투명성을 가져오고 신용 범위가 확대되는 장점을 갖게 됩니다. 그럼으로써 경쟁 업체를 주도할 수 있는 기회를 얻게 됩니다.

블록체인 솔루션은 보안이 고려된 인프라 기술을 기반으로 개발될 것입니다. 허가된 네트워크 참여자 간에 매우 민감한 증권 데이터를 안전하게 공유할 수 있도록 해당 시스템이 설계되었습니다.

Hyperledger 네트워크와 어플리케이션 모델

지금부터 Hyperledger 블록체인 네트워크를 개념적으로 이해해 보겠습니다. 관련 기술에 대한 배경지식이 있는 개발자, 설계자 또는 관리자로 일하는 분들에게 유용할 것입니다. 이 절에서는 Hyperledger Fabric 네트워크 및 주요 구성 요소를 자세히 설명하겠습니다. 지난 장에서 다루었던 정책의 기본 아이디어가 생각나실 겁니다. 이번 섹션에서는 해당 네트워크를 설정하고 제어하기 위해, 컨소시엄에게 필요한 정책, 네트워크 진화evolution 및 관리(선언적 정책declarative policies) 및 결정에 대해 심도있게 다룰 것입니다.

블록체인 네트워크

블록체인 네트워크는 논리적 스마트 컨트랙트(Hyperledger에서는 체인코드라고 함) 서비스를 통해 사용자(클라이언트/어플리케이션)가 데이터(트랜잭션 레코드)를 저장하는 기술적인 인프라를 일컫습니다. 스마트 컨트랙트는 어플리케이션에서 트랜잭션을 생성하는 방법이며, 트랜잭션의 출력은 모든 피어 노드에 원장으로 저장됩니다. 이 원장은 본질적으로 변경할 수 없습니다.

엔터프라이즈의 경우, 조직의 컨소시엄이 네트워크를 형성하고, 조직의 정책에 따라 권한, 규칙 및 유효성 검사 등이 모두 결정됩니다. 이 정책은 네트워크의 각 구성원이 상호 수락해야만 유효합니다. 또한 일정 기간 동안 컨소시엄 네트워크 관리자는 정책 수정이라는 개념을 사용하여 네트워크의 정책을 변경할 수 있습니다.

샘플 네트워크 설계

정의 :

Org1, Org2, Org3, Org4: 기관

C1, C2: 채널

Pr1, Pr2, Pr3: 피어

O: 오더러

L1, L2: 원장

NC4: 네트워크 환경설정

CC1: 채널 환경설정

CA1, CA2, CA3, CA4: 인증 기관

블록체인 네트워크를 구성하려는 네 곳의 기관이 있다고 가정합시다.

네 기관은 컨소시엄을 결성하고, 네트워크를 형성하겠다는 계약을 했습니다. 계약에 따르면, Org4는 어떠한 트랜잭션에도 개입하지 않습니다. 이때 Org1와 Org2, Org2와 Org3은 프라이빗 통신을 원합니다. Org1은 클라이언트 어플리케이션을 실행 중이며, 채널 C1에서 비즈니스 트랜잭션을 수행하고 있습니다. Org2 또한 클라이언트 어플리케이션을 실행 중에 있으며 채널 C1과 C2에서 비즈니스 트랜잭션을 수행하고 있습니다. 마찬가지로, Org3도 클라이언트 어플리케이션을 실행 중이고 채널 C2에서 비즈니스 트랜잭션을 수행합니다.

피어 노드는 채널로 연결됩니다. 피어 노드는 원장의 사본만 유지하고, 클라이언트 어플리케이션과 연결되어 있습니다. 이제 어떤 피어가 어떤 채널로 서로 연결되어 있는지 확인하겠습니다.

피어 노드 Pr1은 원장 L1의 사본을 저장하고, 채널 C1에 연결되어 있습니다. 피어 노드 Pr2는 원장 L1 및 L2의 사본을 저장하고, 채널 C1 및 C2에 연결되어 있습니다. 피어 노드 Pr3는 원장 L2의 사본만을 저장하고 채널 C2에 연결되어 있습니다.

이 네트워크는 컨소시엄 멤버의 공통 계약에 지정된 규칙을 따라야 합니다. 정책은 NC4처럼 네트워크 구성 시점에 정의됩니다. 해당 구성은 Org1 및 Org4를 제어합니다. 또한 채널 구성 CC1은 C1의 정책 규칙을 정의합니다. 채널 구성 CC2는 C2의 정책 규칙을 정의하며, CC2는 Org2 및 Org3의 제어를 받습니다.

이들 노드 사이에는 네트워크 관리를 담당하는 오더링 노드 O가 있습니다. 오더링 노드 O는 시스템 채널을 사용합니다. 오더링 서비스는 트랜잭션을 정렬하여 블록을 생성하고, 연결된 채널 C1 및 C2에 블록을 배포합니다. 네 조직 모두 인증 기관이 있습니다.

마지막으로, 전체 네트워크는 그림 4.2와 같이 구성됩니다 :

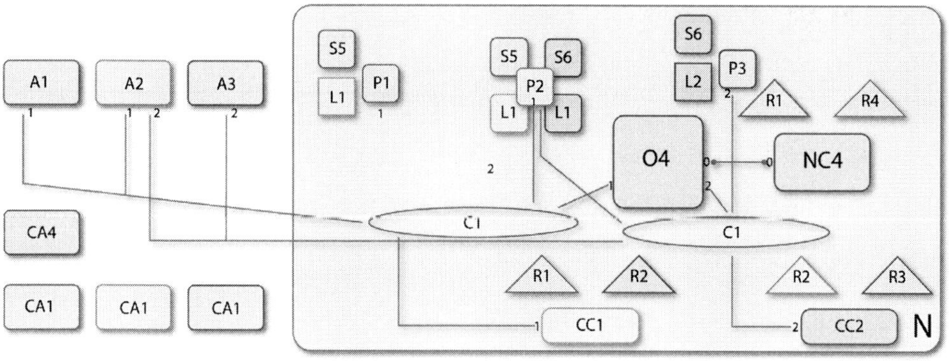

❙ 그림 4.2 ❙

네트워크 초기 설정

우리가 맨처음 설정할 것은 네트워크의 **중심**, 즉 오더러입니다. 오더링 서비스는 네트워크 구성인 **NC4**에 따라 구성되며, **Org4**에 관리 권한을 부여합니다. **CA4**는 **Org4**에 대한 인증서를 생성하고 이를 분배합니다 :

❙ 그림 4.3 ❙

인증 기관

이전 그림에서, CA4는 네트워크 노드 및 관리자에게 인증서를 발급했습니다. CA4는 기관 Org4가 소유한 여러 기능을 식별하는 X.509 인증서를 발행하므로, 해당 네트워크에서 중요한 역할을 수행합니다. 트랜잭션은 CA에 의해 서명되며, 서명된 트랜잭션은 조직이 트랜잭션 결과를 보증함을 나타냅니다.

첫 번째 단계는 모든 노드, 피어, 오더러 및 채널이 네트워크에서 서로를 식별하는 것입니다. 블록체인 네트워크에는 하나 이상의 CA가 있기 때문에 이렇게 분리하는 것이 좋습니다. 이 네트워크 설정에서는 각 조직마다 하나씩 총 4개의 CA를 사용합니다. Hyperledger Fabric 네트워크에서 CA의 역할은 매우 중요합니다. Hyperledger Fabric 네트워크에는 기본으로 제공되는 CA 공급자인 Fabric CA가 있습니다.

멤버쉽 서비스 제공자(MSP)는 인증서를 조직에 각각 매핑합니다. 이 때 네트워크 구성 NC4는 지정된 MSP를 사용합니다. MSP는 CA4에서 발급한 인증서의 속성을 식별합니다. CA4 구성은 인증서 보유자를 기관 Org4로 연관시킵니다. NC4는 정책에서 MSP 이름을 명시하여 Org4에게 권한을 부여합니다.

본 섹션의 후반부에서는 CA가 트랜잭션 생성 및 유효성 검사 프로세스에서 어떤 중요한 역할을 하는지 살펴보겠습니다. 또한 해당 인증서의 역할도 살펴보겠습니다. X.509 인증서는 클라이언트 어플리케이션에서 생성된 트랜잭션에 사용되며, 스마트 컨트랙트 응답을 위하여 트랜잭션에 디지털 서명을 합니다. 원장 사본 관리를 담당하는 네트워크 노드는 원장에 추가할 트랜잭션을 수락하기 전에 트랜잭션 서명의 유효성을 확인합니다.

네트워크 관리 노드

그림 4.4를 보겠습니다.

그림 4.4

처음에 NC4는 Org4만 네트워크 관리자로 허용하도록 구성됩니다. 이제 해당 구조를 확장하고 다른 기관인 Org1을 네트워크의 관리자로 추가하겠습니다. Org1과 Org4 둘 다 관리자 역할을 수행하며 NC4 네트워크 구성으로 설정됩니다. 새 관리자인 Org1이 추가되면서, Org1을 위한 인증서 발급 및 유효성 검사를 위해 새로운 인증 기관인 CA1이 추가된 것을 볼 수 있습니다. CA1을 통해 Org1에서 네트워크의 사용자를 식별할 수 있습니다. 또한 오더러 노드 O4가 Org4 플랫폼에서 구동합니다. Org1은 관리자의 권한 일부를 가집니다. 따라서 Org1과 Org4 둘 다 네트워크 구성 NC4를 업데이트 할 권한이 있으며, Org2가 네트워크 작업의 일부가 되도록 승인할 수 있습니다.

따라서 Org4는 오더링 서비스를 실행하고, Org1은 Org4와 유사한 권한을 갖습니다. 그러나 Org2는 컨소시엄의 새로운 정책을 작성/변경할 수 있는 권한이 제한됩니다. 오더링 서비스는 Fabric 네트워크에서 단일 노드입니다. 이상적으로 오더링 서비스는 다중 노드여야 하는데, 구성은 다른 조직의 다른 노드에 있어야 한다는 의미입니다. 예를 들어, Org4에서는 오더러 O4를, Org1에서는 오더러 O1을 구동하고 서로 연결할 수 있습니다. 오더링 서비스에 대해서는 나중에 자세히 설명하겠습니다.

컨소시엄 정의

컨소시엄은 동일 목표를 가진 회사들의 집합입니다.

▌그림 4.5▐

컨소시엄 $$(X1)는 네트워크 관리자가 정의합니다. 이 컨소시엄에는 두 조직 구성원인 Org1, Org2가 있습니다. NC4는 컨소시엄 $$(X1)의 네트워크 구성을 저장합니다. NC4를 사용하여 네트워크의 다음 단계를 구축하겠습니다. 그림 4.5에서 CA1과 CA2는 네트워크에서 인증서를 발급하고 식별하는 인증 기관입니다.

네트워크 구성 NC4를 사용하면 Org1 및 Org4는 네트워크에서 새 규칙 및 컨소시엄을 추가/생성/수정할 수 있습니다. 그림 4.5에서 이 새로운 컨소시엄 $$(X1)를 네트워크에 추가하고 Org1과 Org2를 컨소시엄 조직으로 사용하는 것을 볼 수 있습니다. 추가된 CA2의 역할은 Org2 소속의 사용자를 식별하는 것입니다. 관리자는 네트워크에 여러 조직을 추가할 수 있습니다.

그림 4.5에서 상호 트랜잭션을 원하는 조직간의 컨소시엄 형성을 살펴보았습니다. 이 기관들은 상대방과 비즈니스 활동을 수행한다는 공통적인 목적을 가집니다. 이전 예에서 Org1 및 Org2는 트랜잭션을 원하며, 네트워크의 일부에 해당합니다. 우리는 단일 기관 Org4로 네트워크를 초기 설정하였으며 이후에 더 많은 기관들의 참여가 있었습니다. 이제 채널channel을 살펴보겠습니다.

컨소시엄을 위한 채널

그림 4.6을 살펴보겠습니다 :

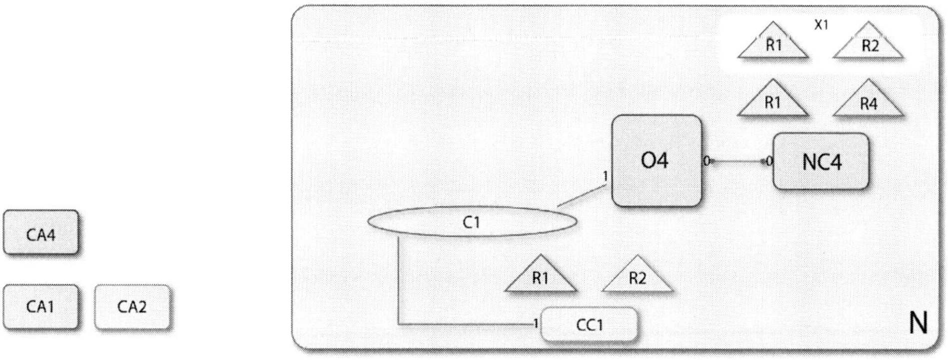

▌그림 4.6▐

채널은 컨소시엄의 구성원들이 서로 통신하는 메커니즘입니다.

그림 4.6은 컨소시엄 정의 $$(X1)를 사용하여 조직 Org1 및 Org2를 위해 작성된 채널 C1을 보여줍니다. 채널은 채널 구성 CC1에 의해 처리됩니다. 채널의 구성은 네트워크 구성과는 완전히 별개로 이루어집니다. 여기에서 채널 구성 CC1은 Org1 및 Org2에 의해 관리됩니다. 이 두 기관은 채널 C1에 대해 동등한 권한을 가집니다. 그러나 Org4는 CC1에 대한 권한이 없습니다.

참고사항은 다음과 같습니다 :

1. 컨소시엄 $$(X1)에서 채널 C1은 프라이빗 통신을 제공합니다.
2. 채널 C1은 오더링 서비스 노드 O4에 연결됩니다.
3. 채널 C1은 Org1과 Org2 사이에서 프라이빗 트랜잭션을 수행합니다.
4. Org4를 구동하고 네트워크 제어 권한이 있는 네트워크 관리자 권한을 부여합니다. 나중에 Org1에게 Org4와 동일한 권한인, Fabric 네트워크에서 새로운 컨소시엄 및 채널을 생성할 수 있는 권한을 부여합니다.
5. 한 채널에 여러 기관이 참여할 수 있습니다.

6. 채널 C1의 경우, 네트워크 구성 NC4와는 별개로 채널 구성Channel configuration 설정이 있습니다.
7. 채널 구성 CC1에는 채널 C1에서 기관 Org1 및 Org2에 대한 권한을 부여하는 정책이 있습니다.
8. 승인된 기관(Org1 및 Org2)만이 채널 C1에 새 기관을 추가할 수 있습니다.
9. 각 채널은 다른 채널과 완전히 분리되어 있습니다. 즉, 각 채널은 프라이빗하게 독립적으로 구성됩니다.
10. 오더링 서비스가 사용하는 특수한 시스템 채널이 있습니다. 이 채널을 어플리케이션 채널이라고도 합니다.

네트워크에 피어 및 원장 추가

그림 4.7을 살펴보겠습니다.

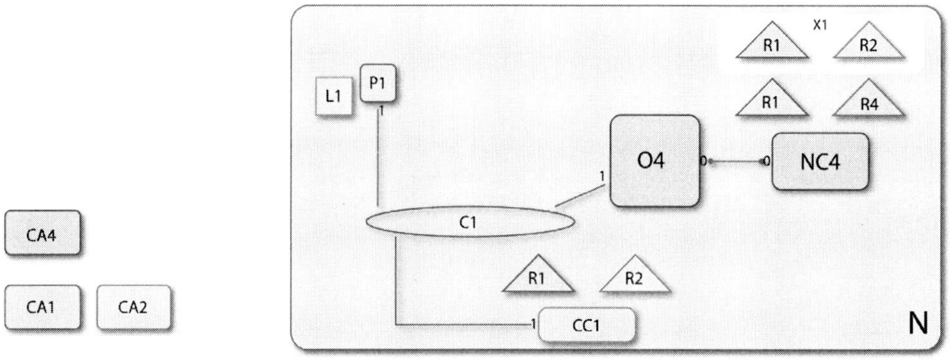

▌그림 4.7▐

네트워크 설립의 다음 단계는 피어 노드와 원장을 채널에 추가하는 것입니다.

피어 Pr1은 채널 C1에 가입할 수 있습니다. 이후 Pr1은 채널 C1을 사용하여 오더러 노드 O4와 통신하게 됩니다. 피어 노드 Pr1은 또한 원장의 사본을 호스팅합니다.

참고사항은 다음과 같습니다 :

1. 피어 노드는 네트워크(네트워크 구성 요소)의 일부분으로, 원장 사본을 호스팅합니다.
2. 피어 Pr1은 채널 C1를 통해 오더러 노드 O4와 통신할 수 있습니다.

Pr1 구성에서 중요한 부분은 인증기관 CA1이 발행한 X.509 ID입니다. 이 CA1은 Pr1을 기관 Org1에 연결시켜 줍니다. 이후 피어 노드 Pr1은 채널 C1에 가입할 수 있으며, 오더러 O4와 통신합니다. O4가 가입 요청을 받으면, 채널 구성 CC1을 사용하여 채널 C1에 대한 Pr1의 권한을 찾습니다.

예를 들어, Pr1이 원장 L1에 정보를 읽기/쓰기 가능할지 여부를 채널 구성 CC1을 통해 결정합니다.

Hyperledger 블록체인 네트워크 설정의 다음 단계는, 클라이언트 어플리케이션 및 체인코드를 실행하는 것입니다.

클라이언트/어플리케이션 및 체인코드

그림 4.8을 살펴보겠습니다.

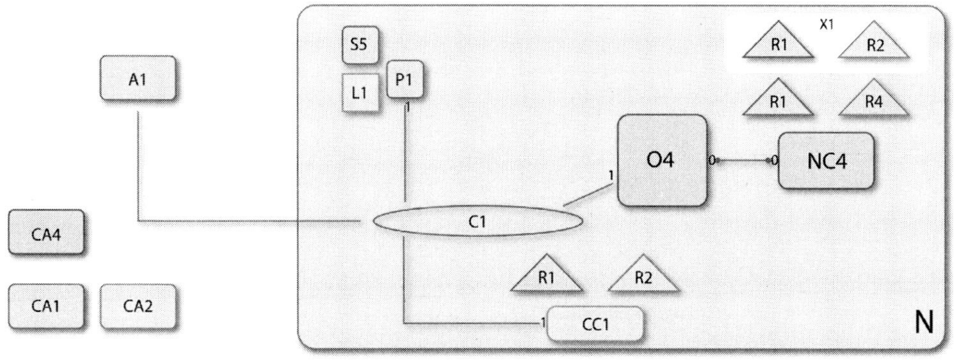

▎그림 4.8▕

네트워크의 규모가 점점 커져서, 네트워크 N에 새로운 노드 A1(클라이언트/어플리케이션)이 추가된 것을 볼 수 있습니다.

여기에서 스마트 컨트랙트 S5가 피어 노드 Pr1에 설치되어 있음을 알 수 있습니다. 기관 Org1의 클라이언트/어플리케이션 A1은 스마트 컨트랙트(체인코드) S5를 사용하며, 피어 노드 Pr1을 통해 원장에 액세스합니다. Pr1, O4 및 A1은 모두 채널 C1로 연결됩니다. 피어 및 오더러 서비스와 마찬가지로, 클라이언트/어플리케이션 또한 각자의 ID를 보유합니다. 해당 ID는 기관과 연관되어 있습니다. 여기에서 클라이언트/어플리케이션 A1은 기관 Org1과 연관되어 있지만, Hyperledger Fabric 네트워크 외부에 위치합니다.

Hyperledger 프레임워크 탐색

Hyperledger는 5가지의 주요 프레임워크를 제공합니다.

1. Sawtooth
2. Fabric
3. Indy
4. Burrow
5. Iroha

Hyperledger Sawtooth

Hyperledger Sawtooth는 엔터프라이즈용으로 구축된 블록체인 플랫폼입니다. 스마트 컨트랙트 및 원장을 분산시킴으로써 보안 유지에 중점을 두어 설계되었습니다. Sawtooth는 어플리케이션 도메인과 코어 시스템 레벨을 분리하여 블록체인 어플리케이션 개발을 위한 단순화된 플랫폼을 제공합니다. 어플리케이션 개발자는 원하는 언어를 선택해서 스마트 컨트랙트 로직을 작성할 수 있습니다.

Sawtooth는 다음과 같은 합의 구현을 지원합니다.

- **경과 시간 증명**Proof of elapsed time, PoET : 대규모 네트워크를 지원할 수 있는

합의 알고리즘입니다. 확장성을 보장하는 안전한 실행에 의존하며, 높은 전력을 소비하는 **작업 증명**Proof of Work, PoW의 단점을 보완했습니다.

- **PoET 시뮬레이터** : 모든 유형의 하드웨어에 PoET 합의를 제공합니다.
- **Dev 모드** : 개발 및 테스트에 사용되는 간단한 랜덤-리더Random-leader 알고리즘입니다.

Sawtooth는 기본 비즈니스 로직 또는 스마트 컨트랙트 VM 어플리케이션을 트랜잭션-프로세싱 계층에서 생성할 수 있습니다. 이 계층은 블록체인 네트워크 상의 동일한 인스턴스에 존재할 수 있습니다. 또한 Sawtooth는 어플리케이션 레벨과 코어 시스템을 분리시킵니다. Sawtooth는 성능 분석 및 블록 정보 저장과 같은, 어플리케이션을 위한 저수준 기능의 모델이 될 여러 트랜잭션 제품군을 제공합니다.

Sawtooth는 프라이빗 네트워크의 문제를 해결하도록 설계되었습니다. 분리된 권한으로 Sawtooth 클러스터를 쉽게 구축할 수 있습니다. 중앙 집중식 구조가 아니며, 기밀 정보나 트랜잭션 패턴이 유출되지 않습니다. 역할 및 권한과 같은 공통 설정을 블록체인에 저장하여, 모든 참가자가 네트워크에 액세스할 수 있습니다.

Sawtooth는 트랜잭션을 병렬 흐름으로 분할하는 고급 병렬 스케줄러도 포함합니다. 트랜잭션의 액세스 위치를 기반으로 트랜잭션 실행을 분리하고 컨텍스트 변경을 유지합니다.

트랜잭션은 대개 병렬로 실행되므로 같은 상태state에 여러 트랜잭션이 있어도 이중 지출double spending을 방지할 수 있습니다. 이 병렬 스케줄링 기능은 직렬 실행serial execution에 비해 잠재적인 성능 향상을 제공합니다.

또한 Hyperledger Sawtooth는 이벤트의 생성 및 브로드캐스팅을 제공합니다. 예를 들어 새 블록을 커밋하거나 새 포크fork로 전환할 때 발생하는 이벤트를 구독할 수 있습니다. 특정 어플리케이션application-specific의 이벤트를 등록하고 트랜잭션 실행에 대한 정보를 클라이언트로 다시 중계합니다. 이 구독subscriptions은 ZMQ 소켓을 통해 서비스됩니다.

Hyperledger Fabric

Hyperledger Fabric은 가장 널리 사용되는 프라이빗 블록체인입니다. 주로 여러 기업 간의 효율적인 트랜잭션을 위해 엔터프라이즈 환경에서 사용됩니다. Fabric은 모듈식 디자인으로, 특정 요구에 맞는 서로 다른 다양한 기능을 블록체인 네트워크에 연결하여 비즈니스에 사용할 수 있습니다. 모든 블록체인과 마찬가지로 Fabric은 트랜잭션 이력을 시간 순서대로 기록합니다.

예를 들어, Bitcoin은 한 당사자에서 다른 당사자로 전송될 때의 Bitcoin 레코드를 원장에 보유합니다. Fabric에서, 전송되는 항목에 대한 정의는 약간 느슨하며 이는 곧 자산asset으로 정의됩니다. 금전적 가치가 있는 무엇이든 자산이 될 수 있습니다. 기업은 Hyperledger Fabric을 통해 자산 유형 및 가치를 자율적으로 설정할 수 있습니다. 자산은 원장 시스템에서 트랜잭션으로 기록된 상태 변경과 함께 키-값 쌍의 모음으로 표시됩니다. Hyperledger Fabric은 체인코드를 사용하여 자산을 수정할 수 있습니다. 체인코드는 자산과 자산을 수정하는데 필요한 트랜잭션 지침을 정의한 소프트웨어입니다. 즉, 이것은 비즈니스 로직입니다. Fabric 원장에 배포된 스마트 컨트랙트는 체인코드를 실행합니다. 각 비즈니스마다 자체 데이터베이스를 변경하는 자체 비즈니스 로직을 두는 대신에, 데이터베이스 변경에 필요한 모든 서명과 함께 비즈니스 로직을 공유합니다. Hyperledger Fabric에서 허가된 각 네트워크의 구성원은 체인코드를 사용하여 원장과 상호작용할 수 있습니다. 새로운 비즈니스 로직을 추가하는 새 컨트랙트를 배포하거나, 과거 컨트랙트에서 코드화된 거래를 호출할 수 있습니다.

허가된 네트워크를 활성화하기 위해 Hyperledger Fabric은 멤버쉽 ID 서비스Membership Identity Service를 제공합니다. 이 서비스는 네트워크의 모든 참가자를 인증하며 사용자 ID를 관리합니다.

특정 네트워크 작업의 권한을 부여하는 접근제어Access control 목록을 사용하여 권한에 대한 추가 계층Extra layer을 제공할 수 있습니다. 예를 들어, 특정 사용자 ID는 체인코드 어플리케이션을 호출하도록 허용되지만 새 체인코드는 배포하지 못하도록 차단될 수 있습니다. Hyperledger Fabric 네트워크는 두 종류의 노드 유형으로 네트워크 역할을 할당합니다.

- 피어 노드
- 오더링 노드

피어 노드는 트랜잭션 실행 및 확인을 담당합니다. 오더링 노드는 트랜잭션을 정렬하고 올바른 이벤트 기록을 네트워크에 전파합니다. 피어 노드가 여러 트랜잭션을 동시에 일괄 및 배치batch 처리하면 네트워크의 효율성과 확장성이 향상됩니다. 네트워크 합의 프로토콜은 비즈니스와 네트워크에 의해 맞춤화되고, 오더링 노드에 의해 구현되어 단일 트랜잭션 레코드를 생성합니다.

Fabric 원장은 두 가지 구성 요소로 이루어집니다. 하나는 트랜잭션에 대한 불변의 순차적 레코드immutable sequenced record를 블록에 저장하는 블록체인 로그이고, 다른 하나는 블록체인의 현재 상태를 유지하는 상태 데이터베이스입니다. Bitcoin 블록체인에는 상태 데이터베이스가 없으며 체인의 현재 상태는 원장의 모든 트랜잭션을 통해 항상 계산됩니다. 속도 및 효율성 향상을 위해, Hyperledger Fabric은 현재 상태를 저장하고 네트워크 구성원이 이어진sequel-like 트랜잭션 형태로 상태를 질의할 수 있도록 합니다. 이때 블록체인 로그의 목적은 여러 당사자간에 교환되는 자산 섭리assets providence 또는 자산의 기원을 포착하는 것입니다. 자산 섭리를 추적한다는 것은 자산 생성 이력 및 교환 이력을 추적하는 것을 의미합니다. 그러나 일반적인 데이터베이스에서는 자산의 현재 상태만 유지되고 모든 트랜잭션의 로그는 유지되지 않기 때문에 자산 섭리 추적이 매우 어려워집니다. Hyperledger Fabric은 제한된 메시징 공간restricted messaging pods인 프라이빗 채널을 사용하여 이 문제를 해결합니다. 프라이빗 채널은 네트워크 구성원의 특정 하위 집합을 위해 트랜잭션 프라이버시 및 기밀성을 제공할 수 있습니다. 액세스 권한이 없는 구성원에게는 트랜잭션을 포함한 모든 데이터가 보이지 않습니다.

Hyperledger Fabric은 모듈러 설계로 다음의 5가지 핵심 기능을 지원합니다.

1. 자산 유형 및 합의 프로토콜을 정의할 수 있습니다.
2. 구성원을 대상으로 네트워크에 참여할 수 있는 권한을 설정할 수 있습니다.

3. 피어와 오더러라는 두 가지 유형의 노드가 있습니다.
4. 원장은 현재 상태의 데이터베이스와 트랜잭션 로그로 구성됩니다.
5. 체인코드를 사용하여 자산을 추가, 업데이트 및 전송합니다.

Hyperledger Indy

Hyperledger Indy는 독립적이고 분산된 디지털 ID를 생성하고 사용하는 분산 원장입니다. 개인은 자신의 데이터를 저장하기 위해 특정 기관에 의존할 필요가 없습니다. 개인은 자신의 데이터에 대한 소유자가 될 수 있으며 데이터를 제공할 대상과 기간을 결정할 수 있습니다. Indy는 블록체인을 기반으로 사용자에게 탈중앙화decentralized ID를 제공하여 최대한의 프라이버시를 보장합니다. 엔터프라이즈는 사용자 데이터를 저장할 필요가 없어지고 프라이버시 문제를 처리하기 위한 돈과 자원을 소비할 필요가 없게 됩니다. 즉, 개인에게 의미있는 트랜잭션이 일어납니다.

기술에 대한 이론적인 사항은 제쳐두고, 적용 사례를 통해 개념을 이해하겠습니다. 직원 Bob이 기업 Sate로부터 경력증명서를 받아야 하고, 증명서를 디지털로 발급하는 웹사이트를 Sate가 제공한다고 가정합시다. Bob은 웹사이트에 로그인하고 **Get Certificate**를 클릭하여 증명서를 요청합니다.

블록체인 네트워크에 속해있고 원장을 보유하고 있는 Sate는 이미 신뢰 앵커trust anchor를 가지고 있으며, 기본적으로 Indy의 코드 베이스 상에서 구현됩니다. 신뢰 앵커는 실제로 신뢰할 수 있는 서드파티가 아니라, 원장에게 잘 알려진 사람 또는 기관입니다. Bob은 어디서나 사용할 수 있는 새로운 유형의 ID를 원합니다. 이 ID는 Sate와의 과거 관계와는 무관하며, Bob의 허락이 있어야만 연결할 수 있습니다. 이것이 원장의 핵심 기능인 자기주권형 신원Self-sovereign identity입니다.

Sate는 Bob의 요구 사항을 이해하고, Bob에게 서드파티 기반 Indy 앱을 제공합니다. 이 앱은 **Get Certificate** 작업 중에 설치됩니다.

Bob이 **Get Certificate** 버튼을 클릭하면 Indy에게 연결 요청을 보낼 파일을 다운 받습니다. 연결 요청 파일은 .indy 확장자여서, 원장의 다른 개체인 Sate와의 보안 통신 채널을 설정할 수 있습니다. 즉, Bob이 **Get Certificate** 버튼을 클릭하면 앱이 자동으로 설치되며 Sate와의 연결 요청을 수락할지 여부를 묻습니다.

Hyperledger Burrow

Hyperledger Burrow는 Linux 재단의 프로젝트 중 하나입니다. **Ethereum 가상 머신**Ethereum Virtual Machine, EVM의 사양을 반영한 허가형 스마트 컨트랙트 인터프리터와 함께 모듈러 블록체인 클라이언트를 제공합니다. Ethereum 사양에 따라 스마트 컨트랙트 코드를 실행하는 허가형 블록체인 노드입니다.

Burrow는 세 가지 주요 구성 요소로 이루어집니다.

1. 합의 엔진
2. 허가형 EVM
3. RPC 게이트웨이

합의 엔진에서, 트랜잭션을 정렬할 때 비잔틴 결함 감내 방식인 Tendermint 프로토콜을 사용합니다.

ABCI(Application Blockchain Interface)를 사용하면 원하는 언어로 트랜잭션을 처리할 수 있습니다.

스마트 컨트랙트 어플리케이션은 복잡한 비즈니스 로직의 통합을 지원합니다.

허가형 EVM은 필수 권한을 제공하고, 가상 머신은 Ethereum 사양에 따라 구축됩니다.

API 게이트웨이는 사용자 및 시스템 통합을 위한 인터페이스를 제공합니다.

Hyperledger Iroha

Hyperledger Iroha는 Linux 재단의 또 다른 Hyperledger 프로젝트입니다. 기본적으로

모바일 어플리케이션 개발을 강조하는 간단한 C++ 도메인 기반 디자인입니다. 어떤 분산 원장 기술이라도 쉽게 통합될 수 있도록 설계되었습니다. 재사용 가능한 모듈러 구성 요소 라이브러리를 만들도록 설계되어, 기존 분산 원장 프레임워크를 향상시켰고 YAC 합의 알고리즘을 포함합니다.

Hyperledger Iroha는 다음 세 가지 목표를 가집니다.

1. 모바일 및 웹 어플리케이션 지원을 위한 인프라를 제공합니다.
2. C++ 개발자가 Hyperledger에 기여할 수 있는 환경을 제공합니다.
3. 향후 다른 프레임워크에 적용될 수 있는 API 및 새로운 합의 알고리즘이 포함된 프레임워크를 제공합니다.

Iroha architecture

Iroha의 주요 아키텍처는 Hyperledger Fabric에서 영감을 얻었습니다. 기본 목표는 사용자 친화적 인터페이스에 대한 요구를 충족시키는 것입니다. Iroha는 모듈러 C++ 디자인의 프레임워크와 Sumeragi라는 새로운 체인 기반의 비잔틴 결함 허용 합의 알고리즘을 개발했습니다. Iroha는 다른 Hyperledger 프로젝트와 자유롭게 상호 운용할 수 있습니다. 오픈 소스이므로, 개발자는 공통 작업을 위한 기능을 쉽게 구축할 수 있습니다:

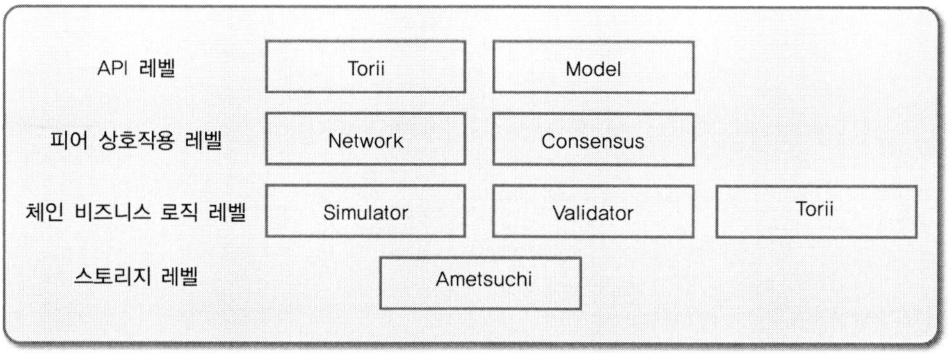

그림 4.9

4가지 주요 계층은 **API 레벨**, **피어 상호 작용 레벨**, **체인 비즈니스 로직 레벨** 및 **스토리지 레벨**입니다.

모델 클래스는 독립적인 시스템 개체entity입니다. **Torii**, 즉 게이트는 클라이언트를 위한 입력 및 출력 인터페이스를 제공합니다. 클라이언트는 단일 gRPC 서버를 사용하여 네트워크 피어와 상호 작용합니다. 클라이언트가 수행한 RPC 호출은 논-블로킹 방식이므로 Torii를 비동기 서버로 만들어 줍니다. 이 인터페이스를 통해 명령과 질의가 모두 수행됩니다.

네트워크는 피어 네트워크와의 상호 작용으로 구성됩니다.

- 네트워크의 체인 콘텐츠에 동의하는 피어에게 **합의**consensus가 필요합니다. YAC(yet another consensus)는 Iroha의 합의 알고리즘으로, 블록 해시 투표에 기반한 비잔틴 내결함성 알고리즘Byzantine fault-tolerant algorithm입니다.
- **시뮬레이터**Simulator는 스토리지의 임시 스냅샷을 제공합니다. 이 스냅샷에 대해 시뮬레이터를 실행한 뒤, 유효한 트랜잭션만으로 구성된 검증된 제안을 구성함으로써 트랜잭션의 유효성을 검사합니다.
- **유효성 검사기**Validator 클래스는 트랜잭션을 검사하고 비즈니스 규칙과 트랜잭션 또는 질의의 유효성을 확인합니다.

Hyperledger Iroha에는 두 가지 유형의 유효성 검사가 있습니다.

- **비상태성 유효성 검사**Stateless validation는 보다 빠른 형식의 유효성 검사입니다. 트랜잭션의 서명 및 스키마 검사를 수행합니다.
- **상태성 유효성 검사**Stateful validation는 비상태 방식에 비해 속도가 느리고 권한 및 현재 월드 스테이트 뷰World state view(체인의 최신 및 가장 실제의 상태)를 확인합니다. 원하는 비즈니스 규칙 및 정책이 실현 가능한지 확인합니다.

동기화 프로그램은 시스템에서 새 피어를 동기화하거나 피어를 일시적으로 연결 해제하는데 사용합니다.

Ametsuchi는 블록 인덱스, 블록 저장소 및 월드 스테이트 뷰 구성 요소로 구성된 원장 블록 스토리지입니다.

Iroha의 트랜잭션 흐름은 다음과 같습니다.

1. 클라이언트는 트랜잭션을 생성하여 Torii 게이트로 보내고, 해당 게이트는 비상태성 유효성 검사를 담당하는 피어에게 트랜잭션을 라우팅합니다.
2. 피어는 비상태성 유효성 검사를 수행한 후 트랜잭션을 오더링 게이트로 전송합니다. 오더링 게이트는 오더링 서비스에 연결하기 위한 올바른 전략을 선택합니다.
3. 오더링 서비스는 트랜잭션을 정렬하고 제안서 형태로 합의 네트워크의 피어에게 보냅니다. 제안서는 서명되지 않은 블록이며 오더링 서비스가 공유한 것으로, 일련의 정렬된 트랜잭션으로 구성됩니다. 오더링 서비스에 충분한 트랜잭션이 있거나 마지막 제안서 이후 일정 시간이 경과한 경우에만 제안서가 전송됩니다. 따라서 오더링 서비스는 빈 제안서를 전달하지 않습니다.
4. 각 피어는 시뮬레이터에서 제안서 내용을 확인하고, 확인된 트랜잭션만으로 구성된 블록을 만듭니다. 이 블록은 YAC 합의 알고리즘 로직을 수행하는 합의 게이트로 전달됩니다.
5. 정렬된 피어 목록이 생성되고, YAC 합의 알고리즘 로직을 기반으로 리더가 선출됩니다. 각 피어는 제안된 블록에 서명하고 리더에게 돌려보냄으로써 투표를 수행합니다.
6. 리더가 서명된 제안을 충분히, 즉 전체 피어의 2/3 이상을 확보하면 커밋 메시지를 보냅니다. 이 메시지는 합의에 참여한 각 피어의 체인에 해당 블록이 적용되어야 함을 나타냅니다. 커밋 메시지가 전달되면, 제안된 블록은 동기화 프로그램을 통해 모든 피어 체인에서 다음 블록으로 저장됩니다.

YAC 합의 알고리즘

Hyperledger Iroha는 현재 YAC 합의 알고리즘 로직을 준비하고 있으며, 이 합의 알고리즘은 블록 해시 투표를 기반으로 구현됩니다. YAC는 정렬과 합의 두 가지 기능을 수행합니다.

오더링은 모든 트랜잭션을 정렬하고, 제안서로 포장하고, 네트워크의 피어에게 전달하는 역할을 수행합니다. 오더링 서비스는 트랜잭션 순서를 설정하고 제안서 형태로 브로드캐스트하는 엔드포인트입니다. 오더링은 트랜잭션의 상태성 유효성 검사를 수행하지 않습니다.

합의는 검증된 트랜잭션을 가져온 후, 다른 트랜잭션과 함께 커밋에 동의하도록 피어 간에 커밋을 브로드캐스트 합니다. 동일한 제안서에 대한 블록 생성에 동의할 때, 합의가 필요합니다.

유효성 검사는 트랜잭션 흐름의 필수적인 부분입니다. 하지만 합의 과정과는 분리되어 있습니다.

트랜잭션 프라이버시 및 보안

Hyperledger와 같은 허가형 네트워크의 주요 장점 중 하나는 트랜잭션 프라이버시 및 보안입니다. 모든 엔티티가 아니라, 관련된 엔티티만 정보를 볼 수 있어야 합니다.

Hyperledger는 트랜잭션 프라이버시 및 보안을 활성화하기 위해 다음과 같은 솔루션을 제공합니다.

- **채널** : Hyperledger 네트워크의 핵심으로, 트랜잭션을 수행하기 위해 네트워크 참가자 간의 하위 네트워킹을 제공합니다. 채널은 채널 정책에 따라 제어 및 관리됩니다. 향후 예제와 솔루션에서 채널을 많이 활용하겠습니다.
- **프라이빗 데이터 콜렉션** : 채널은 네트워크의 자원 집약적Resource-intensive 개체입니다. 4개의 기관이 포함된 채널에서 두 기관이 다른 기관에 알리지 않고 프라이빗한 트랜잭션을 원한다면, 다른 두 개의 채널을 만드는 대신에 프라이빗 데이터 콜렉션이라는 기능을 사용할 수 있습니다. 프라이빗

데이터 콜렉션은 채널 정책에 의해 통제되지 않고 체인코드 수준에서 정의됩니다.

- **암호화** : 트랜잭션 세부 사항을 해시하여 원장에 저장하는 것이 일반적인 방법입니다. 이 방법은 블록체인 공간, 특히 퍼블릭 블록체인에서 많이 사용되지만 Hyperledger와 같은 허가형 블록체인에서도 사용됩니다. Fabric 체인코드 패키지가 어떻게 기능을 제공하는지 살펴볼 것입니다.
- **ZKP, ZKAT** : 암호화 기능을 사용하여 영지식 증명Zero knowledge proof, ZKP, 영지식 자산 전송Zero knowledge asset transfer, ZKAT 등을 활성화 할 수 있습니다. 이 강력한 기술을 구현하기 위해, 많은 퍼블릭 블록체인은 시간과 자금을 투자하고 있습니다. Hyperledger에서는 기본 기능으로 제공하기 위해 작업 중입니다.

전제 조건 이해하기

Fabric 블록체인 네트워크가 어떻게 작동하는지와 그 핵심 부분에 대해 알아봤습니다. 이제 실습 경험을 쌓아야 합니다. 우선, 네트워크를 이해하는 데 도움이 될 몇 가지 전제를 살펴보겠습니다.

Fabric은 매우 강력하고 현대적인 기술 스택을 사용하여 안정성을 제공합니다. 다음 기술이 일부 포함됩니다.

1. 컨테이너화 기술인 Docker
2. 체인코드 및 클라이언트 어플리케이션을 위한 Node.js
3. 체인코드 및 Fabric 자체를 위한 Golang

이제 하나씩 살펴보고 예제를 통해 이해하겠습니다. Docker부터 시작하겠습니다!

Docker

먼저 Docker가 어떻게 등장했는지 살펴보겠습니다.

예전에는 어플리케이션을 배포하기 위한 물리적 시스템이 있었습니다. 하지만 매우 큰 리소스를 낭비하기 때문에 더 나은 기술이 필요했습니다. 어플리케이션을 실행하는 물리적 시스템은 결함에도 취약합니다.

이후 단일 호스트 머신 또는 **운영체제(OS)** 상에서 다수의 가상 머신을 구동할 수 있는 VMWare와 hypervisor 솔루션이 출현했습니다. 가상 머신마다 자체 운영체제, CPU 및 메모리 등을 가집니다. 이 솔루션은 업계 표준이 되었으며, 오늘날에도 가상 머신은 배포 과정에 많이 사용됩니다.

그러나 가상 머신은 아직 이상적인 솔루션에 근접하지 않았습니다.

왜 그런지 다음의 예제를 통해 생각해보도록 하겠습니다. Linux Ubuntu가 설치된 가상 머신에 Node.js 8 버전 백엔드 어플리케이션과 Node.js 9버전 백엔드 어플리케이션을 설치해야 하는 상황입니다. 이 두 어플리케이션을 어떻게 함께 배포하겠습니까? 분명히, 다른 VM을 가동시켜야 하지만 여러 가지 문제가 있습니다. VM을 배포할 때마다 운영체제 및 기타 중요한 리소스가 다시 배포되기 때문에, 사용량에 따라 비용이 많이 드는 단점이 있습니다. Azure 및 AWS와 같은 클라우드 서비스를 사용한다면, 수많은 마이크로 서비스가 있는 복잡한 어플리케이션을 위해 다수의 VM을 가동하는 것이 비현실적이라는 것을 알 것입니다.

이러한 문제를 보완하기 위해 컨테이너containers라는 개념이 등장했습니다. 컨테이너 방식은 마이크로 서비스 기반의 복잡한 어플리케이션의 구축 및 배포 방식을 혁신적으로 개선하였습니다. 컨테이너 기반 기술은 여전히 동일한 OS를 공유하지만, VM과 같은 게스트 OS는 사용하지 않습니다. 대신, 어플리케이션을 실행하는데 필요한 바이너리 파일 및 라이브러리만 사용합니다. 따라서 각각 고유한 어플리케이션이 있는 가상 머신에서 원하는 만큼의 컨테이너를 실행할 수 있습니다.

가장 널리 사용되는 컨테이너 기술은 Docker로, OCI 표준을 기반으로 하는 오픈 소스 GitHub 프로젝트입니다.

컨테이너를 VM이라고 생각하십시오.

OS를 기반으로 Docker를 설치하려면 `https://docs.docker.com/install/`로 이동하십시오. 설치 후, Docker가 시작되어 실행 중인지 확인하십시오. 빠른 임시 배포를 위한 웹 기반 옵션인 `https://labs.play-with-docker.com/`를 사용할 수도 있습니다. 웹 기반으로 Docker를 빠르게 실행할 수 있습니다.

Docker와 관련된 몇 가지 중요 용어가 있습니다.

1. **이미지**Images : 객체 지향 개념에서의 클래스와 유사한 VM의 템플릿입니다. 이미지는 텍스트 파일 형태이며 VM의 구성에 대한 지침을 제공합니다. Angular 어플리케이션의 이미지를 만드는 예를 들어 보겠습니다. Angular는 복잡한 프론트엔드 어플리케이션을 구축하기 위해 널리 사용되는 프론트엔드 프레임워크입니다. Angular에 익숙하지 않아도 걱정하지 마십시오. 이 실습은 Angular에 관한 것이 아닙니다. Docker로 배포할 수 있는 프론트엔드 어플리케이션을 빠르게 작성해 보겠습니다. `https://cli.angular.io/`를 사용하여 새 어플리케이션을 만들 수 있습니다. 원하지 않으면 어플리케이션에서 다음 저장소 `https://github.com/SateDev/Angular-seed`를 복제하십시오.

   ```
   git clone https://github.com/SateDev/angular-seed_
   cd angular-seed
   ```

   이제 선호하는 편집기를 열고 Dockerfile(확장자 없이 생성)이라는 새 파일을 만듭니다.

   Dockerfile은 이미지를 작성하는 명령 파일입니다.

   다음은 Angular 어플리케이션을 실행하는 단계입니다 :

a. 우선, Angular 앱을 실행하려는 컴퓨터에 Node.js가 설치되어 있어야 합니다.
b. 그런 다음 npm을 사용하는 모든 의존성이 `package.json`에 지정되어 실행되도록 해야 합니다.
c. 마지막으로 번들 서비스를 위해 ng serve를 실행합니다.

여기까지가 개발 환경에서의 기본 단계입니다. 제품화를 위해서 이 단계는 변경될 수 있습니다.

이제 Angular 어플리케이션을 실행하는 방법을 배웠으므로 Dockerfile에 작성해 보겠습니다. 아래 지침을 따르십시오.

```
# 먼저 이미지 노드를 선택하십시오 https://hub.docker.com/_/node.
# 컨테이너에 설치하십시오.
FROM node:8.15.0-alpine
# 그 다음 package.json을 복사하십시오.
COPY package.json package-lock.json ./
## 이것은 모든 의존성을 설치하고, 컨테이너에 디렉토리를 만들고, 마지막 몇 단계
에서 node_modules를 복사합니다.

RUN npm install && mkdir /sample-app && cp -R ./node_modules./
sample-app && npm install -g @angular/cli.

# 다음은 sample-app 디렉토리를 명령 실행을 위한 기본 디렉토리로 만듭니다.
WORKDIR /sample-app
#이제 코드를 복사하십시오.
COPY . .
## 4200 포트에서 어플리케이션을 제공합니다.
ENTRYPOINT ["ng" , "serve"]
```

그런 다음 위 이미지를 빌드하려면 다음을 수행하십시오.

```
docker build -t angular-app:latest .
```

여기에서 -t는 태그, 즉 이미지에 태그를 지정하는 방법을 지정합니다. .은 사용할 컨텍스트, 즉 현재 디렉토리를 지정합니다. 모든 것이 제대로 수행된다면 아래의 그림 4.10과 비슷한 결과를 보게 됩니다 :

```
Step 6/6 : ENTRYPOINT ["ng" , "serve"]
 ---> Running in 8d7f1e34d381
Removing intermediate container 8d7f1e34d381
 ---> 273db7b13e15
Successfully built 273db7b13e15
Successfully tagged angular-app:latest
```

▌그림 4.10▐

축하합니다! 첫 번째 이미지를 만들었습니다. 그러나 이 이미지는 아무것도 실행하지 않습니다. 어플리케이션을 실행하기 위한 모든 것이 저장된 템플릿에 불과합니다.

이미지를 체크하려면 명령 프롬프트에서 다음 명령을 입력하십시오.

```
docker images
```

지원되는 모든 지침과 참조 사항을 보려면 https://docs.docker.com/engine/reference/builder/를 방문하십시오.

또한 Fabric 네트워크의 이미지를 보려면 https://github.com/hyperledger/fabric/tree/release-1.4/images 폴더를 확인하십시오. 여기에는 피어, 오더러 등의 이미지를 생성하는 Dockerfile이 있습니다. 지금 당장 필요하지는 않지만, 살펴보면 Fabric을 더 잘 이해할 수 있을 것입니다.

2. **컨테이너** : 해당 이미지의 실제 인스턴스가 있습니다. 객체지향 프로그래밍에서 클래스로 객체를 생성하는 것처럼, 템플릿으로 실제 VM을 생성합니다.

   위 이미지를 위한 컨테이너를 실행하려면 CMD에 다음 명령을 입력하십시오 :

   ```
   docker run -p 4200:4200 -v ./src:./src  angular-app:latest
   ```

`localhost:4200`에서 어플리케이션이 시작되고, 웹브라우저에 해당 주소를 열면 어플리케이션을 볼 수 있습니다.

여기서 `-p`는 로컬에서 호스트 머신으로 매핑할 포트를 지정합니다. 마지막 인수는 컨테이너를 생성할 이미지 이름이며 `-v`는 볼륨 매핑을 지정합니다. 여기서 로컬 머신의 `src` 폴더는 호스트 머신의 `src` 폴더에 매핑됩니다. 따라서 로컬 머신에서 변경한 내용은 컨테이너의 `src` 폴더에 자동으로 반영됩니다.

지정 가능한 다른 매개 변수로는 네트워크, 비밀값, 환경변수 등이 있습니다. 모든 옵션을 보려면 `https://docs.docker.com/engine/reference/run/`을 방문하십시오.

3. **Docker Compose, Docker Swarm, Kubernetes** : 지금까지 Docker에서 이미지와 컨테이너가 무엇인지 살펴보았습니다. 이제 컨테이너 하나가 아닌 실제 시나리오를 살펴보는 것이 중요합니다. 실제 시나리오에서는 많은 컨테이너가 존재하며, 컨테이너가 서로 상호작용할 수 있어야 합니다. 예를 들어 전자 상거래 포털에는 카트 컨테이너, Postgres 데이터베이스, 주문 컨테이너, API 게이트웨이 등이 있을 수 있습니다. 이러한 컨테이너를 보다 선언적인declarative 방식으로 함께 작동하려면 특정 메커니즘이 필요합니다. Docker Compose, Kubernetes 같은 도구가 유용합니다.

   Docker Compose는 개발 목적으로 사용되는 반면에, 제품 배포에는 Docker Swarm 또는 Kubernetes가 사용됩니다. 다음 섹션에서는 여러 VM에 걸친 제품 수준의 Fabric 네트워크를 배포하면서, Docker Swarm을 자세히 살펴보겠습니다.

   운영 체제를 기준으로 다음 링크에서 Docker Compose 도구를 설치할 수 있습니다. `https://docs.docker.com/compose/install/`

   `docker-compose -v` 명령어를 실행하면 최신 버전이 출력됩니다.

실제 Fabric 네트워크 예제에서 Docker Compose를 살펴보겠습니다.

다음 세션에서 첫 번째 네트워크를 구축하겠습니다. 그러나 지금은 Fabric 네트워크가 선언적으로 생성되는 방법을 이해하기 위해 Docker Compose 파일을 살펴보겠습니다.

Hyperledger Fabric의 Fabric 샘플 저장소를 복제합니다.

```
git clone https://github.com/hyperledger/fabric-samples.git
```

복제가 완료되면 다음 파일을 여십시오 : `/samples/first-network/docker-compose-cli.yaml`

YAML에 대해 몇 가지 주의 사항이 있습니다 :

a. 오더러 및 피어의 데이터를 호스팅하기 위한 볼륨을 선언합니다.
b. 둘째, 네트워크 BYFN을 선언합니다. Docker에서 네트워크는 YAML 파일에 선언된 서비스를 위한 하위 네트워크를 만들어, 각 하위 네트워크에서 서로를 식별하도록 해줍니다.
c. 그런 다음 Hyperledger 네트워크의 실행에 필요한 서비스(예 : 오더러, 피어 등)를 정의합니다. 이전에 선언한 네트워크 섹션 BYFN도 정의합니다. 또한 확장 기능을 사용하여, 정의를 위한 다른 기본 Docker Compose 파일을 참조합니다.
d. CLI 서비스에는 환경 변수를 전달하는 섹션이 있어, CLI가 컨테이너 내부에서 작업을 수행할 때 변수들을 활용할 수 있습니다.

Depends upon라는 섹션에 명시된 서비스들은 기본적으로 모든 서비스가 시작되고 실행된 후에 구동합니다.

이러한 선언적 서비스를 시작하려면 다음을 수행하십시오 :

```
Docker-compose -f docker-compose-cli.yaml -d up
```

명시된 모든 이미지를 가져와서 컨테이너를 시작합니다. 컨테이너의 실행 유형을 나열하려면 다음 명령을 사용하십시오 :

```
docker ps
```

여기에는 실행중인 모든 컨테이너가 나열되지만, 현재는 하나의 컨테이너, 즉 CLI 컨테이너만 실행되고 있습니다. 하지만 서비스 중인 Docker Compose 파일에 정의된 다른 컨테이너가 존재합니다. 다른 컨테이너를 보려면 다음을 실행하십시오 :

```
docker ps -a
```

여기에는 모든 컨테이너(오류로 인해 중지된 컨테이너도 포함)가 표시됩니다. 그런데 왜 다른 컨테이너가 종료 상태일까요? `peer1.org1.example.com` 컨테이너(즉, Org1의 `peer1`)에 어떤 문제가 있는지 찾아보겠습니다. 정보를 검색하려면 다음을 입력하십시오 :

```
docker logs peer1.org1.example.com
```

해당 로그에 따르면, 이 피어의 MSP 인증서를 사용할 수 없었기 때문에 컨테이너가 구동하지 못했습니다. Docker Compose 파일에서 바로 네트워크를 시작했기 때문에 이것은 당연한 결과입니다. 그전에 암호화 자료crypto material를 생성해야 합니다.

그러나 개발 단계에서는 굳이 MSP 인증서를 시작할 필요가 없는 단일 컨테이너, 즉 CLI 컨테이너만 실행 중입니다. 다음 명령을 실행하여 해당 컨테이너에 들어가겠습니다 :

```
docker exec -it cli bash
```

다음과 같은 문구를 보게 될 것입니다 :

```
root@281291eaf7f4:/opt/gopath/src/github.com/hyperledger/
fabric/peer#
```

이제, 환경 변수를 표시하는 표준 Linux 명령인 env를 VM에서 실행하십시오. `docker-compose-cli.yaml` 파일에 선언했던 변수를 포함하여 모든 변수가 표시됩니다. Docker Compose가 Hyperledger 네트워크 설계에 어떤 도움을 주는지 어느 정도 이해할 수 있습니다.

Docker에서 자주 사용되는 명령들을 참고하십시오 : `https://www.docker.com/sites/default/files/Docker_CheatSheet_08.09.2016_0.pdf`

Docker는 매우 강력한 툴입니다. 개발자가 아니더라도 Docker 기능을 마스터하면 큰 도움이 될 것입니다. 이 책에서는 Docker에 대한 기본 지식만 있으면 충분합니다.

4. Node.js

Ryan Dahl(2009)이 개발한 Node.js는 Google의 v8 엔진을 사용하여 자바스크립트로 백엔드를 작성할 수 있는 서버 측 자바 스크립트 프레임워크입니다. 이 프로그래밍 언어는 비동기식asynchronous이고, 블로킹되지 않으며non-blocking 이벤트 중심입니다. Node.js는 단일 스레드에서 여러 요청을 처리할 수 있다는 점에서 기존 백엔드 기술과 다릅니다.

Node.js 프로젝트가 생성되는 방법을 먼저 이해하겠습니다. 그 다음 Fabric이 제공하는 npm 모듈을 사용하여, 이 프로젝트를 Fabric 네트워크와 함께 작동하도록 확장하는 방법을 살펴보겠습니다.

우선, 컴퓨터에 Node.js를 설치해야 합니다. Node.js 프로젝트 작업에 유용한 커맨드라인 유틸리티인 npm도 함께 설치합니다.

Node.js가 설치되면 다음 명령을 실행하여 버전을 확인하십시오 :

```
node -v
npm -v
```

이제 다음 명령을 입력하여 Node.js 프로젝트를 작성하십시오 :

```
npm init
```

프로젝트 이름 요청과 같은 일련의 질문이 표시됩니다.

설치가 완료되면 파일이 생성된 것을 볼 수 있습니다. 그중 가장 중요한 것은 `package.json` 파일, 실행할 명령과 함께 프로젝트의 종속성을 선언할 파일입니다.

`package.json`에서 의존성[dependencies] 섹션을 볼 수 있습니다.

Node.js에는 어플리케이션 개발을 위한 많은 내장[built-in] 패키지가 있습니다. 이 중 중요한 패키지는 다음과 같습니다 :

- `http`
- `net`
- `fs`
- `os`

방금 구축한 저장소에 `hello.js`라는 JavaScript 파일을 만들고, 그 안에 다음 코드를 넣습니다. 아주 간단한 http 서버를 만드는 코드입니다 :

a. `hello.js`라는 파일을 만듭니다 :

```
var http = require('http');
http.createServer (function (req, res) {
    res.writeHead (200, {'Content-Type': 'text/html'});
      res.end ('Hello World!');
}).listen (8080);
```

b. 파일을 실행하려면 Node.js 명령 프롬프트를 열고 `node hello.js`를 입력하십시오.

c. 웹브라우저를 열고 `localhost:8080`을 입력한 뒤 결과를 확인합니다.

이것은 웹페이지를 제공하는 매우 기본적인 Node.js 프로젝트입니다. 다양한 패턴을 학습하면서 Node.js 명령어에 익숙해지는 것이 좋습니다.

Node.js는 함수형 프로그래밍functional programming 패러다임을 가능하게 하는 JavaScript이므로 함수형 프로그래밍에 대한 경험을 쌓는 것도 좋습니다. 여기서 함수는 일급 객체first class object입니다.

오류가 발생하기 쉬운 코드를 작성하는 대신, 표준 코드를 작성하기 위해 Typescript 또는 es6 언어로 Node.js를 작성하는 것이 좋습니다.

Typescript에서 Node.js 코드를 작성하는 예제는 다음 저장소에서 참조할 수 있습니다. `https://github.com/Microsoft/TypeScript-Node-Starter`

다양한 적용 사례에 사용된 중요한 Node.js 모듈들을 다음 저장소에서 찾을 수 있습니다. `https://github.com/SateDev/awesome- nodejs.git`

인터넷에서 많은 Node.js 자료를 찾을 수 있습니다. 다만 올바른 자료를 선택하고 최대한 철저히 학습하십시오.

5. **Golang** : Golang으로 체인코드를 작성할 수도 있지만, 이 책에서는 Node.js로 작성하겠습니다. 클라이언트 역시 Node.js로 작성됩니다.

   `https://golang.org/`에서 Golang을 설치할 수 있습니다.

   Golang은 C와 같이 빠른 정적 타입 언어입니다. 스트럭쳐, 슬라이스, 맵 등의 데이터 구조를 제공합니다. Google이 개발했으며 훌륭한 가비지 콜렉션을 갖추고 있습니다.

   Golang은 습득하기에 좋은 프로그래밍 언어입니다.

Hyperledger 네트워크 생성 프로세스

이 단계는 Hyperledger 네트워크에 필요한 필수 바이너리 및 Fabric 이미지를 설치하도록 안내합니다.

Hyperledger Fabric을 사용하는 일반적인 프로세스는 다음 단계로 나눌 수 있습니다.

> 참고 : Hyperledger Fabric은 Ubuntu 또는 Mac OS를 사용하는 것이 좋습니다.

1. **모든 전제 조건 설치**
   a. Docker 및 Docker Compose(네트워크 실행용) :
      `https://docs.docker.com/install/linux/docker-ce/`에서 Docker를 설치하십시오.
      Ubuntu의 경우, 공식 사이트에 제공된 단계를 제대로 따라야 합니다. 그리고 최신 버전을 선택해야 합니다.
      `https://docs.docker.com/compose/install/`에서 Docker Compose를 설치하고, 최신 버전인지 확인하십시오.
   b. Git 설치 : `https://git-scm.com/book/en/v2/Getting-Started-Installing-Git`
      개인용 GitHub 저장소를 사용하는 경우, ssh 키를 생성했고 GitHub 계정에 추가했는지 확인하십시오.
   c. Golang(Fabric과 체인코드를 위해 설치) :
      운영체제에 맞추어 Golang을 설치하십시오. :
      `https://golang.org/doc/install`
      환경 변수 내에서 경로 설정을 확인하십시오 :
      `https://github.com/golang/go/wiki/SettingGOPATH`
   d. Node.js(Node.js SDK와 체인코드를 위해 설치) :
      다음 경로를 통해 Node.js를 설치하십시오 :
      `https://nodejs.org/en/download/`

e. Curl (바이너리를 가져오기 위해 설치) :

웹에서 리소스를 가져오는 커맨드 라인 유틸리티입니다 :

`https://curl.haxx.se/download.html`

f. Java(체인코드 또는 클라이언트 어플리케이션 작성을 위해 설치)

g. Fabric 샘플을 다음 경로에서 가져옵니다:

`https://github.com/hyperledger/fabric-samples.git`

이들 중 일부는 개발 목적으로만 필요합니다. 네트워크 설계 및 기타 요구 사항에 따라 구성 파일을 작성하려면, 다음 세 가지 구성 파일이 필요합니다 :

a. `configtx.yml`

b. `crypto-config.yml`

c. `docker-compose files`

```
Configtx.yml:
```

이 구성 파일은 기관 정의, 프로파일 정의 등으로 구성되며, 기관 구조, 채널 세부 사항, 프로파일 세부 사항 등을 정의합니다.

2. 필요한 모든 바이너리를 가져오기 :

Hyperledger Fabric은 인증서 생성, 채널 아티팩트 생성 등과 같은 중요한 작업을 쉽게 수행하도록 여러 바이너리를 제공합니다.

a. Configtxgen : 채널 관련 작업 및 검사를 처리하는 도구입니다. 기본적으로 채널 정의 및 네트워크 프로파일을 포함하는 `configtx. yaml`이라는 파일에 의존합니다.

자세한 정보는 다음 링크에서 확인할 수 있습니다.

`https://hyperledger-fabric.readthedocs.io/en/release-1.4/commands/configtxgen.html?highlight=configtx.yaml`

b. Configtxlator : 대부분의 네트워크 설정 정보는 블록 또는 제네시스 블록 형태의 Protobuf로 원장에 저장됩니다. 이 도구는 네트워크 설정정보를

JSON 포맷으로 디코딩/인코딩합니다.

이것은 REST HTTP 서버와 CLI 두 가지 종류로 제공됩니다.

c. Cryptogen : 개발 목적으로 네트워크를 쉽게 설정하고 테스트하기 위해 암호키 자료를 생성하는 유틸리티입니다. 실제 제품에는 사용되지 않습니다.

d. Idemixgen : 이전 장에서 설명한 것처럼, 설정에 기반한 MSP 생성을 위한 유틸리티로 버전 1.3부터 등장했습니다.

e. 피어 Fabric CA와 오더러 바이너리는 특정 공통 작업을 수행합니다.

3. 암호화 파일 생성 :

Docker Compose 파일을 사용하면 한 컨테이너를 제외하고 모두 구동에 실패합니다. MSP 인증서가 누락되었기 때문입니다.

따라서 첫 번째 단계는 cryptogen 도구에 `crypto-config.yml`이라는 구성 파일을 제공하여 인증서를 생성합니다. `crypto-config.yaml` 파일에는 이전에 설명한 것과 같은 암호화 구성 정보가 있습니다. cryptogen 도구는 별도의 폴더에 인증서를 생성합니다.

4. 필요한 모든 Docker 이미지 가져오기 :

암호화 자료를 생성한 뒤, 네트워크를 시작합니다. 컨테이너들로 네트워크를 설계한 내용에 따라, Hyperledger Docker 허브 저장소에서 이미지를 가져와야 합니다. `https://hub.docker.com/u/hyperledger/`

Fabric 네트워크 관련 이미지 :

- Peer (기관 내 피어들을 위한 이미지)
- Orderer (기관의 오더러를 위한 이미지)
- Ccenv (체인코드 환경을 위한 이미지)
- CLI (네트워크 관련 작업을 위한 이미지)

CA 관련 이미지 :

- Fabric CA (인증 기관 서버를 위한 이미지)

네트워크에 필요한 외부 이미지 :

- CouchDB (상태 데이터베이스로 활용되는 이미지)
- Kafka (합의를 위한 이미지)
- Zookeeper (합의를 위한 이미지)

필요한 Fabric 버전에 따라 각각 독립적으로 가져올 수 있도록 태그가 지정되어 있습니다.

5. 네트워크 시작 :

   네트워크를 부트스트랩 하는데 필요한 마지막 단계입니다. Docker Compose의 서비스 정의 및 기타 구성 선언에 따라 네트워크가 시작됩니다. 이 시점에서 모든 컨테이너가 작동해야 하고 Docker Compose가 지정된 이름으로 식별됩니다. 또한 노출된 포트의 매핑은 Docker Compose YML 파일에서 제어합니다.

네트워크 실습

이 섹션에서는 Hyperledger 네트워크 설정을 살펴보겠습니다. 또한 채널 생성, 체인코드 설치, 체인코드 초기화 및 체인코드 질의 기능을 살펴보겠습니다.

다음 섹션에서는 Fabric Node.js SDK로 작업할 때 SDK에서 이 모든 작업을 수행하는 방법을 배웁니다. Hyperledger의 구동 과정이 궁금한 독자라면, 이 섹션에서 다루는 첫 번째 네트워크 설정이 이상적입니다.

계속하기 전에, 이전 섹션에 언급된 모든 전제 조건을 따르고 설치했는지 확인하십시오. 제대로 따르지 않으면 오류가 발생할 가능성이 높습니다. 다음 단계로 진행하기 전에 확인해야 할 중요 사항은 다음과 같습니다 :

- 최신 버전의 Docker 및 Docker Compose가 설치되어 있는지 확인하십시오.

- Golang이 설치되어 있는지 확인하십시오.
- Fabric 샘플 저장소 `https://github.com/hyperledger/fabric-samples`를 복제하고 텍스트 편집기(Visual studio code와 같은)로 해당 코드가 열리는지 확인하십시오.

다음 명령을 사용하여 위의 전제 조건 및 버전 정보를 확인할 수 있습니다 :

```
docker -v
docker-compose -v
go version
```

Command not found와 같은 에러가 아닌, 제대로 된 버전 정보가 출력되어야 합니다. 에러가 있다면, 이전 단계로 돌아가서 각 전제 조건이 올바르게 설치되었는지 확인하십시오.

이제 네트워크 구축 과정을 수행합니다.

먼저 네트워크를 시작하고 공통 작업을 수행하십시오.

이때 디렉토리를 하나 만들어서 작업을 시작하는 것이 좋습니다.

터미널이나 Git Bash를 시작하고 다음 명령을 입력하십시오 :

```
mkdir fabric-tutorial
cd fabric-tutorial
```

동일한 터미널에서 다음 단계를 따르십시오. 그동안 Visual Studio code에 띄워 놓았던 기존 코드를 계속 유지하십시오. 중간에 참조 및 추가 설명을 위해 다시 보게 될 것입니다.

1. 최신 Docker 이미지와 바이너리를 가져옵니다.
   여기에서 가장 중요한 단계는, 필요한 모든 이미지와 바이너리 파일을 로컬로 가져오는 것입니다.

두 가지 방법을 사용할 수 있습니다. 첫 번째 방법은 쉘 스크립트를 사용하는 것이고, 두 번째 방법은 Git 저장소를 작성하는 것입니다. 첫 번째 방법을 따르는 것이 더 쉽고 시간을 절약할 수 있습니다.

a. 부트스트랩 쉘 파일 사용 :

터미널에서 다음 명령을 실행하십시오. 만약 cURL이 없다면 `https://curl.haxx.se/download.html`에서 설치하십시오.

```
curl -sSL http://bit.ly/2ysbOFE | bash -s 1.4.0
```

이 스크립트는 다음 기능을 수행합니다.

a. 앞에서 설명한 Fabric 샘플 저장소를 복제합니다.
b. `configtxgen`, `cryptogen` 등과 같은 바이너리를 가져와서 이전 단계에서 복제한 `fabric-samples` 폴더 안의 `bin` 폴더에 넣습니다.
c. 모든 이미지를 가져와서 특정 버전(예 : 1.4.0)으로 태그를 지정합니다.

이 스크립트를 성공적으로 실행하면 터미널에서 친숙한 결과가 나타납니다.

이제 모든 이미지와 바이너리를 성공적으로 가져왔습니다. 명령 프롬프트에 다음 명령을 입력하면 Docker 이미지들이 표시되어야 합니다 :

```
Docker images
```

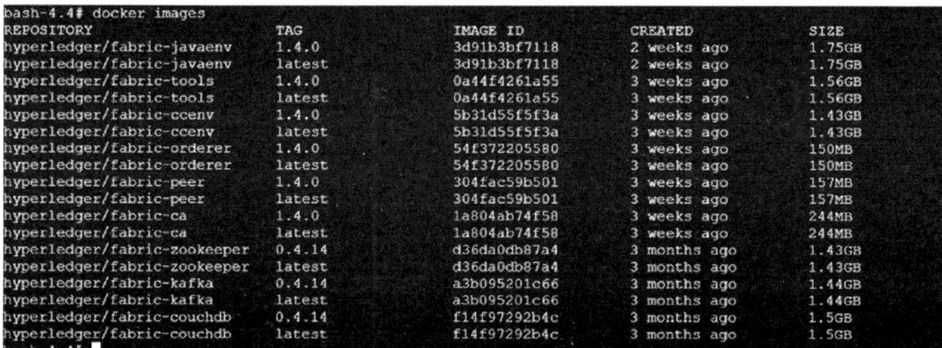

▌그림 4.11▐

fabric-samples 폴더 내부를 터미널로 살펴보겠습니다 :

```
cd fabric-samples/bin && ls
```

사용 가능한 바이너리는 다음과 같습니다.

| 그림 4.12 |

이 도구들은 인증서, 채널 트랜잭션 등을 생성하는데 사용됩니다. 실행 경로에 추가해 봅시다. 사용중인 운영체제에 따라 경로 변수에 항목을 추가하는 방법이 다릅니다. Ubuntu에서 하는 방법을 보겠습니다.

먼저, 명령 프롬프트에 다음 명령을 입력하여 bin 디렉토리에서 폴더 경로를 찾으십시오 :

```
pwd
```

출력된 디렉토리 경로를 복사하십시오 :

```
export PATH=<위에서 pwd 명령어를 수행한 결과값>:$PATH
```

다음과 비슷하게 보일 것입니다 :

```
export PATH=/root/fabric-samples/bin/:$PATH
```

다음 명령을 실행하여 경로에 추가되었는지 확인할 수 있습니다 :

```
cryptogen --help
```

아래 그림과 같은 결과가 표시되어야 합니다. "**cryptogen is not recognized**"와 같은 오류가 발생한다면 경로에 추가되지 않은 것입니다.

```
bash-4.4# cryptogen --help
usage: cryptogen [<flags>] <command> [<args> ...]

Utility for generating Hyperledger Fabric key material

Flags:
  --help  Show context-sensitive help (also try --help-long and --help-man).

Commands:
  help [<command>...]
    Show help.

  generate [<flags>]
    Generate key material

  showtemplate
    Show the default configuration template
```

| 그림 4.13 |

`https://labs.play-with-docker.com/`에서 위 단계를 실행하는 경우, 해당 바이너리를 실행할 패키지가 없습니다. 필요한 패키지를 설치하기 위해 `https:// github.com/sgerrand/alpine-pkg-glibc#installing`의 단계를 따릅니다. 그러나 로컬 머신이나 VM에서 실행 중인 경우에는 문제가 되지 않습니다.

2. 암호화 자료 및 채널 구성 파일을 생성하십시오.

> 참고 : first-network 폴더에서 byfn.sh 스크립트를 사용하여 모든 작업을 수행할 수 있지만, 네트워크 구성을 파악하기 위해 수동으로 각 단계를 수행합니다.

이제 모든 바이너리를 사용할 수 있습니다. 다음으로 넘어 갑시다.

저장소(repository, repo)를 복제한 코드 편집기에서 first-network 저장소에 집중합시다. 지금까지는 이 저장소를 참조만 했지만, 다음 섹션에서는 적용 사례를 위해 해당 저장소를 사용할 것입니다.

다음으로 네트워크의 모든 개체에 대한 암호화 자료인 인증서를 생성해야 합니다. 인증서를 생성하려면 앞에서 설명한 것처럼 `crypto-config.yaml`을 작성해야 합니다.

다음과 같이 first-network 폴더에서 `crypto-config.yml`을 볼 수 있습니다.

```
# ---------------------------------------------------------------
------
# "OrdererOrgs" - Definition of organizations managing orderer
nodes
# ---------------------------------------------------------------
------
OrdererOrgs:
  # -------------------------------------------------------------
------
  # Orderer
  # -------------------------------------------------------------
------
  - Name: Orderer
    Domain: example.com
    # -----------------------------------------------------------
------
    # "Specs" - See PeerOrgs below for complete description
    # -----------------------------------------------------------
------
    Specs:
      - Hostname: orderer
# ---------------------------------------------------------------
------
# "PeerOrgs" - Definition of organizations managing peer nodes
# ---------------------------------------------------------------
------
PeerOrgs:
  # -------------------------------------------------------------
------
  # Org1
  # -------------------------------------------------------------
------
  - Name: Org1
    Domain: org1.example.com
    EnableNodeOUs: true
```

```
    # ---------------------------------------------------------------
------
    # "Specs"
    # ---------------------------------------------------------------
------
    # Uncomment this section to enable the explicit definition
      of hosts in your
    # configuration. Most users will want to use Template, below
    #
    # Specs is an array of Spec entries. Each Spec entry consists
      of two fields:
    #   - Hostname: (Required) The desired hostname, sans the
          domain.
    #   - CommonName: (Optional) Specifies the template or
          explicit override for
    #              the CN. By default, this is the template:
    #
    #                    "{{.Hostname}}.{{.Domain}}"
    #
    #              which obtains its values from the Spec.Hostname and
    #                Org.Domain, respectively.
    # ---------------------------------------------------------------
------
    # Specs:
    #   - Hostname: foo # implicitly "foo.org1.example.com"
    #     CommonName: foo27.org5.example.com # overrides
          Hostname-based FQDN set above
    #   - Hostname: bar
    #   - Hostname: baz
    # ---------------------------------------------------------------
------
    # "Template"
    # ---------------------------------------------------------------
------
    # Allows for the definition of 1 or more hosts that are
      created sequentially
```

```
    # from a template. By default, this looks like "peer%d" from
      0 to Count-1.
    # You may override the number of nodes (Count), the starting
      index (Start)
    # or the template used to construct the name (Hostname).
    #
    # Note: Template and Specs are not mutually exclusive. You
      may define both
    # sections and the aggregate nodes will be created for you.
      Take care with
    # name collisions
    # --------------------------------------------------------------
------
    Template:
        Count: 2
        # Start: 5
        # Hostname: {{.Prefix}}{{.Index}} # default
    # --------------------------------------------------------------
------
    # "Users"
    # --------------------------------------------------------------
------
    # Count: The number of user accounts _in addition_ to Admin
    # --------------------------------------------------------------
------
    Users:
        Count: 1
  # ----------------------------------------------------------------
------
  # Org2: See "Org1" for full specification
  # ----------------------------------------------------------------
------
  - Name: Org2
    Domain: org2.example.com
    EnableNodeOUs: true
```

```
Template:
    Count: 2
Users:
    Count: 1
```

위 코드에서 볼 수 있듯이 `OrdererOrgs` 섹션은 조직의 오더러와 관련된 정보를 정의합니다.

`PeerOrgs` 섹션에는 `Org1`과 `Org2`라는 두 기관이 정의되어 있습니다.

Template 섹션에서는 암호화 자료가 필요한 피어의 갯수를 정의합니다.

이제 first-network 폴더에서 `crypto-config.yaml`을 사용할 수 있으므로 cryptogen 도구와 함께 사용하여 인증서를 생성하겠습니다.

다음 명령을 실행하십시오 :

```
cryptogen generate --config=./crypto-config.yaml
```

first-network 디렉토리에 crypto-config 폴더가 생성됩니다. 내용은 그림 4.14와 같아야 합니다. YAML 파일에서 지정한 것처럼, 오더러와 피어를 위한 두 개의 디렉토리가 생성되었습니다. `example.com` 네트워크에서 생성된 PEM[Privacy Enhanced Mail] 인증서 폴더를 볼 수 있습니다. 이 인증서는 네트워크에서 피어의 유효성을 검사하는데 사용됩니다.

❙ 그림 4.14 ❙

이 폴더는 피어 및 오더러가 컨테이너 내부에서 사용할 수 있도록 Docker 컨테이너 볼륨에 마운트된 폴더입니다.

3. Docker Compose YAML을 사용하여 네트워크를 시작하십시오.

다음으로 YAML에서 채널과 관련된 아티팩트를 생성하려면 configtx.yaml을 작성해야 합니다. first-network 저장소에 이 파일이 존재합니다. 참고하기 위해 편집기로 해당 파일을 열어봅니다.

Configtx.yaml은 세 개의 섹션을 정의합니다. 첫 번째로 기관 섹션은 OrdererOrg, Org1 및 Org2와 관련된 설정을 정의합니다. 기관의 이름, ID, MSP 디렉토리 경로, 정책, 앵커 피어 등과 같은 속성을 정의합니다.

각 정의 앞에 "&"가 있습니다(예 : &OrdererOrg). 이 구문은 YAML 전용이며, 포인터 같은 것입니다. 즉, *OrdererOrg를 사용하면 YAML 파일의 다른 위치에서 이 오더러 정의를 참조할 수 있습니다.

또 다른 중요한 섹션은 프로필입니다. 프로필 섹션 내에 명시된 정의를 기반으로 configtxgen 도구가 채널과 관련된 아티팩트(제네시스 블록 등)를 생성합니다 :

```
######################################################################
#########
#
#   Profile
#
#   - Different configuration profiles may be encoded here to
be specified
#   as parameters to the configtxgen tool
#
######################################################################
#########
Profiles:

    TwoOrgsOrdererGenesis:
        <<: *ChannelDefaults
        Orderer:
            <<: *OrdererDefaults
            Organizations:
```

```
            - *OrdererOrg
        Capabilities:
            <<: *OrdererCapabilities
    Consortiums:
        SampleConsortium:
            Organizations:
                - *Org1
                - *Org2
TwoOrgsChannel:
    Consortium: SampleConsortium
    Application:
        <<: *ApplicationDefaults
        Organizations:
            - *Org1
            - *Org2
        Capabilities:
            <<: *ApplicationCapabilities

SampleDevModeKafka:
    <<: *ChannelDefaults
    Capabilities:
        <<: *ChannelCapabilities
    Orderer:
        <<: *OrdererDefaults
        OrdererType: kafka
        Kafka:
            Brokers:
            - kafka.example.com:9092

        Organizations:
        - *OrdererOrg
        Capabilities:
            <<: *OrdererCapabilities
    Application:
        <<: *ApplicationDefaults
```

```
        Organizations:
        - <<: *OrdererOrg
    Consortiums:
        SampleConsortium:
            Organizations:
            - *Org1
            - *Org2
```

testchannel이라는 채널을 위한 아티팩트를 생성하겠습니다.

그전에 오더러 시스템 채널에 대한 아티팩트를 생성해야 합니다. 오더러 시스템 채널은 오더러의 작동에 필요합니다 :

```
configtxgen -profile TwoOrgsOrdererGenesis -channelID byfn-sys-channel -outputBlock ./channel-artifacts/genesis.block
```

이전 명령에서, configtxgen 프로파일의 이름(configtxgen.yaml에 정의된 채널 ID)과 아티팩트를 저장할 출력 폴더 이름을 전달합니다.

명령을 수행한 결과로 channel-artifacts 폴더 내에 genesis.block 파일이 생성되어야 합니다.

다음 명령을 실행하여 channel.tx 파일을 생성하겠습니다. twoOrgsChannel에 정의된 구성을 사용합니다.

```
configtxgen -profile TwoOrgsChannel -outputCreateChannelTx ./channel-artifacts/channel.tx -channelID testchannel
```

채널의 앵커 피어를 위한 TX 파일을 생성합니다.

```
configtxgen -profile TwoOrgsChannel -outputAnchorPeersUpdate ./channel-artifacts/Org1MSPanchors.tx -channelID testchannel -asOrg Org1MSP
```

이제 org2를 위해 이전 명령을 다시 실행하십시오.

```
configtxgen -profile TwoOrgsChannel -outputAnchorPeersUpdate
./channel-artifacts/Org2MSPanchors.tx -channelID testchannel
-asOrg Org2MSP
```

채널에 필요한 모든 파일들은 `channel-artifacts`에 있습니다.

```
bash-4.4# ls
Org1MSPanchors.tx  Org2MSPanchors.tx  channel.tx         genesis.block
bash-4.4#
```

| 그림 4.15 |

4. Docker Compose 파일을 사용하여 네트워크를 시작하십시오.

   crypto-config 폴더와 채널 아티팩트가 생성되었으므로 Docker Compose YAML 파일을 작성하여 네트워크를 시작할 차례입니다. `first-network` 폴더에 많은 것을 작성했기 때문에 요구 사항에 따라 Solo, Kafka, CouchDB 등을 사용할 수 있습니다.

   폴더의 `docker-compose-cli.yml`을 사용해 네트워크를 시작합니다. 이 compose 파일을 조사하면 서비스 정의가 어떻게 제공되는지 이해할 수 있습니다. base 폴더에서 사용 가능한 Docker Compose 파일도 사용합니다. 구동하기 위한 필요 요소들은 모두 언급하였습니다. 이제 시작하겠습니다:

```
IMAGE_TAG=latest docker-compose -f docker-compose-cli.yaml up -d
```

   이미지 섹션에 사용된 `IMAGE_TAG=latest`을 먼저 전달하고, up 명령을 사용하여 네트워크를 시작합니다.

   터미널에서 `docker ps`를 실행하여 다음 출력을 확인하십시오:

```
bfa0505631f        hyperledger/fabric-tools:latest                                                                 "/bin/bash"
      45 minutes ago      Up 44 minutes                                                         cli
7a01aed098c        hyperledger/fabric-peer:latest                                                                  "peer node start
      45 minutes ago      Up 44 minutes       0.0.0.0:10051->7051/tcp, 0.0.0.0:10053->7053/tcp   peer1.org2.example.com
03c70aeefd1        hyperledger/fabric-peer:latest                                                                  "peer node start
      45 minutes ago      Up 44 minutes       0.0.0.0:8051->7051/tcp, 0.0.0.0:8053->7053/tcp     peer1.org1.example.com
337e539a3d0        hyperledger/fabric-peer:latest                                                                  "peer node start
      45 minutes ago      Up 44 minutes       0.0.0.0:9051->7051/tcp, 0.0.0.0:9053->7053/tcp     peer0.org2.example.com
e94a64dcada        hyperledger/fabric-peer:latest                                                                  "peer node start
      45 minutes ago      Up 44 minutes       0.0.0.0:7051->7051/tcp, 0.0.0.0:7053->7053/tcp     peer0.org1.example.com
dfc6b56cf68        hyperledger/fabric-orderer:latest                                                               "orderer"
      45 minutes ago      Up 44 minutes       0.0.0.0:7050->7050/tcp                             orderer.example.com
ash-4.4#
```

| 그림 4.16 |

5. 채널을 생성하고 체인코드를 설치, 초기화 및 조회하십시오.

CLI 컨테이너가 제공하는 API를 살펴봅시다.

다음 명령을 실행하십시오 :

```
docker exec -it cli bash
```

실행 결과, CLI 컨테이너 내부로 이동합니다.

이제 다음 명령을 입력하십시오 :

```
peer channel -help
```

그림 4.17과 같이, 채널 관련 작업에 사용 가능한 모든 명령이 표시됩니다 :

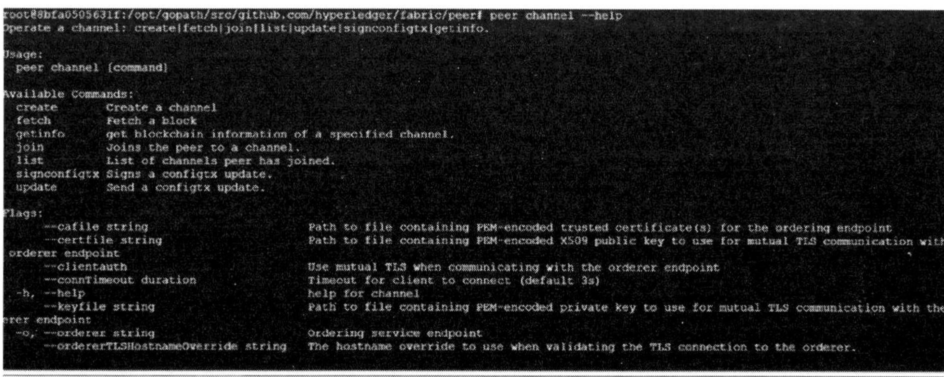

❙ 그림 4.17 ❙

예를 들어, 채널을 생성하려면 다음 명령을 실행합니다.

```
peer channel create -o orderer.example.com:7050 -c
dummyChannel-f ./channel-artifacts/channel.tx
```

이 명령은 오더러 서비스 정보 채널 이름 및 아티팩트 파일 이름을 사용합니다.

다음으로, 체인코드에 사용 가능한 CLI의 공통 명령어를 보려면 CLI 컨테이너 내부에서 다음 명령을 수행하십시오 :

```
peer chaincode -help
```

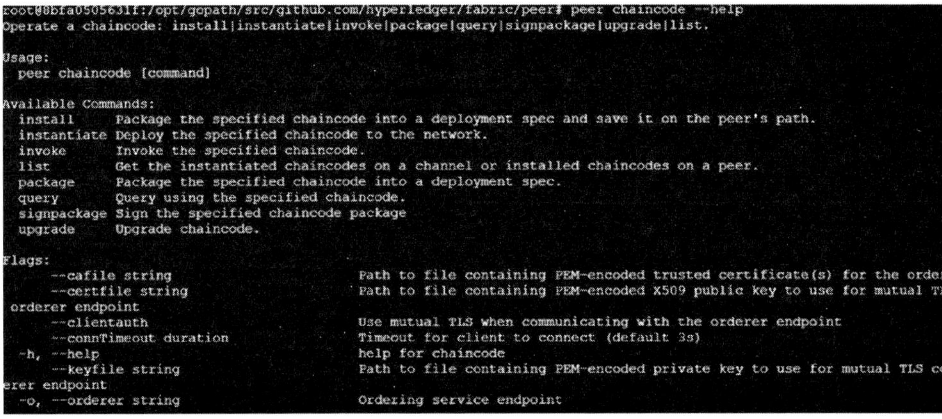

▌그림 4.18▐

예를 들어, 체인코드를 설치하기 위해 다음 명령을 실행합니다 :

```
peer chaincode install -n [chaincodename] -v [1.1]
-l [Golang/nodejs] -p [chaincodePath]
```

위 명령은 체인코드 이름, 버전, 작성 언어 및 체인코드 경로와 같은 매개 변수를 사용합니다.

```
peer -help
```

위 명령은 CLI에서 사용 가능한 다른 모든 작업(로깅, 버전 등)을 표시합니다.

이제 다음 작업을 수행하겠습니다.

1. `testchannel`이라는 채널을 만드십시오.
2. 모든 피어를 추가하십시오.
3. `org1`에서 앵커 피어를 업데이트하십시오.
4. `org2`에서 앵커 피어를 업데이트하십시오.

5. org1과 org2의 peer0 노드에 체인코드를 설치하십시오.
6. peer0에서 체인코드를 초기화하십시오.
7. peer0에서 체인코드 질의를 수행하십시오.

모든 스크립트는 **scripts** 폴더에 있습니다. 쉘 프로그래밍이나 기타 프로그래밍 언어를 알고 있으면, 터미널을 열어 스크립트를 읽을 수 있습니다.

스크립트를 CLI 컨테이너 외부에서 실행하겠습니다. 스크립트에 채널 이름인 test-channel, 타임아웃 매개 변수, 프로그래밍 언어, 로그 설정 등을 전달합니다 :

```
docker exec cli scripts/script.sh testchannel 3 golang 10 true
```

이 스크립트는 위에 정의된 모든 단계를 실행합니다. 스크립트가 성공적으로 실행되면 적절한 종료 메시지가 나타납니다.

그러면 fabric-sample 저장소에 있는 chaincode_example02/go 폴더에서 체인코드가 설치됩니다.

chaincode_example02/node에 있는 Node.js 체인코드에서 설치 체인코드를 실행하겠습니다. 편집기를 열어 체인코드 폴더에 있는 이 체인코드 컨트랙트를 검토할 수 있습니다.

1. chaincode_example02/node에서 Node.js 체인코드 설치 :

   다음 명령을 사용하여 CLI 컨테이너로 들어가십시오 :

   ```
   docker exec -it cli bash
   ```

   다음 명령을 수행하십시오 :

   ```
   cd /opt/gopath/src/github.com/chaincode
   ```

   사용 가능한 컨테이너 내부의 모든 체인코드를 볼 수 있습니다. 이 폴더는 로컬 머신의 체인코드 폴더와 동일합니다.

peer chaincode install 명령을 사용하여 체인코드를 설치하십시오 :

```
peer chaincode install -n testcc -v 1.1 -l node -p /opt/gopath/
src/github.com/chaincode/chaincode_example02/node/
```

위 명령에서는 체인코드 이름으로 testcc를 지정하고 버전은 1.1을 선택했습니다. 언어를 Node.js로 지정했으며 path는 이 컨테이너 내부의 체인코드 경로입니다.

다음과 같은 출력이 표시되어야 합니다. 이 체인코드는 스크립트를 사용하여 만든 동일 채널인 testchannel에 설치됩니다 :

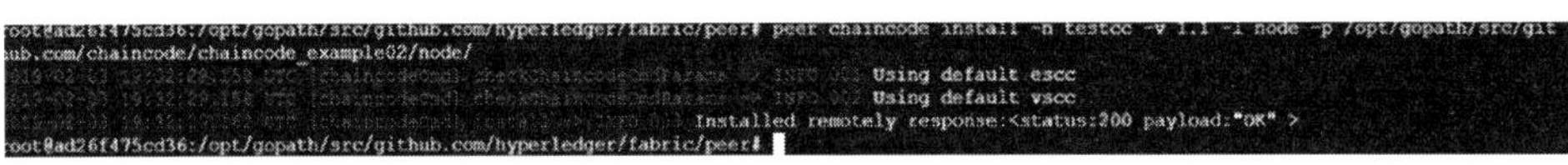

▌그림 4.19▐

이 피어는 org1의 peer0 노드에 설치되었습니다. 이제 동일 조직의 peer1에 동일 피어를 설치해야 합니다.

마지막으로 실행한 명령에서 피어 주소와 MSP 세부 정보를 명시하지 않았습니다. 이미 peer0 주소를 가리키고 있기 때문입니다.

체인코드를 설치하기 전에, org1의 peer1을 가리키도록 환경 변수를 변경합시다. 다음 명령을 실행하십시오 :

```
export CORE_PEER_ADDRESS=peer1.org1.example.com:7051
```

그리고 이전과 동일한 체인코드 설치 명령을 다시 실행하십시오 :

```
peer chaincode install -n testcc -v 1.1 -l node -p /opt/gopath/
src/github.com/chaincode/chaincode_example02/node/
```

org2에 대해서도 동일한 단계를 다시 실행해야 합니다. org2의 peer0과

peer1에 설치하기 전에, MSP 디렉토리 경로와 인증서 세부 정보를 변경해야 합니다.

env 변수를 변경합시다.

```
CORE_PEER_LOCALMSPID="Org2MSP" CORE_PEER_MSPCONFIGPATH=/opt/
gopath/src/github.com/hyperledger/fabric/peer/crypto/
peerOrganizations/org2.example.com/users/Admin@org2.example.
com/msp

CORE_PEER_TLS_ROOTCERT_FILE=/opt/gopath/src/github.com/hyperl
edger/fabric/peer/crypto/peerOrganizations/org2.example.com/
peers/peer0.org2.example.com/tls/ca.crt
```

이제 org2의 peer0을 가리키도록 피어 주소를 변경하십시오 :

```
CORE_PEER_ADDRESS = peer0.org2.example.com:7051
```

이전 명령을 다시 실행하여 peer0에 체인코드를 설치하십시오.

마찬가지로 peer1에 대해서도 수행하십시오.

이제 모든 피어에 체인코드가 설치되었습니다. 이 체인코드를 초기화하겠습니다.

2. 체인코드 초기화 :

   먼저 기본 env 설정을 위해 CLI을 종료합니다.

   그 다음, docker exec -it cli bash 명령을 실행하십시오 :

```
peer chaincode instantiate -o orderer.example.com:7050 --tls
true --cafile /opt/gopath/src/github.com/hyperledger/fabric/
peer/crypto/ordererOrganizations/example.com/orderers/orderer
.example.com/msp/tlscacerts/tlsca.example.com-cert.pem -C
mychannel -n testcc -l node -v 1.1 -c '{"Args":["init", "a",
"100", "b", "200"]}' -P "AND ('Org1MSP.peer', 'Org2MSP.peer')"
```

env 변수의 변경 프로세스를 따르고 적절하게 업데이트하십시오. 그리고 모든 피어에 대해 이 명령을 다시 실행하십시오.

3. 체인코드 질의 :

이제 a의 값에 대한 체인코드 질의를 수행하겠습니다.

다음 명령을 실행하십시오.

```
peer chaincode query -C mychannel -n testcc -c
'{"Args":["query", "a"]}'
```

결과 값으로 100을 반환할 것입니다.

4. 체인코드 업그레이드 :

체인코드를 업그레이드하기 전에 새 버전을 설치하겠습니다. 이 버전을 1.3으로 지정했습니다 :

```
peer chaincode install -n testcc -v 1.3 -l node -p /opt/gopath/
src/github.com/chaincode/chaincode_example02/node/
```

모든 노드에 설치하는 대신, 테스트를 위해 peer0에서만 업그레이드하겠습니다. 다음 명령을 사용합니다.

```
peer chaincode upgrade -o orderer.example.com:7050 --tls true
--cafile /opt/gopath/src/github.com/hyperledger/fabric/peer/
crypto/ordererOrganizations/example.com/orderers/orderer.
example.com/msp/tlscacerts/tlsca.example.com-cert.pem -C
mychannel -n testcc -l node -v 1.3 -c '{"Args":["init", "a",
"90", "b", "200"]}' -P "AND ('Org1MSP.peer', 'Org2MSP.peer')"
```

마지막으로, 체인코드 질의를 수행합니다.

```
peer chaincode query -C mychannel -n testcc --c '{" a"]}'
```

90이라는 결과값이 표시됩니다.

이제, 배포된 체인코드를 업그레이드하는 방법을 배웠습니다.

초기화와 비슷한 호출invoke 명령을 실행할 수 있습니다. 참조 파일 `scripts/util.sh`를 조사하여 실행 방법을 이해할 수 있습니다.

또한 여러분의 체인코드를 자성하여 체인코드 폴더 안에 넣고 동일한 단계를 실행하여 작업 수행 방식을 파악해야 합니다.

연습삼아 다음 단계를 한번 수행해 보십시오 :

a. 새 채널 `marbles_trade_channel`을 만들고 새 조직을 추가하십시오. 필요한 아티팩트는 `org3-artifacts` 폴더에 생성되었습니다.
b. `chaincode/marbles02` 폴더에 있는 marbles 체인코드를 설치하십시오.
c. 체인코드를 초기화하십시오.
d. 체인코드를 호출하십시오.
e. 체인코드에 질의해서 최신 값을 가져오십시오.

`scripts` 폴더에 있는 스크립트를 적절히 사용하십시오.

요약

이 장에서는 Hyperledger Fabric 네트워크를 조금 더 상세히 살펴보았습니다. 먼저, 예제를 통해 네트워크 토폴로지와 모델링을 이해했습니다. 또한 신뢰 생태계Trusted ecosystem에서 네트워크가 어떻게 구성되는지를 설명했습니다. Linux 재단에서 호스팅하는 다양한 프레임워크 및 도구를 살펴보았습니다. Docker, Node.js 등과 같은 전제 조건도 살펴보았습니다. Docker에 대한 지식이 얼마나 중요한지를 알았으며, Docker로 시스템을 구축하면서 기술 관점에서 살펴보았습니다. 또한 Fabric GitHub 예제를 통해 첫 번째 네트워크를 만들었습니다. 실무 경험을 통해 네트워크를 심도있게 알게 되었으며, 체인코드의 설치, 호출 및 초기화와 같은 공통 작업을 수행했습니다. 네트워크 구성을 자세히 이해하기 위해서, 번거롭지만 모든 작업을 CLI를 통해 수행했습니다. 다음 장에서는 클라이언트 SDK를 사용한 블록체인 네트워크 접근 방법을 살펴봅니다. 그리고 작업을 수행하기 위한 클라이언트를 개발하겠습니다.

참고문헌

- https://hyperledger-fabric.readthedocs.io/
- https://en.wikipedia.org/wiki/Zero-knowledge_proof

CHAPTER 5

Hyperledger Fabric의 체인코드

이번 장에서는 체인코드 개발에 대해 자세히 배우겠습니다. 특히, 개발자와 운영자의 관점에서 체인코드를 살펴볼 것입니다. 체인코드 개발의 다양한 개념뿐만 아니라 여러 가지 패턴에 대해서도 다룹니다. 또한 기본 체인코드를 개발하고 상호 작용하는 법을 배웁니다. ERC-20 토큰을 구현하면서 체인코드 개발에 대해 자세히 배울 것입니다. Fabric 네트워크에서 사용 가능한 도구를 활용하여, 운영자가 체인코드에서 서로 다른 수명주기^lifecycle 작업을 수행하는 방법을 살펴보겠습니다.

이번 장에서 다룰 주제는 다음과 같습니다.

- 개발자를 위한 체인코드
- 운영자를 위한 체인코드

따라서 이번 장에서는, Hyperledger Fabric에서 체인코드를 작성, 배포 및 테스트하는 방법을 명확하게 이해할 것입니다.

체인코드의 간단한 설명

시작하기 전에 먼저 체인코드가 무엇인지 살펴보겠습니다.

체인코드는 퍼블릭 블록체인에서 스마트 컨트랙트라고 부르는 기술입니다. 스마트 컨트랙트는 Golang, Node.js, Solidity와 같은 언어로 작성된, 비즈니스 로직을 포함하는 프로그램입니다. 이 프로그램은 블록체인 네트워크에 배포되며, 일단 실행되면 명시적이던지 내재적이던지 관계없이 원장의 상태를 변경할 수 있습니다. 블록체인 네트워크의 가장 강력한 기능 중 하나로, Ethereum의 공동 창립자인 Vitalik Buterin에 의해 처음으로 대중화 되었습니다. Vitalik은 Ethereum 블록체인에 스마트 컨트랙트 기능을 도입했습니다.

Hyperledger에서는 이 기능을 체인코드라고 하며, Node.js, Golang 및 Java와 같은 프로그래밍 언어로 작성할 수 있습니다. 해당 언어를 지원하는 컨테이너 내부에서 체인코드가 구동됩니다.

이제 두 가지 관점에서 체인코드를 살펴보겠습니다.

- 개발자를 위한 체인코드
- 운영자를 위한 체인코드

개발자를 위한 체인코드

부동산에서의 자산 등록 및 관리라는 간단한 사용 사례를 통해 체인코드 개발 프로세스를 살펴봅시다.

요구 사항은 간단합니다. 자산 세부 정보 등록, 소유권 변경, 자산 세부 정보 질의, 그리고 자산에 대한 몇 가지 작업을 실행하는 스마트 컨트랙트를 작성해야 합니다. 물론 기능을 확장하여 상용 제품처럼 만들 수 있지만, 현재로서는 이러한 기본 기능만으로도 개발 프로세스를 이해할 수 있습니다.

우리는 TypeScript 언어로 Node.js용 체인코드를 작성할 것입니다. TypeScript는 네이티브 JavaScript보다 더 표준의 JavaScript로, JavaScript의 버그 발생을 줄입니다.

체인코드 작성 방법을 이해하려면 다음 단계를 따르십시오.

1. 새로운 프로젝트를 만듭니다.

2. 아래 명령어들로 npm 기반의 새 노드 프로젝트를 작성하십시오.

```
mkdir asset-registry
cd asset-registry
npm init -y
```

TypeScript로 체인코드를 개발하기 위해, 새로운 Node.js 프로젝트를 만들었습니다. 이 프로젝트를 Visual Studio Code에서 열어보겠습니다.

Hyperledger Fabric에서 Node.js 기반의 체인코드를 작성하기 위해서는 두 개의 npm 모듈이 필요합니다. 이에 대해서는 `https://fabric-shim.github.io/release-1.4/index.html`에 설명되어 있습니다. 이들 npm 모듈은 체인코드를 작성할 때 우리 프로젝트에서 구현해야 하는 인터페이스를 포함합니다. 이 npm 모듈을 package.json에 종속 항목dependencies으로 포함시키거나, 다음 명령을 실행해야 합니다 :

```
npm i --save fabric-contract-api
npm i --save fabric-shim
```

이 외에도 개발자에게 필요한 컴파일, 테스트 등과 같은 작업을 수행하기 위해 다른 패키지를 추가하겠습니다.

여기에는 `Chai`, `Mocha`, `ts-node`, `TypeScript` 등과 같은 전통적인 TypeScript 및 JavaScript 테스트 종속성이 포함됩니다.

`package.json` 파일에 모든 개발자 및 `devDependencies` 오브젝트를 추가하면 다음과 같이 표시됩니다 :

```
"dependencies": {
        "fabric-contract-api": "~1.4.0",
        "fabric-shim": "~1.4.0"
    },
    "devDependencies": {
        "@types/chai": "^4.1.7",
```

```
    "@types/mocha": "^5.2.5",
    "@types/node": "^10.12.10",
    "@types/sinon": "^5.0.7",
    "@types/sinon-chai": "^3.2.1",
    "chai": "^4.2.0",
    "mocha": "^5.2.0",
    "nyc": "^13.1.0",
    "sinon": "^7.1.1",
    "sinon-chai": "^3.3.0",
    "ts-node": "^7.0.1",
    "tslint": "^5.11.0",
    "typescript": "^3.1.6"
  }
```

그 다음, asset-registry 저장소에서 다음 명령어를 실행하십시오 :

```
npm i
```

이 명령은 npm에서 종속 항목을 가져오기 때문에, 실행을 완료하는데 약간의 시간이 걸립니다. 실행이 완료되면, 새로 생성된 node_modules 폴더 안에 모든 종속 항목이 설치됩니다.

> 참고 : TypeScript는 JavaScript를 기반으로 구축된 프로그래밍 언어입니다. JavaScript의 이상한 문제로 인한 함정을 피할 수 있도록 개발자에게 더 나은 프로그래밍 방법(객체 지향 프로그래밍, OOP)을 제공합니다.

코드를 작성한 뒤에 TypeScript 컴파일러를 사용하여 JavaScript로 변환해야 하므로, 전역 종속성global dependency으로 설치하는 것이 좋습니다. 이렇게 하려면 다음 명령을 실행하십시오 :

```
npm i -g typescript
```

이제 npm을 사용한 실행, 빌드 및 테스트와 같은 일반적인 작업을 수행하기 위해

package.json에 스크립트를 추가하겠습니다. 다음 내용을 복사하여 package.json의 scripts 객체에 삽입합니다 :

```
"scripts": {
    "lint": "tslint -c tslint.json 'src/**/*.ts'",
    "pretest": "npm run lint",
    "test": "nyc mocha -r ts-node/register src/**/*.spec.ts",
    "start": "fabric-chaincode-node start",
    "build": "tsc",
    "build:watch": "tsc -w",
    "prepublishOnly": "npm run build"
},
```

빌드 스크립트는 TypeScript 컴파일러를 사용하여 JavaScript로 빌드합니다.

전체 package.json은 다음과 같습니다 :

```
    {
      "name": "asset-registry",
      "version": "1.0.0",
      "description": "",
      "main": "dist/index.js",
      "scripts": {
          "lint": "tslint -c tslint.json 'src/**/*.ts'",
          "pretest": "npm run lint",
          "test": "nyc mocha -r ts-node/register src/**/*.spec.ts",
          "start": "fabric-chaincode-node start",
          "build": "tsc",
          "build:watch": "tsc -w",
          "prepublishOnly": "npm run build"
    },
      "keywords": [],
      "author": "",
      "license": "ISC",
```

```
    "dependencies": {
        "fabric-contract-api": "~1.4.0",
        "fabric-shim": "~1.4.0"
  },
  "devDependencies":  {
      "@types/chai": "^4.1.7",
      "@types/mocha": "^5.2.5",
      "@types/node": "^10.12.10",
      "@types/sinon": "^5.0.7",
      "@types/sinon-chai": "^3.2.1",
      "chai": "^4.2.0",
      "mocha": "^5.2.0",
      "nyc": "^13.1.0",
      "sinon": "^7.1.1",
      "sinon-chai": "^3.3.0",
      "ts-node": "^7.0.1",
      "tslint": "^5.11.0",
      "typescript": "^3.1.6"
  }
  }
```

체인코드를 작성하기 위해 Node.js 프로젝트를 설정했습니다.

체인코드를 작성하기에 앞서 사용 사례를 살펴봅시다.

부동산에 다음 속성들이 연결된 자산 등록 체인코드 어플리케이션을 구축하려고 합니다.

- 부동산 가치
- 부동산의 소유자
- 부동산 크기
- 부동산 위치
- 부동산 유형

이제 부동산과 관련된 공통 속성을 알게 되었습니다. 부동산을 모델링하기 위해 모델 파일을 작성하겠습니다.

asset-registry 폴더 안에 src 폴더를 만듭니다. src 폴더 안에 models라는 다른 폴더도 만듭니다. 비즈니스 로직을 작성하기 전에 자산을 모델링하는 것은 소프트웨어 개발에서 인기있는 패러다임입니다.

자산에 대한 모델을 만들기 위해, 클래스를 만들고 앞에서 설명한대로 모든 자산을 정의할 수 있습니다. models 폴더에 Asset.model.ts라는 파일을 만들고 앞에서 설명한 자산들로 AssetDetails 클래스를 작성하십시오.

```
export class AssetDetails  {
    public propertyArea: string;
    public location: string;
    public propertyNumber: string;
    public type: string;
    public ownerName: string;
    public value: number;
}
```

> 참고 : class 키워드 앞에 export를 사용했기 때문에, 체인코드 컨트랙트 내에서 이 클래스를 사용할 수 있습니다.

이제 모델을 정렬했으니 체인코드 작성을 시작하겠습니다.

property-contract.ts라는 파일을 작성하십시오.

먼저 노드 모듈 fabric-contract-api 및 Asset.model로부터 필요한 파일을 임포트합니다 :

```
import { Context, Contract } from 'fabric-contract-api';
import { AssetDetails } from './models/Asset.model';
```

그런 다음 이전에 익스포트 했던 Contract 클래스를 확장하여 PropertiesContract

클래스를 작성하십시오 :

```
export class PropertiesContract extends Contract {
}
```

비즈니스 로직을 작성할 준비가 되었습니다.

이제 해당 체인코드가 수행해야 할 기능을 살펴보겠습니다.

1. 초기 자산 정보가 포함된 원장을 만듭니다.
2. "Create a Property" 기능을 사용하여 더 많은 자산을 만드는 기능을 제공합니다.
3. 자산 ID를 기준으로 원장에 자산 질의를 수행합니다.
4. 인덱스를 기준으로 모든 자산을 질의할 수 있습니다.
5. 자산 소유자의 변경을 허용합니다.

자산 임대, 소유권 공유 등과 같은 기능을 추가할 수 있습니다. 우선 사용 사례를 만들어 봅시다 :

1. 몇 개의 기본 자산 정보가 포함된 초기 원장을 만듭니다.
    - 체인코드를 초기화 할 때 호출되는 `initLedger` 함수를 만듭니다 :

    ```
    public async initLedger(ctx: Context) {
    }
    ```

    - 초기 원장 데이터를 만들려면 초기 자산 데이터가 필요합니다. `initLedger` 안에 다음을 추가합니다 :

    ```
        const assets: AssetDetails[] = [
            {
                propertyArea: '1400 sqft.',
                ownerName: 'sam dave',
                value: 12332,
    ```

```
            location : '12 avenue, richar street, california',
        type: 'single',
        propertyNumber: 'P100001'
    },
    {
        propertyArea: '12400 sqft.',
        ownerName: 'john dave',
        value: 22330,
            location : '13 avenue, richar street, california',
        type: 'multiplex',
        propertyNumber: 'P100002'
    }
];
```

> 참고 : 이것은 두개의 등록 정보를 가지는 AssetDetails 타입의 임의의 데이터입니다.

이제 이 데이터를 원장에 하나씩 넣어야 합니다. Context 타입의 ctx라는 매개변수가 있습니다. Context 위에서 Ctrl 버튼을 클릭하면 다음과 같은 fabric-contract-api 모듈로 이동합니다 :

```
declare module 'fabric-contract-api' {
    import { ChaincodeStub, ClientIdentity } from 'fabric-shim'
    export class Context {
        stub: ChaincodeStub;
        clientIdentity: ClientIdentity;
    }
    export class Contract {
        constructor(name?: string);
        beforeTransaction(ctx : Context): Promise<void>;
        afterTransaction(ctx : Context,result: any): Promise<void>;
        unknownTransaction(ctx : Context): Promise<void>;
        createContext(): Context;
        getName(): string;
    }
```

```
    export function Transaction(commit?: boolean): (target:
                    any, propertyKey: string | symbol) => void;
    export function Returns(returnType?: string): (target: any,
                    propertyKey: string | symbol) => void;
    export function Object(type?: string): (target: any) => void;
    export function Info(info?: object): (target: any) => void;
    export function Property(name?: string, type?: string):
           (target: any, propertyKey: string | symbol) => void;
}
```

보시다시피, initLedger 함수에 매개변수로 전달된 Context 클래스에는 두개의 익스포트exported 멤버인 ClientIdentity와 ChaincodeStub이 있습니다. https://fabric-shim.github.io/release-1.4/fabric-shim.ChaincodeStub.html에 설명된 것처럼, 이들 멤버는 원장과의 상호 작용을 위한 여러 가지 함수를 포함하고 있습니다.

이 객체에서 사용할 수 있는 주요 메소드 중 하나는 putState입니다. 이 메소드를 반복 호출하여 모든 자산을 원장 내부에 하나씩 배치하십시오 :

```
    for (let i = 0; i < assets.length; i++) {
       await ctx.stub.putState(assets[i].propertyNumber,
               Buffer.from(JSON.stringify(assets[i])));
       console.info('Added <--> ', assets[i]);
    }
```

이 코드를 사용하여 자산 번호를 고유 식별자로 사용하고 해당 자산 번호와 관련된 정보를 원장에 넣습니다.

지금까지 원장에 초기 데이터를 추가하는 메소드를 작성했습니다. 완성된 함수는 다음과 같습니다 :

```
public async initLedger(ctx: Context) {
       const assets: AssetDetails[] = [
```

```
        {
            propertyArea: '1400 sqft.',
            ownerName: 'sam dave',
            value: 12332,
            location : '12 avenue, richar street, california',
            type: 'single',
            propertyNumber: 'P100001'
        },
        {
            propertyArea: '1400 sqft.',
            ownerName: 'sam dave',
            value: 12332,
            location : '12 avenue, richar street, california',
            type: 'single',
            propertyNumber: 'P100002'
        }
    ];
    for (let i = 0; i < assets.length; i++)  1
        await ctx.stub.putState('Properties' + i, Buffer.
                from(JSON. stringify(assets[i])));
        console.info('Added <--> ', assets[i]);
    }
    console.info('============ END : Initialize Ledger
            ===========');
}
```

2. 자산 만들기를 사용하여 더 많은 자산을 만드는 기능을 제공하십시오.

   사용자/관리자가 새 자산을 추가/등록할 수 있는 메소드를 컨트랙트에 작성해야 합니다. 모델 파일에 설명된 것처럼, 이 메소드에 자산과 연관된 모든 필수 정보를 전달합니다.

   이제 `initLedger` 메소드처럼, 컨텍스트를 제외한 더 많은 인수를 허용해야 합니다.

그런 다음 아래와 같이 AssetDetails 타입의 객체를 역직렬화deserialize 합니다.

putstate 명령을 다시 사용해서 자산 번호 및 역직렬화 된 항목을 원장에 넣을 수 있습니다.

```
    public async createProperty(ctx: Context,
propertyNumber: string, propertyArea: string, cost: number,
type: string, location: string,value: number, ownerName:
string)  {
            const asset: AssetDetails =
                propertyArea,
                location,
                propertyNumber,
                type,
                value,
                ownerName,
            };
            await ctx.stub.putState(propertyNumber, Buffer.from
                            (JSON. stringify(asset)));
        }
```

원장에 정보를 넣기 전에 유효성 검사 및 검사를 따로 수행하지 않았습니다. 그러나 실제 구동 시에는 충돌이나 손상을 피하기 위해, 전달된 값이 유효하지 않거나 자산 번호가 이미 등록되어 있는지를 확인하는 것이 좋습니다.

Shim이 제공하는 다른 함수를 사용하면 자산 번호가 이미 있는지 확인하는 간단한 유효성 검사를 작성할 수 있습니다. 이 함수는 getState입니다 :

```
    public async createProperty(ctx: Context,
propertyNumber: string, propertyArea: string, cost: number,
type: string, location: string,value: number, ownerName:
string)  {
```

```
        const assetDetailsAsBytes = await ctx.stub.getState
                    (propertyNumber); // get the car from
                    chaincode state
    if (assetDetailsAsBytes || assetDetailsAsBytes.length
        !== 0)  {
        throw new Error('${propertyNumber} already exists');
    }
    const asset: AssetDetails =  {
        propertyArea,
        location,
        propertyNumber,
        type,
        value,
        ownerName,
    };
    await ctx.stub.putState(propertyNumber, Buffer.from
                    (JSON.stringify(asset)));
}
```

3. 자산 번호를 기준으로 원장에 자산을 질의합니다.

   context.stub.getState를 사용하여 문자열 인수인 자산 번호로 자산을 가져오고 결과를 반환하는 간단한 명령입니다. 다음과 같이 queryAsset 함수를 작성해 봅시다 :

```
    public async queryAsset(ctx: Context, assetNumber: string):
Promise<string>  {
        const assetAsBytes = awaitctx.stub. getState(assetNumber);
             // get the car from chaincode state
        if (!assetAsBytes || assetAsBytes.length === 0)  {
            throw new Error('${assetNumber} does not exist');
        }
        console.log(assetAsBytes.toString());
        return assetAsBytes.toString();
    }
```

4. 인덱스를 기준으로 모든 자산을 질의할 수 있습니다.

관리자는 한 번에 하나씩 질의하는 대신, 자산 번호 또는 인덱스의 범위를 기준으로 많은 자산 정보를 가져와야 할 수도 있습니다. 범위 질의[range]를 수행하기 위해 stub에서 사용 가능한 다른 메소드를 사용할 수 있습니다. 이 함수는 getStateByRange이며 반복자[iterator]를 반환합니다. 따라서 다음 코드와 같이 하나씩 반복하여 결과 객체를 빌드하고 문자열로 만든 뒤 반환해야 합니다 :

```
    public async queryAllAssets(ctx: Context, startKey: number,
endKey: number): Promise<string>  {
        const iterator = await ctx.stub.getStateByRange
                          (startKey, endKey);
        const allResults = [];
        while (true)  {
            const res = await iterator.next();
            if (res.value && res.value.value.toString())  {
                console.log(res.value.value.toString('utf8'));
                const Key = res.value.key;
                let Record;
                try  {
                    Record = JSON.parse(res.value.value.toString
                          ('utf8'));
                } catch (err)  {
                    console.log(err);
                    Record = res.value.value.toString('utf8');
                }
                allResults.push({ Key, Record });
            }
            if (res.done)  {
                console.log('end of data');
                await iterator.close();
                console.info(allResults);
                return JSON.stringify(allResults);
            }
```

```
        }
    }
```

5. 자산 소유자 변경을 허용합니다.

   이 작업을 수행하려면 다음 단계를 따르십시오.

   전달받은 자산 번호를 기준으로 자산 정보를 찾으십시오.

   자산이 존재하지 않는 경우에는 오류를 발생시킵니다.

   자산이 존재하는 경우에는 소유자 정보를 변경하고 동일한 자산 번호로 다시 색인하여 원장에 저장하십시오.

   다음은 완성된 코드입니다 :

```
public async changePropertyOwner(ctx: Context, propertyNumber:
string, newOwner: string) {
       console.info('============= START : changeOwner
                    ===========');

       const assetDetailsAsBytes = await ctx.stub.getState
           (propertyNumber); // get the car from chaincode
           state
       if (!assetDetailsAsBytes || assetDetailsAsBytes.length
           === 0) {
           throw new Error('${propertyNumber} does not exist');
       }
       const asset: AssetDetails = JSON.parse
           (assetDetailsAsBytes.toString());
       asset.ownerName = newOwner;

       await ctx.stub.putState(propertyNumber, Buffer.from
           (JSON.stringify(asset)));
       console.info('============= END : changeCarOwner
           ===========');
```

자산 등록 및 이전을 위한 체인코드 작성을 마쳤습니다. 이제 src 폴더에 index.ts 파일을 작성하여 해당 컨트랙트를 공개하겠습니다. index.ts 파일을 작성하고 컨트랙트를 API로 공개하는 것이 좋은 개발 방법입니다. index.ts를 작성한 후 다음을 입력하십시오 :

```
import { PropertiesContract } from './property-contract';
export const contracts: any[] = [ PropertiesContract ];
```

asset-registry 폴더 안에 tsconfig.json을 추가하십시오 :

```
{
    "compilerOptions":
            "outDir": "dist",
            "target": "es2017",
            "moduleResolution": "node",
            "module": "commonjs",
            "declaration": true,
            "sourceMap": true
        },
        "include": [
            "./src/**/*"
        ],
        "exclude": [
            "./src/**/*.spec.ts"
        ]
    }
```

tsconfig.json은 구성 지시 사항과 컴파일 위치를 TypeScript로 알려줍니다.

체인코드 개발을 마쳤습니다.

이제 다음 명령을 실행하여 JavaScript로 빌드하십시오.

```
npm run build
```

dist 폴더가 생성되고, 오류가 발생하지 않아야 정상입니다.

체인코드 배포 및 테스트

이미지와 바이너리를 가져와 체인코드 내부의 프로젝트에 배치 :

체인코드 설정을 완료하였으므로 개발자 네트워크에서 배포하고 테스트하겠습니다.

배포를 위해 개발용 네트워크를 운영할 예정이며, 배포를 시작하고 코드를 호출하도록 사전 구성된 모든 자료를 포함합니다.

테스트 방법은 두 가지가 있습니다. 로컬에서 모든 것을 테스트하고 작동 여부를 확인하거나, Docker labs의 웹 기반 설정을 사용할 수 있습니다.

터미널을 열고 다음 명령을 실행하십시오.

```
mkdir chaincode-dev
cd chaincode-dev
```

Fabric 샘플 `https://github.com/hyperledger/fabric-samples/`에는 체인코드를 수동으로 배포하고 테스트할 수 있도록 폴더가 설정되어 있습니다.

시작하기 전에 모든 컨테이너와 이미지를 제거하여 버그를 피하십시오.

> 참고 : Docker labs를 사용하는 경우에는 이 단계가 필요하지 않습니다. 인스턴스를 가져온 후 sudo su를 실행하십시오.

컨테이너를 중지하고 제거하려면 다음 명령을 실행하십시오 :

```
docker stop $(docker ps -aq)
docker rm $(docker ps -aq)
```

이제 Docker 이미지를 지우십시오 :

```
docker system prune -a
```

예/아니오 응답을 요청하는 메시지가 표시됩니다. 계속하려면 Y를 입력하십시오.

약간의 시간이 소요된 후 시스템이 준비 완료됩니다.

이제 이미지, 바이너리 및 Fabric 샘플 저장소를 가져오겠습니다.

```
curl -sSL http://bit.ly/2ysbOFE | bash -s 1.2.1
```

설치가 끝나면 다음 명령을 실행하십시오 :

```
docker images
```

출력은 다음과 같아야 합니다 :

▌그림 5.1▐

이름이 fabric-samples 인 저장소를 가져왔습니다. 다음 명령을 사용하여 해당 폴더로 들어갑니다 :

```
cd fabric-samples
```

fabric-samples 폴더에 chaincode-docker-devmode라는 repo가 있습니다. 이 저장소는 개발 단계에서 유용합니다. chaincode라는 또 다른 저장소는 피어, CLI 및 체인코드 컨테이너 내에 볼륨으로 마운트됩니다. chaincode 저장소에는 이미 사용 가능한 일부 체인코드 프로젝트가 있습니다. 그러나 우리는 이전 단계에서 개발한 자체 프로젝트를 배치해야만 합니다. 따라서 다음 명령을 실행하십시오 :

```
cd chaincode
```

그런 다음 chaincode 폴더 내에서 cp 명령을 사용하여 asset-registry 폴더를 직접 복사하십시오.

Docker labs를 사용하는 경우, chaincode 폴더 내에서 Git clone 명령을 사용하여 해당 저장소를 복제하십시오.

컨테이너 시작 및 체인코드 프로젝트 실행 :

이제 fabric-samples 폴더의 chaincode-docker-devmode 폴더에 들어가십시오.

docker-compose-simple.yaml 파일이 보일 것 입니다. 또한 msp 폴더에서 암호화 자료를 사용할 수 있습니다. YAML 파일을 사용하여 네트워크를 시작하십시오.

```
docker-compose -f docker-compose-simple.yaml up
```

새로운 터미널을 엽니다.

> 참고 : Docker labs를 사용하는 경우, 아래 표시된 아이콘에서 SSH URL을 복사하여 로컬 시스템의 터미널 또는 Git Bash에 붙여 넣을 수 있습니다.

❙ 그림 5.2 ❙

이제 다음 명령을 실행하십시오 :

```
docker ps
```

다음 컨테이너들이 구동되고 있어야 합니다.

```
ash-4.4# docker ps
ONTAINER ID     IMAGE                        COMMAND                  CREATED         STATUS           PORTS
0e8a0006bca     hyperledger/fabric-ccenv     "/bin/bash -c 'sleep…"   3 hours ago     Up 28 seconds
a473152c1d4     hyperledger/fabric-peer      "peer node start --p…"   3 hours ago     Up 28 seconds    0.0.0.0:7051
ab42e04570d     hyperledger/fabric-orderer   "orderer"                3 hours ago     Up 28 seconds    0.0.0.0:7050
ash-4.4#
```

| 그림 5.3 |

이제 프로젝트를 실행해 봅시다. 프로젝트를 테스트하려면 체인코드 컨테이너에 들어가야 합니다. 체인코드 컨테이너는 체인코드 환경을 포함한 특수 컨테이너로, Node.js 또는 Golang으로 체인코드 프로젝트를 실행하도록 이미 설정되어 있습니다.

docker exec 명령어를 사용하여 해당 컨테이너에 들어가 봅시다.

```
docker exec -it chaincode bash
```

컨테이너 내부에서 사용할 수 있는 asset-registry 폴더를 볼 수 있습니다.

```
cd asset-registry
```

이제 이 프로젝트를 해당 체인코드 컨테이너 내에서 실행하는데 필요한 node_modules를 설치해야 합니다. 다음 명령을 실행하십시오.

```
npm i
```

이 명령은 필요한 모든 node_module을 설치합니다. 이제 이 프로젝트를 빌드하기 위해, TypeScript를 사용하여 build 폴더를 생성하겠습니다 :

```
npm run build
```

잠시 기다려야 합니다. 오류가 발생하지 않으면 진행해도 좋습니다.

다음으로 package.json 내부에 fabric-chaincode-node를 위한 시작 명령이 있습니다. 이 fabric-chaincode-node에는 두 가지 인수가 필요합니다. 하나는 이 체인코드 프로젝트를 연결하고 설치할 피어 주소이고, 다른 하나는 체인코드 이름과 버전입니다. 다음 명령을 통해 해당 정보를 제공하십시오.

```
npm run start -- --peer.address "peer:7052" "--chaincode-id-name"
"asset-cc:0.1"
```

여기에서는 7052 포트를 가진 피어 주소를 피어(실행중인 피어 컨테이너)로 지정하고, 이름은 asset-cc이고 버전은 0.1을 지정합니다. 이름과 버전은 다음 단계에서 중요합니다.

잠시 기다리면 구동 메시지가 출력되며 마지막에는 준비 완료 메시지가 출력됩니다.

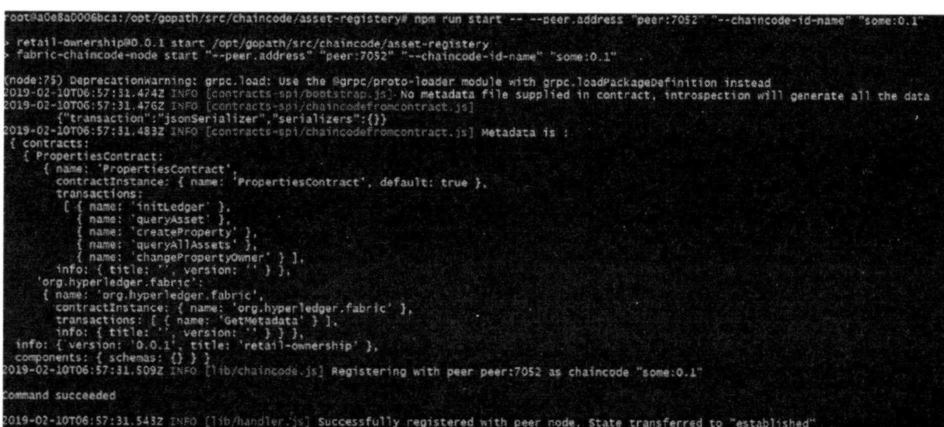

▌그림 5.4▐

우리의 체인코드는 피어 및 bash 컨테이너에 대한 모든 작업 실행 요청을 수신 중입니다.

체인코드 설치, 초기화 및 호출 :

서버를 시작한 이후, 다음 단계는 CLI 컨테이너를 사용하여 서버와 상호 작용을 시작하는 것입니다.

다음 명령으로 CLI 컨테이너에 들어가십시오.

```
docker exec -it cli bash
```

먼저 peer 명령을 사용하여 체인코드를 설치하십시오. 번거로운 작업으로 보일 수 있지만 체인코드의 수명주기를 따라야 합니다. 다음을 실행하여 체인코드를 설치하십시오 :

```
peer chaincode install -p chaincode/asset-registery/ -n asset-cc -l node
-v 0.1
```

설치가 완료되면 다음과 같이 성공 응답이 표시됩니다 :

▌그림 5.5▐

이제 이 체인코드를 초기화[instantiate] 하겠습니다. 생성된 기본 채널인 myc를 사용할 것입니다 :

```
peer chaincode instantiate -n asset-cc -v 0.1 -l node -c
'{"Args":["initLedger"]}' -C myc
```

체인코드 컨테이너 터미널에서 다음 응답을 확인합니다.

▌그림 5.6▐

체인코드를 초기화 했으므로, 자산번호 P1000001을 사용하여 자산 정보 질의를 수행하겠습니다.

```
peer chaincode query -n asset-cc -c '{"Args":["queryAsset",
"P1000001"]}' -C myc
```

화면에 다음과 같은 결과가 나타납니다 :

▌그림 5.7▐

다른 함수인 createProperty를 테스트하겠습니다.

```
peer chaincode invoke -n asset-cc -c '{"Args":["createProperty",
"P1000003","howbe","2838","somehg","asdf","2323","someowner"]}' -C myc
```

자산 생성에 필요한 createProperty 함수 이름과 매개 변수 집합을 전달합니다. 다음과 같은 결과가 나타납니다.

▌그림 5.8▐

이제 마지막 기능인 소유자 변경을 테스트하겠습니다. 매개변수로는 함수 이름, 자산 ID 및 새 소유자 이름이 필요합니다 :

```
PEER CHAINCODE INVOKE -N ASSET-CC -C
'{"ARGS":["CHANGEPROPERTYOWNER","P1000003","CRAZY"]}' -C MYC
```

이 자산의 소유자를 다시 확인하여 변경이 이루어졌는지 확인해야 합니다. 방금 변경한 자산 P1000003에 대한 질의를 다시 실행하겠습니다 :

```
peer chaincode query -n asset-cc -c '{"Args":["queryAsset",
"P1000003"]}' -C myc
```

❙ 그림 5.9 ❙

새 소유자 이름이 원장에 업데이트 되었습니다.

또한 체인코드 터미널에는 다음 로그가 출력됩니다. 이것은 상호 작용이 일어나고 있음을 보여줍니다 :

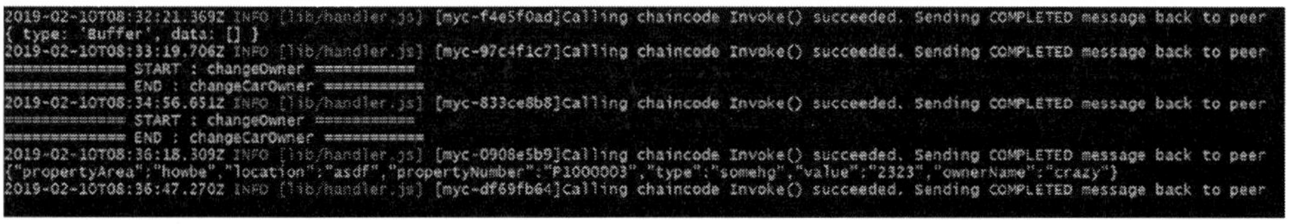

❙ 그림 5.10 ❙

좋은 체인코드 활용 사례

체인코드 작성에 대한 몇 가지 중요한 고려 사항을 살펴보겠습니다. 체인코드는 피어 내에서 실행되는 귀중하면서 중요한 코드입니다. 따라서 성능이 뛰어나고 튜링turing 완전성을 가지녀, 효율적이어야만 합니다. 체인코드 작성 중에 준수할 모범 사례는 다음과 같습니다.

1. 초기화 단계에서 전역 변수를 초기화하지 마십시오.

   체인코드는 평범한 Node.js 프로그램이 아닙니다. 체인코드는 매우 고립되고 제한된 환경에서 실행되므로, 다음과 같은 작업을 수행하면 원장 데이터에 매우 나쁜 영향을 줄 수 있습니다 :

```
export class PropertiesContract extends Contract  {
    let assetGlobal:AssetDetails =  {
        propertyArea: '1400 sqft.',
        ownerName: 'sam dave',
        value: 12332,
        location : '12 avenue,richar street , california',
        type: 'single',
        propertyNumber: 'P1000001'
    }
    public async initLedger(ctx: Context)  {
        assetGlobal.ownerName = test; // may not work properly
….continue
```

   주어진 상태(가령, 컨테이너를 다시 시작할 때)에서 데이터의 사용 여부를 확인하는데 신뢰할 수 있는 유일한 방법은 `putstate`를 사용하는 것입니다. 따라서 전역 변수에 절대로 의존하지 마십시오. `init` 함수는 한 번만 호출되기 때문에, 컨테이너가 다시 시작되면 invoke 함수만 호출되고 `init` 내부의 전역 초기화가 작동하지 않을 수 있습니다.

2. 원시 인터페이스raw interface에서 작업하지 마십시오.

앞에서 저희가 살펴보았던 것처럼, 체인코드 작성을 위해 지원되는 모든 프로그래밍 언어는 인터페이스에 `init` 메소드와 `invoke` 메소드를 제공합니다.

이 메소드들은 신뢰할 수 없기 때문에 이 메소드로 직접 작업하는 것은 좋은 생각이 아닙니다. 또한, Composer와 같은 도구는 훌륭하지만 개발이 중지되었기 때문에, 다른 도구를 사용하여 체인코드를 개발하는 것이 좋습니다.

Fabric 1.4부터는 프로그래밍 모델을 개선하기 위해 기존 네이티브 패키지에 대한 프레임워크를 제공하기 위한 제안이 구현되었습니다.

`https://jira.hyperledger.org/browse/FAB-11246`

또한 모델의 스키마를 클라이언트 및 체인코드 어플리케이션으로 변환하는 Fabric Chaintool(`https://github.com/hyperledger/fabric-chain-tool`)이 있습니다.

다음 섹션에서 토큰을 만들기 위해 사용할 멋진 도구인 Convector도 있습니다.

3. Fabric 환경에서 체인코드를 테스트하지 마십시오.
   신속한 개발을 위해서는 체인코드를 로컬에서 개발하고, 최종적으로 배포하기 전에 로컬에서 단위 테스트를 수행하는 것이 좋습니다.

   이는 많은 시간을 절약합니다. 또한 Fabric 개발 설정을 사용하여 체인코드에서 통합 테스트를 수행하는 것이 좋습니다.

4. 일반적인 위험pitfall을 피하십시오.
   중복 키를 사용하지 마십시오. 충돌, 동시에 읽기 및 쓰기 업데이트가 발생하여 스토리지에 문제가 발생할 수 있습니다.

   비트코인과 같은 UTXO 포맷을 사용하는 것이 좋습니다.

   비결정적 트랜잭션non-deterministic transaction은 피하십시오. 이러한 문제를 해결하기 위해 Fabric은 다른 개선 사항이 있습니다.

Convector 도구를 사용한 토큰 생성

우리는 모델을 사용하여 체인코드 프로젝트를 만들었지만, 이는 엔터프라이즈의 요구사항이 아닙니다. 컨트롤러는 공통 로직이 위치할 수 있는 곳입니다.

ERC 토큰 구현에 대해 들어 본 적이 있으면, 관련된 특정 매개변수를 알고 있을 수 있습니다. ERC-20 토큰(`https://en.wikipedia.org/wiki/ERC-20`) 링크를 확인하십시오.

다음 제안에서 ERC-20 토큰의 인터페이스를 자유롭게 검토하십시오.
`https://github.com/ethereum/EIPS/issues/20`

- `token`이라는 새 폴더를 생성하십시오.
- 다음 저장소를 복제하십시오 : `https://github.com/worldsibu/convector.git`
- git clone `https://github.com/worldsibu/convector.git`
- `examples/token` 폴더로 이동하십시오.
- 코드를 엽니다.

먼저, `package.json`에서 체인코드 작성에 도움이 되는 여러 가지 추가 종속성을 볼 수 있습니다.

```
"@worldsibu/convector-core-storage": "^1.2.0",
"@worldsibu/convector-core-chaincode": "^1.2.0",
"@worldsibu/convector-core-adapter": "^1.2.0",
"@worldsibu/convector-core-controller": "^1.2.0",
"@worldsibu/convector-core-model": "^1.2.0",
"@worldsibu/convector-storage-stub": "^1.2.0",
"reflect-metadata": "^0.1.12",
"tslib": "^1.9.0",
"yup": "^0.24.1"
```

Yup 패키지(`https://www.npmjs.com/package/yup`)가 포함되어 있습니다. 유효성

검사를 실행하는데 도움이 되는 유명한 스키마 파서schema parser 패키지입니다. 이 패키지가 필수는 아니며, joi와 같은 다른 라이브러리를 사용할 수도 있습니다.

이제 모델과 컨트롤러가 있는 src 폴더를 살펴보십시오. 모델링과 로직이 다른 모듈에 있도록 분리한 것이 좋습니다.

모델 파일인 token.model.ts를 보십시오.

```
import * as yup from 'yup'
import {
    ConvectorModel,
    ReadOnly,
    Required,
    Validate
} from '@worldsibu/convector-core-model';
export class Token extends ConvectorModel<Token> {
    @ReadOnly()
    public readonly type = 'io.worldsibu.examples.token'
    @ReadOnly()
    @Required()
    @Validate(yup.object())
    public balances: { [key: string]: number };
    @ReadOnly()
    @Required()
    @Validate(yup.number().moreThan(0))
    public totalSupply: number;
    @ReadOnly()
    @Required()
    @Validate(yup.string())
    public name: string;
    @ReadOnly()
    @Required()
    @Validate(yup.string())
    public symbol: string;
}
```

Token 클래스는 ConvectorModel을 확장하여 모든 기본 메소드에 액세스할 수 있게 합니다. Node.js에서 mongodb를 위한 Mongoose 스키마 모델링의 역할과 유사합니다.

Token 클래스가 확장했기 때문에, 신뢰할 수 없고 고유했던 getState 대신에 getOne()과 같은 메소드를 사용할 수 있습니다.

또한 Token 모델 클래스의 속성에 연결된 데코레이터decorator 세트가 있습니다. 이 세트는 강건하고 오류가 없는 체인코드를 작성하는데 유용합니다. 자산 체인코드 모델을 작성할 때를 상기하십시오. 자산 번호, 면적 등이 제대로 전달되지 않으면 어떻게 될까요? 따라서 검증이 필요합니다.

잔액balances 속성의 제약은 ReadOnly, Required, Validate 데코레이터로 정의됩니다. 이 속성은 필수이며 하나의 객체여야 합니다.

마찬가지로, 총 공급total supply 속성 또한 ReadOnly, Required, Validate 데코레이터로 정의됩니다. 여기서 Yum 인스턴스는 0보다 큰 숫자여야 한다는 조건으로 전달됩니다.

따라서 누군가 init에 0보다 작은 공급 값supply value을 보내려고 하면, 유효성 검사 오류가 발생합니다. 마찬가지 방식으로, 이름name과 기호symbol의 데코레이터도 정의됩니다.

자산 모델 파일과 비슷한 파일을 작성할 수 있습니다. 원한다면, 실제로 Convector를 사용하여 전체 프로젝트를 변환하고 해당 예제로부터 여러 가지를 배울 수 있습니다.

이제 컨트롤러 파일을 살펴 봅시다.

Controller와 ConvectorController를 임포트해서 패키지의 래퍼wrapper 역할을 하며, 다른 모든 것을 처리하기 때문에 우리는 로직 작성에만 집중할 수 있습니다.

```
import * as yup from 'yup'
import {
```

```
    Controller,
    ConvectorController,
    Invokable,
    Param
} from '@worldsibu/convector-core-controller';
import { Token } from './token.model';
@Controller('token')
export class TokenController extends ConvectorController {
    private initialized = false;
    @Invokable()
    public async init(
        @Param(Token)
        token: Token
    ) {
        if (this.initialized) {
            throw new Error('Token has already been initialized');
        }
        const totalSupply = Object.keys(token.balances)
            .reduce((total, fingerprint) => total + token.balances
                                                    [fingerprint], 0);
        if (totalSupply !== token.totalSupply) {
            throw new Error('The total supply does not match with the
                                initial balances');
        }
        await token.save();
    }
    @Invokable()
    public async transfer(
        @Param(yup.string())
        tokenId: string,
        @Param(yup.string())
        to: string,
        @Param(yup.number().moreThan(0))
        amount: number
    ) {
```

```
        const token = await Token.getOne(tokenId);
        if (!token.id)  {
            throw new Error('No token found with id ${tokenId}');
        }
        console.log('Using token id', token.id);
        if (token.balances[this.sender] < amount)  {
            throw new Error('The sender does not have enough founds');
        }
        token.balances[to] += amount;
        token.balances[this.sender] -= amount;

        await token.save();
    }

    @Invokable()
    public async whoAmI(): Promise<string>  {
        return this.sender;
    }
}
```

우리는 세 가지 함수를 가지고 있으며, 모두 호출 타입invokable입니다.

먼저 `init` 함수를 살펴보면, 사용자가 토큰의 중요한 속성(name, `totalSupply` 등)을 설정할 수 있습니다. 입력이 역직렬화deserialized되고 유효성 검사가 수행되며, 조건이 하나라도 만족되지 않으면 오류가 발생합니다.

`init` 함수는 Shim API와 마찬가지로 한번만 호출됩니다. 토큰에 대한 모든 세부 사항은 해당 함수에서 설정되며, 읽기 전용이므로 변경할 수 없습니다. `put` 함수 대신에 save 함수를 사용합니다.

다음으로, `tokenId`, `amount`와 같은 인수를 받는 transfer 함수가 있습니다. 이들 인수에 대한 유효성 검사가 수행되고, `getOne(id)` 함수를 사용하여 `tokenId`를 가지는 토큰의 정보를 검색할 수 있습니다.

해당 함수들을 사용할 수 없으면 오류가 발생합니다. 또한 사용자 잔액이 요청 금액보다 적다면 오류가 발생합니다.

마지막으로, 잔액이 요청 금액만큼 증가한 후 토큰의 세부사항을 저장하기 위해 `save` 함수를 호출합니다.

사용자 정보를 반환하는 간단한 함수도 제공됩니다. 마찬가지로 TypeScript 프로젝트이므로, 먼저 다음과 같이 테스트 및 빌드를 수행하십시오 :

```
npm i
```

다음 명령을 입력하십시오 :

```
npm run build
```

모든 것이 잘 진행되면 chaincode dev 설정에서 배포를 테스트하십시오.

체인코드와 동일한 단계를 수행하십시오.

이 것이 표준 체인코드를 작성하기 위해 따라야 할 패러다임입니다. `https://worldsibu.tech/convector/`를 통해 해당 제품군에 대해 자세히 알 수 있습니다.

체인코드에 대한 단위 테스트 작성

체인코드 테스트는 항상 어려운데, 특히 셋업[setup] 부분이 어렵습니다. Mocha와 Chai 같은 기존 JavaScript 도구를 사용하여 체인코드 테스트를 수행할 수 있습니다. 공식 체인코드 라이브러리 fabric-shim은 이를 위해 `ChaincodeStub` 패키지를 제공합니다.

먼저 체인코드와 관련된 다음 종속성을 가져옵니다.

```
import { Context } from 'fabric-contract-api';
import { ChaincodeStub, ClientIdentity } from 'fabric-shim';
import { PropertiesContract } from '../src/property-contract';
import { AssetDetails } from '../src/models/Asset.model';
```

그런 다음 단위 테스트와 관련된 다른 패키지를 가져옵니다 :

```
import * as chai from 'chai';
import * as sinon from 'sinon';
import * as sinonChai from 'sinon-chai';
```

```
chai.should();
chai.use(sinonChai);
```

그런 다음 `Context` 클래스를 구현하는 클래스를 작성하면서 mock 인스턴스를 만듭니다 :

```
class PropertyContratTest implements Context  {
    public stub: ChaincodeStub = sinon.createStubInstance(ChaincodeStub);
    public clientIdentity: ClientIdentity = sinon.createStubInstance
                                                  (ClientIdentity);
}
```

컨트랙트를 초기화하기 위한 기본 테스트를 작성하십시오.

먼저 컨트랙트의 인스턴스를 가져오고, 그 다음에 컨텍스트의 인스턴스를 가져옵니다. `initLedger` 함수를 호출하여 원장을 초기화 할 수 있습니다.

```
describe(Properties contract testing, () =>  {
    describe('init ledger', () =>  {

        it('should initialize the ledger', async () =>  {
```

```
            const contract = new PropertiesContract();
            const ctx = new TestContext();
            await contract.initLedger(ctx);
        });
    });
});
```

체인코드에 대한 더 많은 테스트를 작성할 수 있습니다.

체인코드를 테스트하기 위한 서드파티 라이브러리도 있습니다(https://github.com/wearetheledger/fabric-mock-stub).

이 mock stub은 주요 기능 일부를 테스트하고 엔드-투-엔드(E2E) 테스트를 수행하는 데 매우 유용합니다.

IBM 블록체인 플랫폼을 사용한 체인코드 개발

> 참고 : 이것은 Fabric 1.4 LTS 버전에서만 작동합니다.

이번 섹션에서는 IBM 블록체인 플랫폼 확장을 사용하여 체인코드를 작성, 패키지, 설치, 초기화 및 테스트하는 방법을 배웁니다. 편집기는 Visual Studio Code를 사용합니다.

test라는 빈 디렉토리를 작성하고 IBM 블록체인 플랫폼 확장이 설치된 Visual Studio Code에서 여십시오.

아래와 같이 Ctrl + Shift + p를 눌러 터미널을 열고, 'Create smart contract'를 입력하십시오. 그런 다음 'IBM Blockchain Platform : Create Smart Contract Project'라고 강조 표시된 옵션을 선택하십시오.

❙ 그림 5.11 ❙

프로그래밍 언어 타입을 묻는 메시지가 나타납니다. TypeScript를 선택할 수 있습니다 :

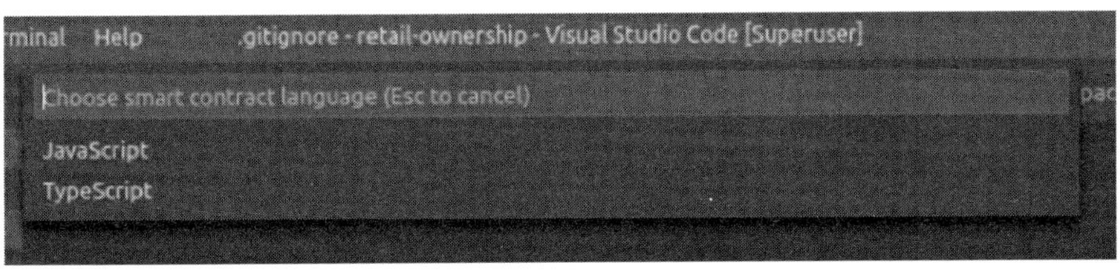

❙ 그림 5.12 ❙

그림 5.12에 표시된 구조는 아래 툴에 의해 생성됩니다.

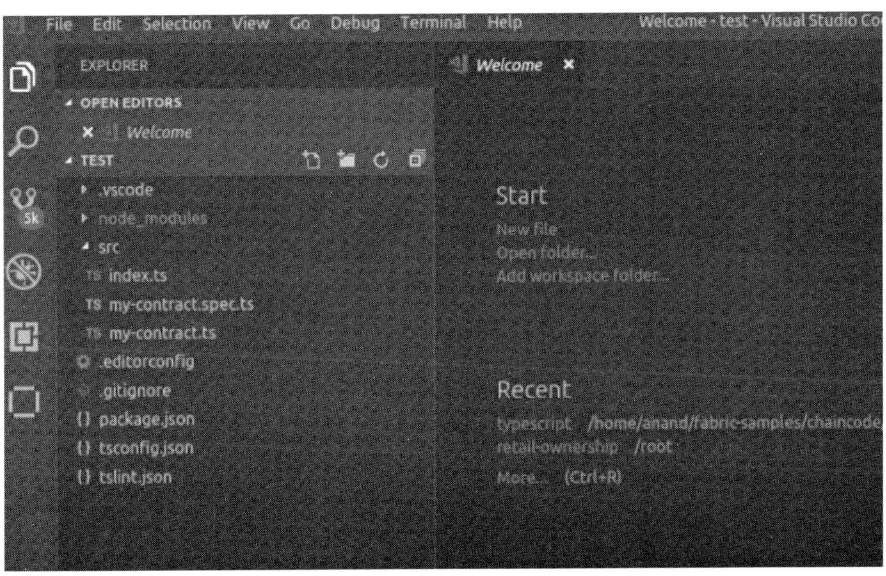

❙ 그림 5.13 ❙

이제 이 툴을 사용하여 자산 등록 프로젝트를 실행하겠습니다. 먼저, src 폴더의 파일들을 제거하고 asset-registry/src 폴더의 파일들을 해당 프로젝트의 src/에 복사하십시오.

또한 package.json 스크립트 내에서 다음 줄

```
"lint": "tslint -c tslint.json src/**/*.ts'",
```

을 아래와 같이 변경하십시오.

```
"lint": "tslint -c tslint.json 'dummy/**/*.ts'",
```

이로써 셋업이 완료되었습니다. 또한 asset-registry/package.json의 package.json에 누락된 모든 종속성을 추가하십시오.

이후 다음 명령을 실행하십시오.

```
npm i
```

이제 모든 준비가 완료되었습니다.

확장 프로그램 아이콘extension icon을 클릭하여 확장 프로그램으로 이동하십시오.

그림 5.13과 같이 + 아이콘이 표시됩니다. 이는 패키지에 추가된 것으로 새 스마트 컨트랙트 프로젝트를 추가합니다.

이 아이콘을 클릭하고 확장 프로그램을 실행하십시오. TypeScript를 사용하여 컴파일하고 프로젝트를 패키징 합니다 :

❙그림 5.14❙

패키징이 완료되면, 사용 가능한 스마트 컨트랙트 패키지 목록에서 볼 수 있습니다.

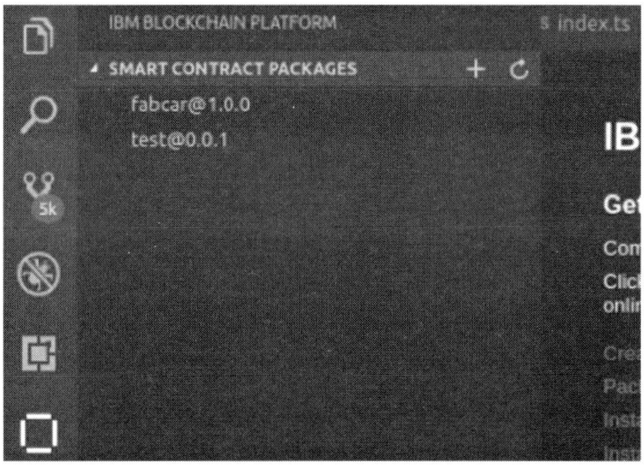

❙그림 5.15❙

`test@0.0.1`이 표시됩니다.

스마트 컨트랙트를 패키지 했으므로, 블록체인 네트워크인 Hyperledger 네트워크와 연동해 보겠습니다.

이 확장 패널extension panel의 맨 아래에서 `local_fabric`이라는 연결을 사용할 수 있습니다. 이 연결 `local_fabric`을 클릭하여 컨테이너를 시작하고, 채널을 만들고 모든 메타 데이터를 가져옵니다.

처음으로 작업하는 경우, Fabric과 관련된 모든 이미지 및 바이너리 파일이 설치되므로 다소 시간이 걸릴 수 있습니다.

연결되면, 채널 정보 및 설치된 모든 체인코드가 그림 5.16과 같이 표시됩니다.

mychannel로 명명된 하나의 채널, **peer0.org1.example.com**으로 명명된 하나의 기관, 그리고 설치된 체인코드가 표시됩니다 :

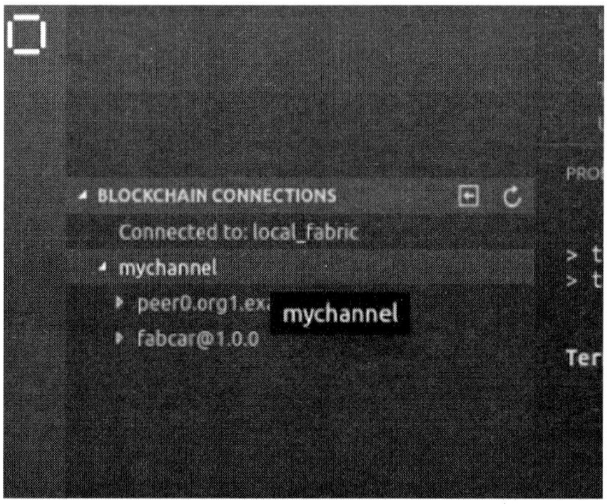

| 그림 5.16 |

이제 이 기관을 선택하고 마우스 오른쪽 단추를 클릭한 후 'Install chaincode'를 선택하십시오. 스마트 컨트랙트 패키지를 선택하라는 메시지가 표시됩니다. 우리가 설치한 패키지, 즉 test 패키지를 선택하십시오 :

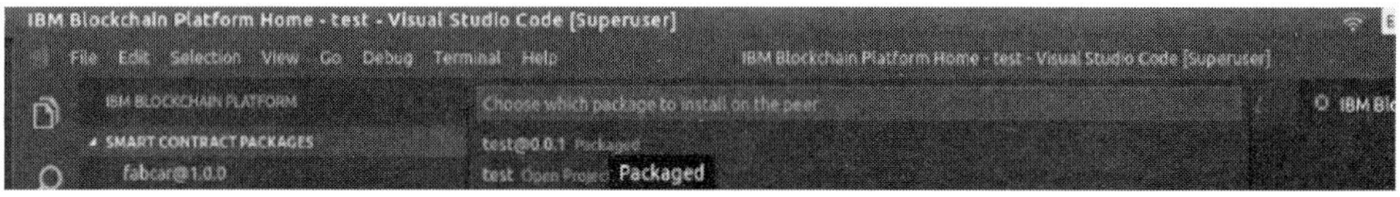

| 그림 5.17 |

잠시 후에 피어에 성공적으로 설치되었다는 알림을 받게 됩니다.

다음으로 초기화를 수행해야 합니다. 채널을 선택하고 체인코드 초기화 옵션을 선택하십시오. 몇 가지 인수를 입력하기 위한 프롬프트가 표시됩니다. 초기화를 위해 호출해야 하는 함수로 `initLedger`를 입력하십시오. 이제 다음과 같이 test가 보입니다 :

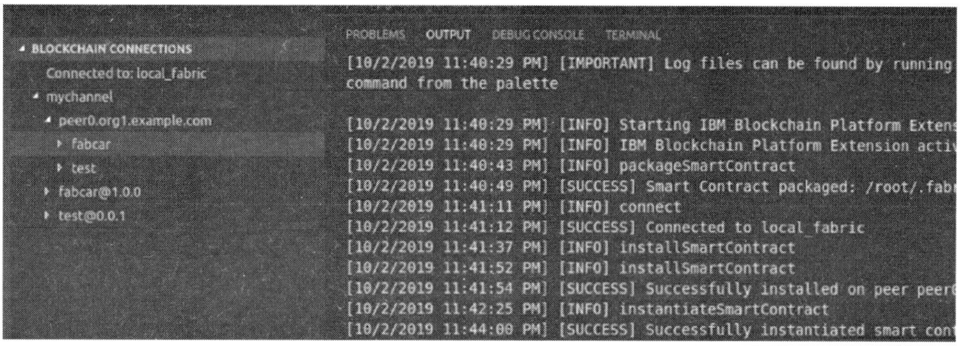

▌그림 5.18▐

체인코드에 작성한 함수와 관련하여 여러 가지 작업을 사용할 수 있습니다.

▌그림 5.19▐

이 함수들은 test에서 호출될 수 있습니다. 먼저 `queryAsset`을 호출하겠습니다.

queryAsset을 선택하고, 마우스 오른쪽 단추를 클릭한 후 '**submit transaction**'을 선택하십시오. 매개변수를 요구할 것입니다. 초기화 시점에 생성된 자산 ID **P1000001**을 전달하십시오.

결과 메시지를 보려면, 설치된 체인코드 컨테이너의 로그를 보아야 합니다.

Docker ps 명령을 실행하여 test 체인코드 컨테이너 ID를 찾으십시오. 그림 5.20과 같이 보일 것입니다 :

▌그림 5.20▐

```
docker logs <containerid>
```

로그가 표시되고 질의 함수가 속성 ID를 기반으로 자산 세부 정보를 반환하는 것을 볼 수 있습니다 :

▌그림 5.21▐

하나 이상의 트랜잭션을 실행해 보겠습니다. 자산 소유자 변경에 해당하는 **change-PropertyOwner**를 선택하고 **submit transaction** 버튼을 누르십시오. 인수와 타입을 묻습니다.

```
P1000001, somenewowner
```

엔터를 누르십시오. 트랜잭션이 제출됩니다.

트랜잭션이 완료되면, 체인코드를 다시 질의하여 변경된 소유자를 확인하십시오.

queryAsset을 다시 제출하고, 자산 ID **P1000001**을 전달하십시오. 다음과 같이 새 소유자 이름이 보여야 합니다.

▌그림 5.22▐

확장 기능을 사용하면 실제 Fabric 네트워크에서 체인코드를 배포하고 테스트하는 것이 얼마나 쉬운지를 배웠습니다. 복잡한 네트워크를 설정하는데 큰 도움이 되므로, 체인코드 작업에 이 확장을 사용하는 것이 좋습니다.

운영자를 위한 체인코드

Hyperledger Fabric에서 개발자가 유일한 역할은 아닙니다. Fabric의 크기와 복잡성으로 인해, 이 플랫폼에서 다양한 역할이 발전하고 공존하고 있습니다. 중요한 역할 중 하나는 운영자입니다.

Fabric의 가장 중요한 기능에는 패키징, 설치, 초기화, 호출 및 업그레이드 등이 있습니다. 이들 역할은 다음과 같이 설명됩니다.

체인코드 패키징

체인코드 패키징은 3단계로 구성됩니다.

1. Fabric에서, 인코딩 사양은 **CDS(ChaincodeDeploymentSpec)**로 제공됩니다. 이는 체인코드 배포 팩을 나타냅니다. 일반적으로 코드 이름, 버전과 같은 속성을 포함합니다.
2. 초기화 시점에 사용되는 기타 정책이 있습니다.
3. 체인코드 소유자의 서명이 포함됩니다 :

a. 코드 소유자를 확인합니다.

b. 패키지의 내용을 확인하십시오.

c. 현재 패키지가 변조되었는지 확인합니다.

패키지 생성

몇 가지 접근법을 따르면 체인코드를 패키지할 수 있습니다. 첫 번째로 체인코드의 소유자가 여러 명인 경우, 모든 소유자들의 서명을 받은 패키지가 필요합니다. 먼저 CDS로 서명된 패키지를 만든 다음, 소유자들의 서명을 얻기 위해 한 번에 하나씩 차례대로 전달합니다. 다른 방법은 install 명령을 실행한 피어만 서명된 CDS를 가지는 것입니다. 이 방법은 서명 하나만 수집하면 되므로 간단합니다.

첫 번째 케이스를 살펴보겠습니다 :

```
peer chaincode package -n mycc -p github.com/hyperledger/fabric/
examples/chaincode/go/example02/cmd -v 0 -s -S -i "AND('OrgA.admin')"
ccpack.out
```

이 명령에서, package 명령을 제공하고 `-s` 옵션을 통해 여러 소유자가 서명하도록 지정합니다. `-s` 옵션이 없으면 한 소유자만 서명된 패키지가 되고, 다른 소유자는 서명할 수 없게 됩니다.

`-i` 옵션은 초기화 정책을 지정하는데 사용됩니다. 초기화 정책은 특정 조직만이 이 체인코드를 초기화하거나 서명해야 한다고 명시해야 합니다. 초기화 정책이 지정되지 않은 일반적인 경우, 초기화 시점에 배포하기 위해서 관리자의 MSP ID가 사용됩니다.

다른 소유자의 패키지 서명

이전에 서명된 패키지를 다른 소유자가 서명할 수 있습니다. 기존 패키지에 다른 소유자가 서명하는 명령은 다음과 같습니다.

```
peer chaincode signpackage ccpack.out signedccpack.out
```

ccpack.out이라는 패키지를 서명하여 signedccpack.out을 생성합니다.

패키지 설치

체인코드를 실행하기 위해서는 피어 체인코드를 설치해야 합니다. 설치 시점에 체인코드의 소스코드도 피어에 설치되는데, 소스코드는 미리 규정된 포맷으로 제공됩니다. 체인코드는 채널의 구성하는 모든 피어에 설치되어야 합니다.

자산 등록 프로젝트에서 볼 수 있듯이, 서명된 제안서 라이프사이클 시스템 체인코드 lifecycle system chaincode, LSCC를 보내어 체인코드를 설치할 수 있습니다.

예를 들어, asset-registry 체인코드를 설치하기 위해 다음 명령을 사용했습니다 :

```
peer chaincode install -n asset-registry-cc -v 1.0 -p asset-registry
```

여기에서 -n 옵션은 체인코드 이름을 지정하는데, 임의로 지정할 수 있지만 유일해야 합니다. -v 옵션은 체인코드 버전을 지정하고, -p 옵션은 체인코드 저장소의 경로를 지정합니다.

체인코드 초기화

설치와 유사하게, 초기화 명령은 LSCC를 호출하여 채널에서의 초기화를 수행합니다.

이 초기화 단계에서는, 체인코드의 다른 인스턴스 간에 완전한 격리가 이루어집니다. 즉, 이 체인코드는 여러 채널에 속할 수 있지만, 생성된 모든 인스턴트는 각자 고립되어 있습니다. 따라서 상태 정보는 완전히 격리됩니다. 이 초기화의 호출자는 초기화 정책을 지정해야 합니다.

보증 정책은 초기화의 중요한 부분으로, 호출 작업이 발생할 때 어떤 조직의 제안서를 모두 수집해야 하는지를 명세합니다. 오더러는 기간 내에 수집된 제안서만 다음 블록에 추가합니다.

체인코드를 초기화하기 위해 다음 명령을 사용합니다 :

```
peer chaincode instantiate -n asset-cc -v 0 -c '{"Args":[]}' -C myc -P
"AND ('Org1.admin,'Org2.member')"
```

P 옵션으로 보증 정책을 지정했습니다.

초기화가 완료되면 활성 상태로 표시됩니다. 또한 다음 스크린 샷과 같이 새 체인코드 컨테이너가 생성됩니다.

▌그림 5.23 ▌

체인코드의 업그레이드, 시작 및 정지

버전을 변경하면 체인코드를 업그레이드 할 수 있습니다. 새 버전이 이미 설치되었어야 하며, 해당 버전을 업그레이드 명령에 사용해야 합니다 :

```
peer chaincode upgrade -n asset-cc2 -v 1.1 -c '{"Args":"initLedger"[]}'
-C myc
```

체인코드가 초기화되면 별도의 Docker 컨테이너에서 시작되고, 체인코드의 중지 및 제거는 수동으로만 가능합니다.

CLI 컨테이너에 로그인하면, CLI로 사용 가능한 전체 API를 살펴볼 수 있습니다 :

```
docker exec -it cli bash
```

이제 다음을 입력하십시오 :

```
peer chaincode -help
```

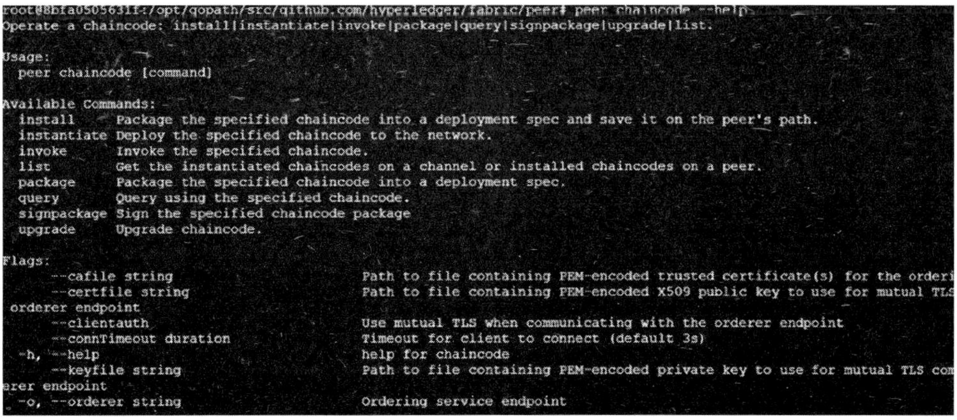

❙ 그림 5.24 ❙

시스템 체인코드

시스템 체인코드는 일반 체인코드와 같은 프로그래밍 모델을 가지고 있습니다. 하지만 전통적인 체인코드와 같은 격리된 컨테이너 대신, 피어 인스턴스 간에 실행된다는 점이 다릅니다. 즉, 시스템 체인코드는 피어에 설치되며, 그에 상응하는 수명주기 묘사lifecycle delieation를 따르지 않습니다. 특히 설치, 초기화 및 업그레이드는 시스템 체인코드에 적용되지 않습니다.

시스템 체인코드의 목적은 피어와 체인코드 사이의 gRPC 통신을 단축시키고 관리의 유연성을 절충하는 것입니다. 예를 들어, 시스템 체인코드는 피어 바이너리로만 업그레이드됩니다. 추가로 컴파일된 매개 변수 세트를 등록해야 하지만, 보증 정책 또는 보증 정책에 준하는 정보는 없습니다.

시스템 체인코드는 Hyperledger 아키텍처에서 다양한 시스템 동작을 구현하여, 적용 가능한 경우에는 더 나은 시스템으로 교체하거나 변경할 수 있습니다.

요약

이번 장에서는 체인코드에 대한 설명과 Node.js로 체인코드를 개발하는 방법을 살펴보았습니다. 먼저 간단한 사용 사례를 기반으로 체인코드 프로젝트를 만든 다음, Fabric 네트워크에서 제공하는 개발 설정에서 테스트하는 방법을 배웠습니다. 또한 체인코드와 관련된 모범 사례를 살펴보았습니다. 이번 장에서는 체인코드를 작성하는 다양한 도구(가령, Convector)에 대해서도 설명했습니다. 코드 확장 기반의 개발 방법도 간단히 소개했습니다. 마지막으로, 운영자가 몇 가지 일반적인 작업을 통해 체인코드와 작업하는 방법을 보았습니다. 다음 장에서는 Fabric SDK를 사용하여 어플리케이션을 개발하겠습니다.

참고자료

- `https://hyperledger-fabric.readthedocs.io`
- `https://worldsibu.tech/convector/`
- `https://medium.com/wearetheledger/how-to-start-testing-your-hyperledger-fabric-nodejs-chaincode-229453c3c214`
- `https://marketplace.visualstudio.com/items?itemName=IBMBlockchain.ibm-blockchain-platform`

CHAPTER 6

Fabric SDK: Fabric 네트워크와의 상호작용

이번 장에서는 Fabric SDK를 살펴보겠습니다. Fabric SDK는 네트워크의 외부에 위치하지만 많은 중요한 기능을 수행합니다. 프로그래밍 언어(가령 Node.js SDK, Java SDK 등)에 따라 사용할 수 있는 다양한 SDK가 있습니다. 이번 장에서는 Node.js SDK를 통해 작업을 수행하겠습니다. 다른 Fabric SDK의 기능도 Node.js SDK와 유사합니다.

개념을 이해하기 위해, 이번 장에서는 Node.js SDK를 사용하여 3장의 자산 등록 예제를 확장하고 상호작용을 수행하겠습니다. 또한 체인코드를 사용하는 방법도 상세히 제공합니다.

그림 6.1에서 볼 수 있듯이 Fabric SDK 클라이언트는 채널 관리/채널 생성/체인코드 관리/체인코드 설치/채널 업그레이드와 같은 작업을 수행하고, 호출/질의 등과 같은 체인코드의 메소드 호출에도 사용됩니다.

그림 6.1은 Fabric Node.js SDK 내부에 있는 두 개의 모듈인 `fabric-client`와 `fabric-ca-client`를 보여줍니다. 이 모듈은 각각 npm 모듈인 `https://www.npmjs.com/package/fabric-ca-client`와 `https://www.npmjs.com/package/fabric-ca-client`를 나타냅니다.

이 모듈은 네트워크와 상호작용하는데 사용되는 공식 Node.js 모듈입니다.

구축 시에 문제가 생기면 언제든지 다음 저장소 `https://github.com/SateDev/`

Hyperledger 네트워크 상에서의 Fabric SDK

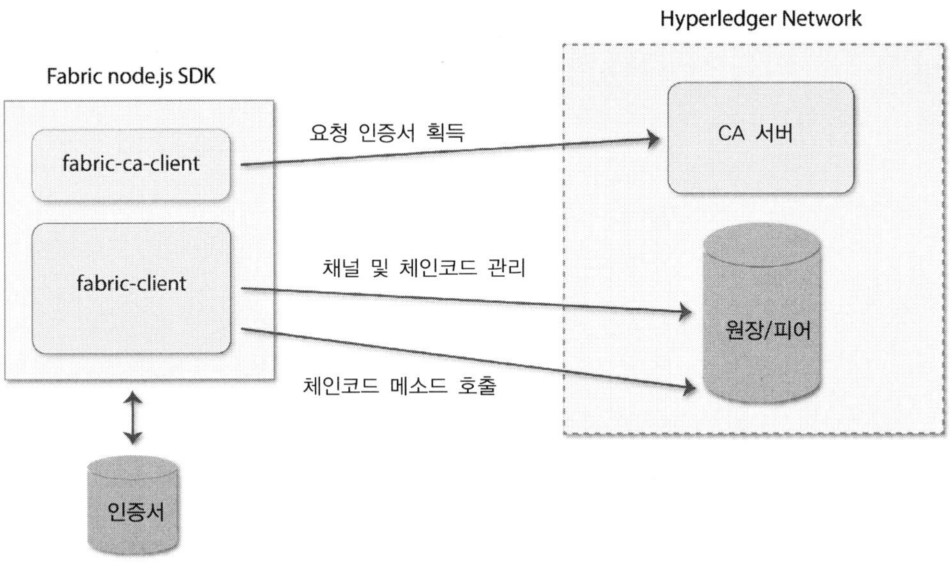

| 그림 6.1 |

`asset-registry-sdk`를 참조하십시오. 이 저장소를 복제하여 참조하는 것이 좋습니다.

Node.js SDK를 살펴보겠습니다. 첫 번째 단계는 Fabric SDK 작업에 필요한 모든 전제조건prerequisites을 확보하는 것입니다.

전제조건

Fabric 네트워크 시작

네트워크와 상호작용하기 위해서는 우선 네트워크를 구축해야 합니다.

체인코드가 설치된 기본 네트워크를 시작하면, 매번 같은 네트워크와 상호작용을 할 수 있습니다. 기본 네트워크를 시작하는 가장 빠른 방법은 Fabric 샘플 저장소를 복제하는 것입니다.

> 참고 : 다른 기존 Fabric 네트워크가 실행중인 경우, 더 진행하기 전에 다른 네트워크를 제거하십시오.

```
git clone https://github.com/hyperledger/fabric-samples.git
cd fabric-samples
```

위 명령은 저장소를 복제하고 fabric-samples라는 새 폴더를 생성합니다. fabric-samples 폴더 내의 basic-network 폴더로 들어가면 기본 네트워크의 구조와 코드를 볼 수 있습니다. 그림 6.2는 기본 네트워크의 네트워크 구성을 보여줍니다. 하나의 피어, 하나의 오더러, Fabric CA, CouchDB 및 CLI 컨테이너로 구성된 단일 조직 네트워크입니다. Fabric SDK 네트워크를 테스트하기 위해 이 구성 요소들이 필요합니다 :

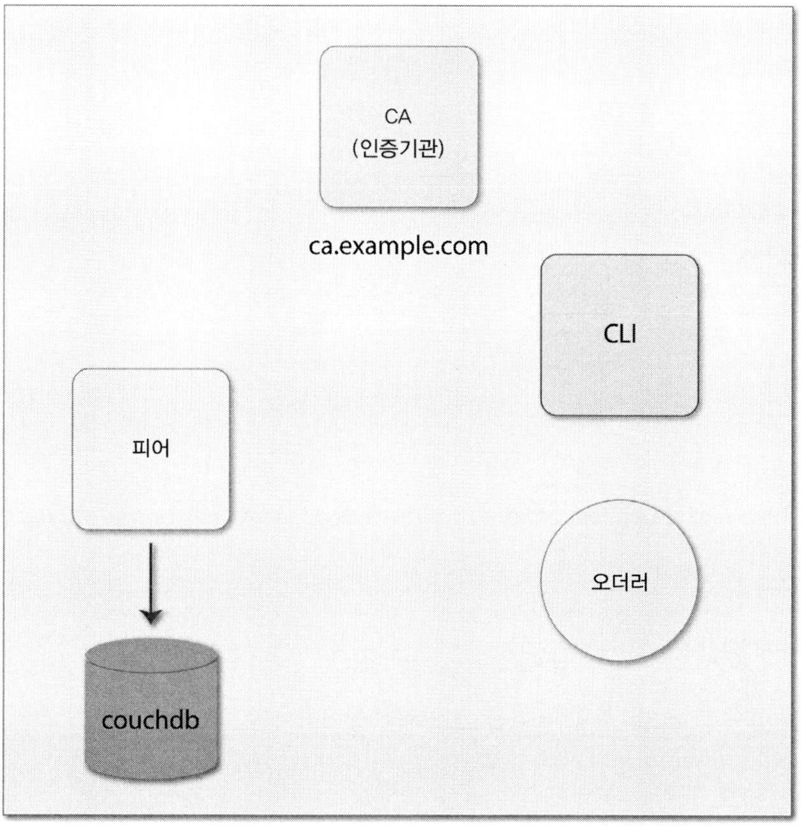

그림 6.2

이 네트워크를 지금 당장 시작하지는 않습니다. 다음 단계에서 Fabric SDK 프로젝트를 만들 때 시작합니다.

3장에서 생성한 asset-registry 체인코드와 상호작용하기 위해 Fabric SDK를 사용하겠습니다.

fabric-samples 폴더 안의 chaincode 폴더로 들어가서 자산 레지스트리 예제를 가져옵니다.

```
git clone https://github.com/SateDev/hyperledger_chaincode_asset_
registry
```

chaincode 폴더 내부에 체인코드 프로젝트가 생성되었습니다. 이 chaincode 폴더는 CLI 컨테이너 내에 마운트 되었습니다.

기본 네트워크를 시작하는 쉘스크립트 파일을 만듭니다. 다음과 같이 `startup. sh` 파일을 작성합니다 :

```
mkdir startup
cd startup
vi startup.sh
```

i를 누릅니다.

다음 파일의 내용을 복사하여, 명령 프롬프트에 붙여 넣습니다 :
`https://raw.githubusercontent.com/SateDev/asset-registry-sdk/master/scripts/startup.sh`

Esc를 클릭합니다.

Shift +를 누르고 `wq`를 입력한 다음, Enter를 클릭합니다.

`startup.sh`에 권한을 부여하려면 다음 명령을 입력합니다 :

```
chmod 777 startup.sh
```

▌그림 6.3▐

이 파일은 위에서 언급한 구성 요소로 기본 네트워크를 시작하고, 채널을 생성하며, 체인코드를 설치하고 초기화합니다.

이제 네트워크를 시작하겠습니다. 다음 명령을 수행합니다 :

```
./startup.sh typescript
```

체인코드를 작성하는데 사용된 언어인 TypeScript를 인수로 명시했습니다.

이 파일은 node_modules를 설치하고 npm run build도 수행합니다.

구동이 완료된 뒤, docker ps 명령을 실행하면 다음 출력이 표시됩니다.

자산 체인코드 컨테이너를 볼 수 있습니다 :

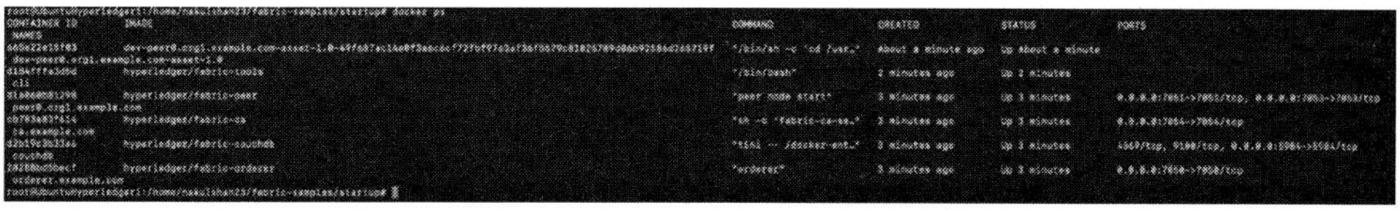

▌그림 6.4▐

네트워크 설정이 준비되었습니다. 다음 단계는 노드 어플리케이션을 구축하는 것입니다.

Node.js와 NPM 설치

Node.js와 npm이 시스템에 설치되어 있어야 합니다. 그렇지 않은 경우, 다음 링크 `https://nodejs.org/en/download/`를 참고하고 현재 운영체제와 일치하는 Node.js와 npm을 설치합니다.

Node.js SDK 프로젝트 생성

디렉토리를 생성합니다 :

```
mkdir property-node-client
cd property-node-client
npm init
```

우리가 만들고 있는 프로젝트와 관련된 몇 가지 질문을 할 것입니다. 지금은 중요하지 않으므로 기본 답변을 선택합니다. Visual Studio Code 편집기 또는 다른 자바스크립트용 IDE에서 프로젝트를 엽니다.

Fabric npm 모듈 설치

Hyperledger 네트워크와 상호작용할 Node.js 프로젝트를 작성하려면 두 개의 npm 모듈이 필요하다고 언급했습니다. 이 모듈에 대해 자세히 알아보겠습니다.

Fabric 클라이언트

Fabric 네트워크에 설치된 체인코드의 메소드를 실행하는데 사용되는 모듈입니다. 체인코드 설치, 채널 생성과 같은 다른 작업도 수행합니다. 이 모듈을 프로젝트 폴더 안에

설치합니다 :

```
npm i --save fabric-client
```

Fabric CA 클라이언트

Fabric 네트워크의 CA 서버와 상호작용하여 필요한 인증서를 가져오는 모듈입니다. Hyperledger Fabric은 허가형 네트워크이므로, 네트워크의 구성 요소인 CA 서버에서 인증서를 가져온 뒤에 네트워크와 상호작용하는 사용자의 ID를 설정해야 합니다.

```
npm i --save fabric-ca-client
```

gRPC 모듈

피어, 오더러 등과 같은 Fabric 구성 요소는 REST API 대신 gRPC 엔드포인트를 가집니다. 엔드포인트를 호출하려면 이 모듈이 필요합니다.

```
npm i --save grpc
```

이제, 프로젝트를 실행하는데 필요한 모든 전제조건이 준비되었습니다.

네트워크 작업 과정

네트워크와의 상호작용은 2단계 프로세스를 거칩니다. 이번 섹션에서는 다음 두 단계에 대해 자세히 살펴보겠습니다.

1. CA 서버를 사용하여 관리자와 사용자 기재Enrollment 및 등록registration
2. 1단계에서 저장된 인증서를 사용하여 네트워크 및 체인코드와 상호작용

1단계부터 차례대로 시작하고, 관련 코드도 함께 작성하겠습니다.

CA 서버를 사용하여 관리자와 사용자 기재 및 등록

이 단계는 여러 작은 단계로 구분되며, CA 서버에서 적절한 인증서를 가져와야 합니다. 이 단계의 이론적 배경을 이해하면 언제든지 동일한 기능을 작성할 수 있습니다.

그림 6.5는 해당 프로세스를 보여줍니다 :

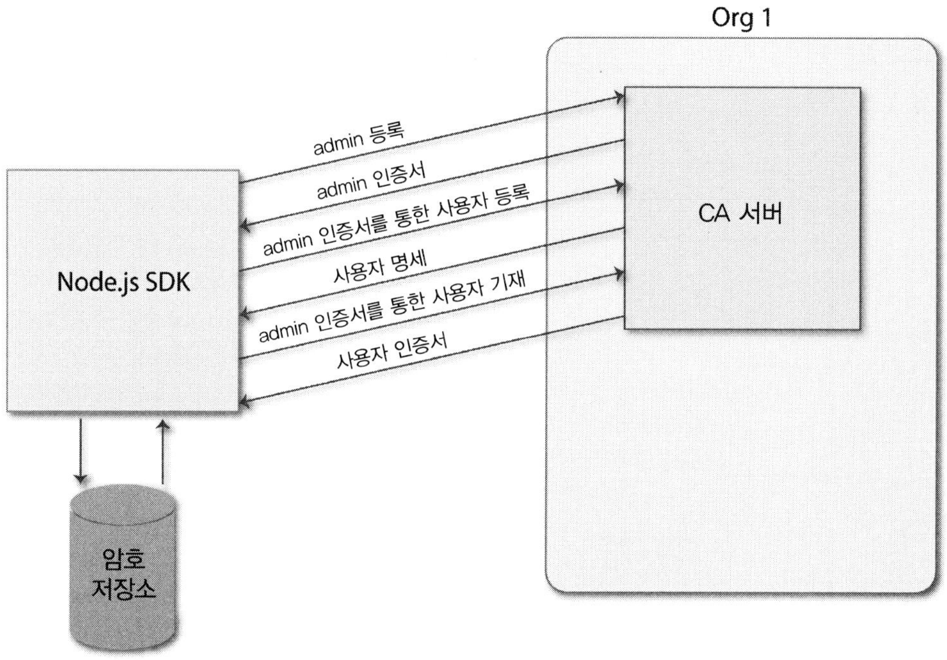

| 그림 6.5 |

쉽게 말하자면, CA 서버에서 인증서를 가져와야만 네트워크와 상호작용할 수 있습니다. 이 프로세스는 다음 단계를 포함합니다.

1. 먼저 사용자 이름과 기관의 세부 정보를 제공하여 네트워크에 등록해야 합니다.
2. 네트워크에 등록되면, CA 서버는 비밀값secret 또는 패스워드를 반환합니다. 사용자 이름과 서버에서 받은 비밀값을 제시하여 네트워크에 기재될 수 있습니다.

3. 사용자 이름과 암호가 정확하면, CA 서버는 기재 요청을 수락하고 클라이언트에게 인증서를 반환합니다.
4. 3단계에서 수신된 인증서는 파일 시스템 또는 저장소에 저장되며, Fabric 클라이언트가 트랜잭션에 서명하고 전송할 때 사용합니다.

이것이 인증서를 얻는 전체 프로세스입니다. 그런데 첫 단계에서 사용자 등록 요청을 CA 서버에 보내려면 관리자 권한이 필요합니다. 새 사용자를 등록하고 Fabric 클라이언트가 보낸 트랜잭션에 서명하기 위한 인증서를 받으려면 관리자의 인증서가 필요합니다.

자, 어떻게 하면 관리자 인증서를 얻을 수 있을까요?

이전 섹션에서 복제했던 fabric-samples 내의 basic-network 폴더로 이동하여 `docker-compose.yml`의 다음 부분을 살펴보겠습니다 :

```
services:
  ca.example.com:
    image: hyperledger/fabric-ca
    environment:
      - FABRIC_CA_HOME=/etc/hyperledger/fabric-ca-server
      - FABRIC_CA_SERVER_CA_NAME=ca.example.com
      - FABRIC_CA_SERVER_CA_CERTFILE=/etc/hyperledger/fabric-ca-server-
        config/ca.org1.example.com-cert.pem
      - FABRIC_CA_SERVER_CA_KEYFILE=/etc/hyperledger/fabric-ca-server-
        config/4239aa0dcd76daeeb8ba0cda701851d14504d31aad1b2ddddbac6a
        57365e497c_sk
    ports:
      - "7054:7054"
command: sh -c 'fabric-ca-server start -b admin:adminpw'
    volumes:
      - ./crypto-config/peerOrganizations/org1.example.com/ca/:/etc/
        hyperledger/fabric-ca-server-config
    container_name: ca.example.com
```

```
networks:
  - basic
```

이 파일은 Hyperledger 네트워크를 시작할 때 사용되는 YAML입니다. 굵게 강조 표시된 부분에서 `admin:adminpw`이라는 자격증명으로 `fabric-ca-server`를 시작했음을 볼 수 있습니다. 이것은 관리자 자격증명으로, 관리자가 다음 자격증명으로 Fabric CA 서버에 이미 등록되었음을 의미합니다.

이 관리자를 Fabric CA 서버에 등록하기만 하면, 새로운 사용자를 추가하는데 필요한 인증서를 얻을 수 있습니다. 따라서 이 자격증명을 사용하여 관리자를 등록하는 Node.js 프로그램 파일을 만들고, 필요한 인증서를 가져와서 키 저장소에 저장해야 합니다.

먼저 Visual Studio Code로 만든 새 프로젝트에 `enrolAdmin.js`라는 파일을 만듭니다. 이름에서 알 수 있듯이, 관리자를 등록하고 필요한 인증서를 저장소에 저장합니다.

다음으로, 이 파일에서 사용할 모듈을 가져옵니다 :

```
var Fabric_Client = require('fabric-client');
var Fabric_CA_Client = require('fabric-ca-client');
var path = require('path');
var util = require('util');
var os = require('os');
```

위 코드에서 `fabric-client`, `fabric-ca-client` 모듈을 가져옵니다. 또한 일반적으로 용도로 사용되는 `path`, `util`, `os`와 같은 다른 내장 모듈도 포함되어 있습니다.

이제 전역 변수를 선언하겠습니다 :

```
var fabric_client = new Fabric_Client();
var fabric_ca_client = null;
var admin_user = null;
```

```
var member_user = null;
var store_path = path.join(__dirname, 'hfc-key-store');
```

fabric_client 변수는 이 프로그램 수명주기 동안 Fabric 클라이언트의 인스턴스를 보유합니다.

또한 fabric_ca_client는 여기서 null로 초기화됩니다.

> 참고 : "var store_path = path.join (__dirname, 'hfc-key-store');" 라인은 인증서 저장 경로를 설정합니다. CA 서버로부터 인증서를 받으면, 이 변수를 사용하여 해당 경로에 인증서를 저장합니다.

다음 단계는 Fabric 클라이언트에 지정한 저장소 경로를 연결하고, Fabric 클라이언트가 사용할 수 있도록 경로에 있는 모든 인증서를 로드합니다. 이를 위해 newDefaultKeyValueStore라는 메소드를 사용하겠습니다. 이 메소드는 인증서의 키-값 쌍 저장소 인스턴스를 가져오며 https://fabric-sdk-node.github.io/BaseClient.html#.newDefaultKeyValueStore__anchor에 저장되어 있습니다.

newDefaultKeyValueStore 메소드는 매개 변수로 경로를 요구하므로, 마지막 단계에서 만든 경로인 store_path를 전달합니다 :

```
Fabric_Client.newDefaultKeyValueStore({ path: store_path})
```

이 메소드는 지정한 경로에 상태 저장소[state store]를 반환합니다.

다음 단계를 따라 계속 진행합니다.

1. 반환된 저장소를 처음에 생성한 fabric_client 인스턴스의 상태 저장소로 설정합니다.
2. 상태 저장소가 설정되면 fabric_client.setCryptoSuite(crypto_suite)를 사용하여 Fabric 클라이언트에 대한 암호 제품군을 설정해야 합니다.

3. 이렇게 하면 Fabric 클라이언트용 키 저장소가 설정되며, 체인코드 호출invoke 작업을 전송할 때 트랜잭션을 서명할 수 있습니다.
4. `fabric_ca_client` 전역 변수를 초기화해야 합니다. 앞에서 설명한 것처럼, 필요한 인증서를 얻기 위해 CA 서버에 연결할 때 이 변수를 사용합니다.

```
fabric_ca_client = new Fabric_CA_Client('http://localhost:
7054', tlsOptions , 'ca.example.com', crypto_suite);
```

이 초기화 작업은 다음의 매개 변수를 사용합니다 :

- `url`(Fabric CA의 URL)
- `tlsOptions`(안전한 통신을 위해)
- 네트워크에서 CA의 이름
- 인증서를 얻는데 사용되는 암호 제품군

Docker ps 명령을 실행하면, Fabric CA가 localhost의 `7054` 포트에서 실행되는 것을 볼 수 있습니다. 따라서 여기에 이 URL을 지정했습니다.

설정 후에 `admin`이 이미 기재되어 있는지 확인해야 합니다. 이전 단계에서 설정한 로컬 키 저장소에 해당 인증서가 있는 경우, CA 서버로부터 인증서를 또 받지 않아도 됩니다. 저장소에서 사용자를 가져오기 위해서는 키 저장소에서 사용자를 로드하는 `getUserContext` 함수를 사용합니다 :

```
    return fabric_client.getUserContext('admin', true);
```

이 프로세스의 코드는 다음과 같습니다. 이전 코드에 붙여 넣습니다.

```
.then((state_store) => {
    fabric_client.setStateStore(state_store);
    var crypto_suite = Fabric_Client.newCryptoSuite();
    var crypto_store = Fabric_Client.newCryptoKeyStore({path: store_path});
```

```
    crypto_suite.setCryptoKeyStore(crypto_store);
    fabric_client.setCryptoSuite(crypto_suite);
    var tlsOptions = {
        trustedRoots: [],
        verify: false
    };
    fabric_ca_client = new Fabric_CA_Client('http://localhost:7054',
                        tlsOptions , 'ca.example.com', crypto_suite);
    return fabric_client.getUserContext('admin', true);
})
```

> 참고 : 이 기본 검사는 로컬 인스턴스의 키 저장소를 설정하고 사용자의 인증서가 이미 존재하는지 여부를 매번 확인합니다. 따라서 앞으로는 이 검사에 대한 설명을 반복하지 않겠습니다.

getUserContext 함수는 저장소에서 user_store 정보를 반환하며, isEnrolled 메소드를 사용하여 사용자의 기재 여부를 확인할 수 있습니다. 기재된 경우, 이미 인증서가 생성되었음을 의미합니다. 따라서 다시 인증서를 생성할 필요가 없습니다. 그러나 기재되어 있지 않은 경우, 필요한 인증서를 얻기 위해 관리자 자격증명인 admin:adminpw를 사용하여 CA 서버에 요청을 보내야 합니다.

인증서를 확보한 후에는 저장소에 저장할 수 있습니다. 이 단계도 반복할 필요가 없습니다.

이 단계를 위한 코드는 다음과 같습니다 :

```
.then((user_from_store) => {
    if (user_from_store && user_from_store.isEnrolled()) {
        console.log('Successfully loaded admin from persistence');
        admin_user = user_from_store;
        return null;
    } else {
        // need to enroll it with CA server
```

```
        return fabric_ca_client.enroll({
            enrollmentID: 'admin',
            enrollmentSecret: 'adminpw'
        }).then((enrollment) => {
            console.log('Successfully enrolled admin user "admin"');
            return fabric_client.createUser(
                {username: 'admin',
                    mspid: 'Org1MSP',
                    cryptoContent: { privateKeyPEM: enrollment.key.
                       toBytes(), signedCertPEM: enrollment.certificate }
                });
        }).then((user) => {
            admin_user = user;
            return fabric_client.setUserContext(admin_user);
        }).catch((err) => {
            console.error('Failed to enroll and persist admin. Error: ' +
                                err.stack ? err.stack : err);
            throw new Error('Failed to enroll admin');
        });
    }
}).then(() => {
    console.log(admin_user.toString());
}).catch((err) => {
    console.error('Failed to enroll admin: ' + err);
});
```

최종 파일은 그림 6.6 및 그림 6.7과 같습니다.

```
'use strict';
/*
* Copyright IBM Corp All Rights Reserved
*
* SPDX-License-Identifier: Apache-2.0
*/
/*
 * Enroll the admin user
 */

var Fabric_Client = require('fabric-client');
var Fabric_CA_Client = require('fabric-ca-client');

var path = require('path');
var util = require('util');
var os = require('os');

//
var fabric_client = new Fabric_Client();
var fabric_ca_client = null;
var admin_user = null;
var member_user = null;
var store_path = path.join(__dirname, 'hfc-key-store');
console.log(' Store path:'+store_path);

// create the key value store as defined in the fabric-client/config/default.json 'key-value-store' setting
Fabric_Client.newDefaultKeyValueStore({ path: store_path
}).then((state_store) => {
    // assign the store to the fabric client
    fabric_client.setStateStore(state_store);
    var crypto_suite = Fabric_Client.newCryptoSuite();
    // use the same location for the state store (where the users' certificate are kept)
    // and the crypto store (where the users' keys are kept)
    var crypto_store = Fabric_Client.newCryptoKeyStore({path: store_path});
    crypto_suite.setCryptoKeyStore(crypto_store);
    fabric_client.setCryptoSuite(crypto_suite);
    var tlsOptions = {
        trustedRoots: [],
        verify: false
    };
```

▌그림 6.6▐

```
    // be sure to change the http to https when the CA is running TLS enabled
    fabric_ca_client = new Fabric_CA_Client('http://localhost:7054', tlsOptions , 'ca.example.com', crypto_suite);

    // first check to see if the admin is already enrolled
    return fabric_client.getUserContext('admin', true);
}).then((user_from_store) => {
    if (user_from_store && user_from_store.isEnrolled()) {
        console.log('Successfully loaded admin from persistence');
        admin_user = user_from_store;
        return null;
    } else {
        // need to enroll it with CA server
        return fabric_ca_client.enroll({
          enrollmentID: 'admin',
          enrollmentSecret: 'adminpw'
        }).then((enrollment) => {
          console.log('Successfully enrolled admin user "admin"');
          return fabric_client.createUser(
              {username: 'admin',
                  mspid: 'Org1MSP',
                  cryptoContent: { privateKeyPEM: enrollment.key.toBytes(), signedCertPEM: enrollment.certificate }
              });
        }).then((user) => {
          admin_user = user;
          return fabric_client.setUserContext(admin_user);
        }).catch((err) => {
          console.error('Failed to enroll and persist admin. Error: ' + err.stack ? err.stack : err);
          throw new Error('Failed to enroll admin');
        });
    }
}).then(() => {
    console.log('Assigned the admin user to the fabric client ::' + admin_user.toString());
}).catch((err) => {
    console.error('Failed to enroll admin: ' + err);
});
```

IP 주소로 변경해야 함

▌그림 6.7▐

> 참고 : 원격 VM에서 Hyperledger 네트워크를 실행중인 경우, localhost(위의 그림에서 표시되어 있는 부분) 대신에 원격 VM의 IP 주소를 지정해야 합니다.

다시 말하지만, 관리자 인증서가 있어야만 이를 로컬 인증서 저장소에 넣고 새 사용자 ID를 만들 수 있습니다. 또한 기본 검사를 수행하기 때문에, 이미 등록된 인증서는 다시 가져오지 않습니다.

이 파일을 저장하고 실행하면, 키 값 저장소를 생성하고 인증서를 저장합니다.

이제 Node.js를 사용하여 파일을 실행합니다.

```
node enrolAdmin.js
```

CA 서버로부터 인증서를 가져와서 지정된 경로에 저장합니다. 그림 6.8과 유사한 출력이 표시됩니다.

```
Nakuls-MacBook-Pro:property-node-client nakulshah$ node enrolAdmin.js
Successfully enrolled admin user "admin"
```

```
{"name":"admin","mspid":"Org1MSP","roles":null,"affiliation":"","enrollmentSecre
t":"","enrollment":{"signingIdentity":"1811bdf255487681e93e749741ed1b0c28265966d
00f0a469c0ac0e4af0613f5","identity":{"certificate":"-----BEGIN CERTIFICATE-----\
nMIICAjCCAaigAwIBAgIUN5tYPdtjdTc3cPUmjYtLsufoEMMwCgYIKoZIzj0EAwIw\nczELMAkGA1UEB
hMCVVMxEzARBgNVBAgTCkNhbGlmb3JuaWExFjAUBgNVBAcTDVNh\nbiBGcmFuY2lzY28xGTAXBgNVBAo
TEG9yZzEuZXhhbXBsZS5jb20xHDAaBgNVBAMT\nE2NhLm9yZzEuZXhhbXBsZS5jb20wHhcNMTkwNDA4M
TkyMTAwWhcNMjAwNDA3MTky\nNjAwWjAhMQ8wDQYDVQQLEwZjbGllbnQxDjAMBgNVBAMTBWFkbWluMFk
wEwYHKoZI\nzj0CAQYIKoZIzj0DAQcDQgAER+ovf5mXZhtW06Eu0oR9phszFSfRAUgw6o95zzeB\n2Yu
7tgI9qU99kW/S6YEPM67TL3gfhMDASFiLSTh4su6y5qNsMGowDgYDVR0PAQH/\nBAQDAgeAMAwGA1UdE
wEB/wQCMAAwHQYDVR0OBBYEFCR4t6p1pzn1+uanXEXSvyoO\nBFdsMCsGA1UdIwQkMCKAIEI5qg3Ndtr
uuLoM2nAYUdFFBNMarRst3dusalc2Xkl8\nMAoGCCqGSM49BAMCA0gAMEUCIQDCqMs0+IEIt529s3ZQt
UctmUXZj1qvi5xNETdS\ntLYzYgIgZDW8g4TxG31NiOsvw4EIRIEhMZLW/sBWydyhdEXwB+A=\n-----
END CERTIFICATE-----\n"}}}
```

```
Nakuls-MacBook-Pro:property-node-client nakulshah$
```

▌그림 6.8▐

생성된 저장소의 경로를 여기서 볼 수 있습니다.

`ls` 명령을 실행하면, 프로젝트 디렉토리 내에 `hfc-key-store`라는 폴더가 생성된 것을 볼 수 있습니다 :

```
[Nakuls-MacBook-Pro:property-node-client nakulshah$ ls
enrolAdmin.js           node_modules            package.json
hfc-key-store           package-lock.json
Nakuls-MacBook-Pro:property-node-client nakulshah$ 
```

▍그림 6.9▍

해당 디렉토리에 들어가면 관리자와 관련된 파일, 즉 관리자의 공개키 및 개인키를 볼 수 있습니다 :

```
[Nakuls-MacBook-Pro:property-node-client nakulshah$ cd hfc-key-store/
[Nakuls-MacBook-Pro:hfc-key-store nakulshah$ ls
1811bdf255487681e93e749741ed1b0c28265966d00f0a469c0ac0e4af0613f5-priv
1811bdf255487681e93e749741ed1b0c28265966d00f0a469c0ac0e4af0613f5-pub
admin
Nakuls-MacBook-Pro:hfc-key-store nakulshah$ 
```

▍그림 6.10▍

사용자의 등록

다음 단계는 이전에 만든 인증서를 사용하여 새 사용자를 Fabric CA에 등록registration 하는 것입니다.

아래 단계를 수행합니다 :

1. 먼저 키 저장소를 설정하고, 이전과 동일하게 `fabric_client` 변수에 지정합니다.
2. 관리자가 키 저장소에 존재하는지 확인합니다. 프로그램이 종료되지 않고 관리자 인증서가 없다는 오류가 발생하면, 다음 단계로 진행할 수 없습니다.
3. 관리자가 존재하면, 관리자 인증서를 사용하여 새 사용자를 등록합니다. 새 `enrolmentId` 및 기관organization 세부 사항을 제공해야 합니다.
4. 3단계는 비밀값/패스워드를 반환합니다. 이를 `enrolAdmin.js`에 사용하면 사용자를 Fabric CA에 기재enroll하고 인증서를 얻을 수 있습니다.
5. `user1`에 대한 인증서가 있으면, 저장소에 넣고 체인코드 메소드를 호출할 수 있습니다.

이제 이 프로세스를 코드로 구현하겠습니다.

registerUser.js라는 새 파일을 작성하고, 필요한 모듈과 전역 변수를 설정합니다 :

```
'use strict'
var Fabric_Client = require('fabric-client');
var Fabric_CA_Client = require('fabric-ca-client');
var path = require('path');
var util = require('util');
var os = require('os');
//
var fabric_client = new Fabric_Client();
var fabric_ca_client = null;
var admin_user = null;
var member_user = null;
var store_path = path.join(__dirname, 'hfc-key-store');
```

키 상태 저장소 및 암호 저장소cryptostore에 다시 연결하고, 관리자가 로컬에 이미 존재하는지 확인합니다. 이 작업은 이전에 했던 작업과 동일합니다. 따라서 다음 코드를 붙여 넣습니다 :

```
Fabric_Client.newDefaultKeyValueStore({ path: store_path
}).then((state_store) => {
    fabric_client.setStateStore(state_store);
    var crypto_suite = Fabric_Client.newCryptoSuite();
    var crypto_store = Fabric_Client.newCryptoKeyStore({path: store_
                                                            path});
    crypto_suite.setCryptoKeyStore(crypto_store);
    fabric_client.setCryptoSuite(crypto_suite);
    var tlsOptions = {
        trustedRoots: [],
        verify: false
    };
```

```
    fabric_ca_client = new Fabric_CA_Client('http://localhost:7054',
                                             null , '', crypto_suite);
        return fabric_client.getUserContext('admin', true);
})
```

관리자가 이미 존재하면, fabric_ca_client에서 사용할 수 있는 등록 메소드를 사용하여 새 사용자를 등록할 수 있습니다. https://fabric-sdk-node.github.io/release-1.4/FabricCAClient.html#register

이 메소드의 서명은 다음과 같습니다.

```
Register (enrollmentID, enrollmentSecret, role, affiliation,
maxEnrollments, attrs, signingIdentity)
```

여기서 enrollmentID와 enrollmentSecret은 각각 CA에 등록해야 하는 사용자 이름과 비밀값입니다.

signingIdentity에는 관리자 세부 정보를 사용합니다. 따라서 다음 코드를 붙여 넣습니다 :

```
.then((user_from_store) => {
    if (user_from_store && user_from_store.isEnrolled()) {
        console.log('Successfully loaded admin from persistence');
        admin_user = user_from_store;
    } else {
        throw new Error('Failed to get admin.... run enrollAdmin.js');
    }
    return fabric_ca_client.register({enrollmentID: 'user1', affiliation:
                  'org1.department1',role: 'client'}, admin_user);
})
```

사용자가 등록된 후, CA 서버는 비밀값secret을 반환합니다. 인증서를 생성하고, 사용자를 로컬에 등록하고, 인증서를 유지하기 위해 이 비밀값을 사용합니다.

전체 프로세스는 다음과 같습니다 :

```
.THEN((SECRET) => {
    CONSOLE.LOG('SUCCESSFULLY REGISTERED USER1 - SECRET:'+ SECRET);
    RETURN FABRIC_CA_CLIENT.ENROLL({ENROLLMENTID: 'USER1',
                                  ENROLLMENTSECRET: SECRET});
}).THEN((ENROLLMENT) => {
    CONSOLE.LOG('SUCCESSFULLY ENROLLED MEMBER USER "USER1" ');
    RETURN FABRIC_CLIENT.CREATEUSER(
        {USERNAME: 'USER1',
        MSPID: 'ORG1MSP',
        CRYPTOCONTENT: { PRIVATEKEYPEM: ENROLLMENT.KEY.TOBYTES(),
                         SIGNEDCERTPEM: ENROLLMENT.CERTIFICATE }
        });
}).THEN((USER) => {
        MEMBER_USER = USER;
        RETURN FABRIC_CLIENT.SETUSERCONTEXT(MEMBER_USER);
}).THEN(()=>{
    CONSOLE.LOG('USER1 WAS SUCCESSFULLY REGISTERED AND ENROLLED AND IS
              READY TO INTERACT WITH THE FABRIC NETWORK');
}).CATCH((ERR) => {
    CONSOLE.ERROR('FAILED TO REGISTER: ' + ERR);
    IF(ERR.TOSTRING().INDEXOF('AUTHORIZATION') > -1) {
    }
});
```

최종 파일은 그림 6.11 및 그림 6.12와 같습니다.

```
'use strict';

/*
 * Register and Enroll a user
 */

var Fabric_Client = require('fabric-client');
var Fabric_CA_Client = require('fabric-ca-client');

var path = require('path');
var util = require('util');
var os = require('os');

//
var fabric_client = new Fabric_Client();
var fabric_ca_client = null;
var admin_user = null;
var member_user = null;
var store_path = path.join(__dirname, 'hfc-key-store');
console.log(' Store path:'+store_path);

// create the key value store as defined in the fabric-client/config/default.json 'key-value-store' setting
Fabric_Client.newDefaultKeyValueStore({ path: store_path
}).then((state_store) => {
    // assign the store to the fabric client
    fabric_client.setStateStore(state_store);
    var crypto_suite = Fabric_Client.newCryptoSuite();
    // use the same location for the state store (where the users' certificate are kept)
    // and the crypto store (where the users' keys are kept)
    var crypto_store = Fabric_Client.newCryptoKeyStore({path: store_path});
    crypto_suite.setCryptoKeyStore(crypto_store);
    fabric_client.setCryptoSuite(crypto_suite);
    var tlsOptions = {
        trustedRoots: [],
        verify: false
    };
    // be sure to change the http to https when the CA is running TLS enabled
    fabric_ca_client = new Fabric_CA_Client('http://localhost:7054', null , '', crypto_suite);

    // first check to see if the admin is already enrolled
```

IP 주소로 변경해야 함

▌그림 6.11▐

```
    return fabric_client.getUserContext('admin', true);
}).then((user_from_store) => {
    if (user_from_store && user_from_store.isEnrolled()) {
        console.log('Successfully loaded admin from persistence');
        admin_user = user_from_store;
    } else {
        throw new Error('Failed to get admin.... run enrollAdmin.js');
    }

    // at this point we should have the admin user
    // first need to register the user with the CA server
    return fabric_ca_client.register({enrollmentID: 'user1', affiliation: 'org1.department1',role: 'client'}, admin_user);
}).then((secret) => {
    // next we need to enroll the user with CA server
    console.log('Successfully registered user1 - secret:'+ secret);

    return fabric_ca_client.enroll({enrollmentID: 'user1', enrollmentSecret: secret});
}).then((enrollment) => {
  console.log('Successfully enrolled member user "user1" ');
  return fabric_client.createUser(
     {username: 'user1',
     mspid: 'Org1MSP',
     cryptoContent: { privateKeyPEM: enrollment.key.toBytes(), signedCertPEM: enrollment.certificate }
     });
}).then((user) => {
     member_user = user;

     return fabric_client.setUserContext(member_user);
}).then(()=>{
     console.log('User1 was successfully registered and enrolled and is ready to interact with the fabric network');

}).catch((err) => {
    console.error('Failed to register: ' + err);
        if(err.toString().indexOf('Authorization') > -1) {
                console.error('Authorization failures may be caused by having admin credentials from a previous CA instance.\n'
                'Try again after deleting the contents of the store directory '+store_path);
        }
});
```

▌그림 6.12▐

> 참고 : 원격 VM에서 Hyperledger 네트워크를 실행 중인 경우, localhost(위에 표시) 대신에 원격 VM의 IP 주소를 지정해야 합니다.

이제 한 명의 사용자가 등록 및 기재되었고, Hyperledger 네트워크와 상호작용하기 위해 설정되었습니다.

property-node-client 폴더에 이 파일을 저장하고 다시 실행합니다 :

```
node registerUser.js
```

정상적으로 완료되면 화면에 다음과 같은 결과가 나타납니다 :

```
Successfully loaded admin from persistence
Successfully registered user1 - secret:ASlKHaJYMupr
Successfully enrolled member user "user1"
User1 was successfully registered and enrolled and is ready to interact with the
 fabric network
```

그림 6.13

hfc-key-store 폴더 내에서 ls명령을 실행하면, 새 파일 User1과 사용자 키가 관리자 세부 정보와 함께 저장된 것을 볼 수 있습니다 :

```
1811bdf255487681e93e749741ed1b0c28265966d00f0a469c0ac0e4af0613f5-priv
1811bdf255487681e93e749741ed1b0c28265966d00f0a469c0ac0e4af0613f5-pub
admin
fca332ce96bd18b71ea6e52891b11beb50282b1410c3f0de56425eac84a60654-priv
fca332ce96bd18b71ea6e52891b11beb50282b1410c3f0de56425eac84a60654-pub
user1
```

그림 6.14

체인코드 호출 및 질의

두 번째 단계는 네트워크에서 배포된 체인코드와 상호작용하는 것입니다. 우리는 두 가지 시나리오를 실행할 것입니다 : 먼저 체인코드를 호출하고, 두 번째로 체인코드를 질의합니다. 네트워크로 다른 작업을 실행할 때, 본 시나리오의 실행 과정을 참고할 수 있습니다

체인코드에서 createProperty 호출

Fabric SDK에서 체인코드를 호출하는 프로세스는 다음과 같이 여러 단계로 구성됩니다.

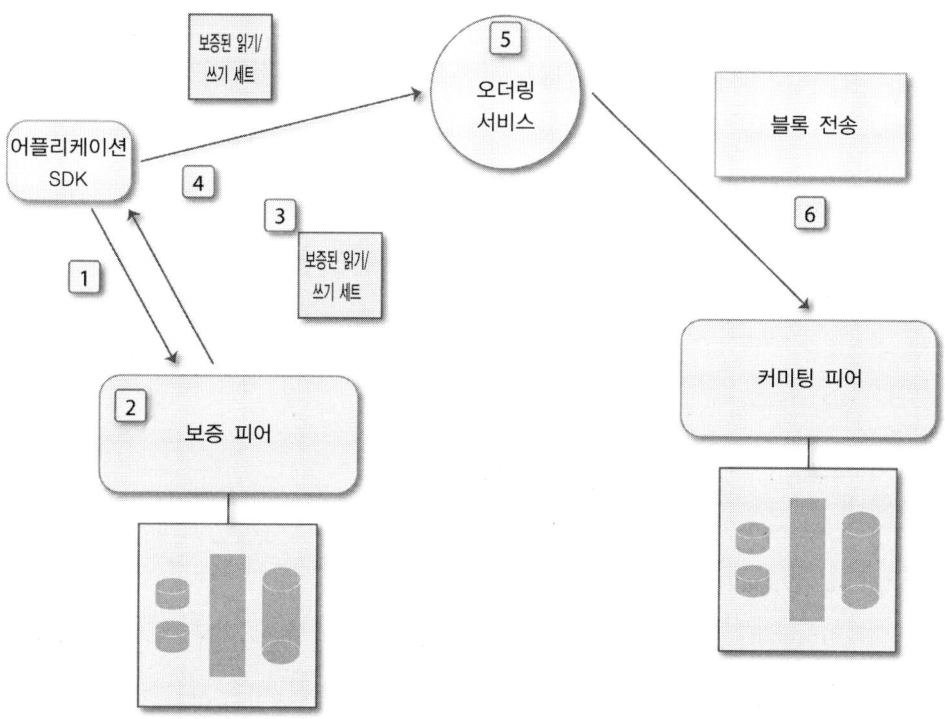

❙ 그림 6.15 ❙

체인코드 호출 단계는 다음과 같습니다.

1. 어플리케이션 SDK는 보증 피어에게 트랜잭션 제안서를 보냅니다.
2. 보증 피어로부터 모든 보증 요청을 읽기-쓰기 세트[read-writesets] 형태로 받습니다.

3. 오더링 서비스로 보내기 전에 모든 읽기-쓰기 세트를 확인합니다.

위 단계는 체인코드에서 메소드를 호출하는 전체 프로세스를 요약한 것입니다. 이를 염두에 두고, 체인코드를 호출하는 코드를 작성해 봅시다.

먼저, invoke.js라는 파일을 작성합니다.

이 프로그램에 필요한 Fabric 클라이언트 및 기타 내장in-built 종속성을 가져옵니다. 그런 다음 invoke라는 빈 비동기async 함수를 만듭니다 :

```
const Fabric_Client = require('fabric-client');
const path = require('path');
const util = require('util');
const os = require('os');
invoke();
async function invoke()  {
};
```

이제 스켈레톤skeleton이 준비되었으므로, 필요한 트랜잭션을 보내는 코드를 작성해야 합니다. 다음 단계를 따르면 원하는 결과를 얻을 수 있습니다.

1. Fabric_Client 인스턴스를 가져옵니다.
2. chaincode가 설치된 채널의 인스턴스를 가져옵니다(예 : fabric_client.newChannel('mychannel');).
3. 피어 URL을 전달하여 이 채널의 일부인 피어 인스턴스를 가져옵니다(예 : fabric_client.newPeer('grpc://localhost:7051');).
4. 오더러 URL을 전달하여 오더 인스턴스를 가져옵니다(예 : fabric_client.newOrderer('grpc://localhost:7050');).
5. 상태 저장소에서 사용자 세부 사항을 로드합니다. 사용자 세부 사항에 포함된 인증서를 사용하여 트랜잭션에 서명합니다.
6. 트랜잭션을 피어에게 보내기 위한 제안 요청 객체proposal request object를 구축합니다.

예를 들어, 대상에는 피어 정보, 체인코드 ID 또는 이름, 호출할 함수, 메소드에 제공할 매개변수 및 채널 ID가 나열됩니다.

자산 레지스트리에는 아래와 같이 createProperty라는 함수가 있습니다 :

```
public async createProperty(ctx: Context, propertyNumber: string,
propertyArea: string, cost: number, type: string, location: string,
value: number, ownerName: string) {
        const assetDetailsAsBytes = await ctx.stub.getState (propertyNumber);
                                     // get the car from chaincode state
        const asset: AssetDetails = {
            propertyArea,
            location,
            propertyNumber,
            type,
            value,
            ownerName,
        };
        await ctx.stub.putState(propertyNumber, Buffer.from(JSON.
                                    stringify(asset)));
    }
```

보시다시피, 이 함수가 요구하는 많은 매개변수를 모두 전달해야 합니다.

```
const proposal_request = {
    targets: [peer],
    chaincodeId: asset,
    fcn: createProperty,
    args:["P1000003","howbe","2838","somehg","asdf","2323","someowner"],
    chainId: 'mychannel',
    txId: tx_id
};
```

그 다음, 트랜잭션 제안서를 보내야 합니다.

```
  const endorsement_results = await     channel.sendTransactionProposal
(proposal_request);
```

모든 트랜잭션 제안을 결과 값으로 돌려받을 것입니다. 해당 코드는 다음과 같습니다. 이전에 작성한 코드 뒤에 붙여 넣으십시오.

```
const fabric_client = new Fabric_Client();
        const channel = fabric_client.newChannel('mychannel');
        console.log('Created client side object to represent the channel');
        const peer = fabric_client.newPeer('grpc://localhost:7051');
        console.log('Created client side object to represent the peer');
        const orderer = fabric_client.newOrderer('grpc://localhost:7050')
        console.log('Created client side object to represent the orderer');
        const member_user = null;
        const store_path = path.join(__dirname, 'hfc-key-store');
        console.log('Setting up the user store at path:'+store_path);
        const state_store = await Fabric_Client.newDefaultKeyValueStore
                              ({ path: store_path});
        fabric_client.setStateStore(state_store);
        const crypto_suite = Fabric_Client.newCryptoSuite();
        const crypto_store = Fabric_Client.newCryptoKeyStore({path:
                               store_path});
        crypto_suite.setCryptoKeyStore(crypto_store);
        fabric_client.setCryptoSuite(crypto_suite);
        const user = await fabric_client.getUserContext('user1', true);
        if (user && user.isEnrolled())  {
            console.log('Successfully loaded "user1" from user store');
        } else {
            throw new Error('\n\nFailed to get user1.... run registerUser.js');
        }
        console.log('Successfully setup client side');
        console.log('\n\nStart invoke processing');
        const tx_id = fabric_client.newTransactionID();
```

```
        console.log(util.format("\nCreated a transaction ID: %s",
                    tx_id.getTransactionID()));
    const proposal_request = {
        targets: [peer],
        chaincodeId: 'asset',
        fcn: 'createProperty',
        args:["P1000003","howbe","2838","somehg","asdf","2323","someowner"],
        chainId: 'mychannel',
        txId: tx_id
    };
        const endorsement_results = await channel.sendTransaction
                                        Proposal(proposal_request);
        const proposalResponses = endorsement_results[0];
        const proposal = endorsement_results[1];
```

보증 결과를 얻었으므로 결과가 올바른지 확인하겠습니다.

먼저, 오류가 반환되었는지 확인합니다. 오류 메시지가 맞으면 오더러에게 전송하지 말고 에러를 출력합니다. 파일에 다음 코드를 붙여 넣습니다 :

```
        if (proposalResponses[0] instanceof Error)  {
            console.error('Failed to send Proposal. Received an error ::
                        ' + proposalResponses[0].toString());
            throw proposalResponses[0];
        } else if (proposalResponses[0].response &&
                  proposalResponses[0].response.status === 200)  {
            console.log(util.format(
                'Successfully sent Proposal and received response: Status - %s',
                proposalResponses[0].response.status));
        } else  {
            const error_message = util.format('Invoke chaincode
                                  proposal:: %j', proposalResponses[i]);
            console.error(error_message);
            throw new Error(error_message);
        }
```

그 다음, 커밋 요청을 작성해야 합니다. 오더러 정보, 제안서, 응답, 피어에게 보낸 제안서를 포함시킵니다. 이 커밋 요청은 오더러에게 게시됩니다.

```
    const commit_request =  {
    orderer: orderer,
    proposalResponses: proposalResponses,
    proposal: proposal
};
const transaction_id_string = tx_id.getTransactionID();
const promises = [];
const sendPromise = channel.sendTransaction(commit_request);
promises.push(sendPromise);
```

이것으로 그림 6.15의 네 번째 단계를 완료했습니다. 클라이언트 SDK의 작업은 여기까지입니다. 트랜잭션을 확인하고, 블록에 추가하며 다른 리더 피어에게 전송하는 것은 오더러에게 달려 있습니다. 오더러에게 트랜잭션을 보내려면 먼저 이벤트를 등록해야 합니다.

원장의 블록에 커밋되기 전에, 트랜잭션이 실제로 진행되었는지 확인하는 것이 중요합니다. 이벤트를 리스닝listening하여 이를 확인할 수 있습니다. 따라서 피어 정보를 전달하여 특정 채널의 이벤트 허브에 연결합니다. 또한 채널 이벤트를 지속적으로 리스닝하는 메소드를 작성, 등록, 등록 해제할 수 있어야 합니다. 리스닝이 완료되면 등록이 해제됩니다.

Promise.all 함수를 호출하여 실제 트랜잭션을 보내고 해당 이벤트의 리스너를 실행합니다.

```
    let event_hub = channel.newChannelEventHub(peer);
            let txPromise = new Promise((resolve, reject) =>  {
        let handle = setTimeout(() =>  {
            event_hub.unregisterTxEvent(transaction_id_string);
            event_hub.disconnect();
```

```
            resolve({event_status : 'TIMEOUT'});
        }, 30000);
        event_hub.registerTxEvent(transaction_id_string, (tx, code) => {
            clearTimeout(handle);
                        const return_status = {event_status : code,
                                    tx_id : transaction_id_string};
            if (code !== 'VALID') {
                console.error('There was an invalid transaction, code
                            = ' + code);
                resolve(return_status);             } else {
                console.log('The transaction has successfully
                    committed on peer ' + event_hub.getPeerAddr());
                resolve(return_status);
            }
        }, (err) => {
            reject(new Error('A problem was encountered with the
                            eventhub ::'+err));
        },
            {disconnect: true}              );
        event_hub.connect();
        console.log('Registered transaction listener with the peer
         event service for transaction ID:'+ transaction_id_string);
    });
            promises.push(txPromise);
    console.log('Sending endorsed transaction to the orderer');
    const results = await Promise.all(promises);
```

실행이 완료되면, 오더러가 요청을 수락하고 원장에 커밋했는지를 확인해야 합니다.

다음 코드를 사용하면 됩니다 :

```
    if (results[0].status === 'SUCCESS') {
        console.log('Transaction successfully sent to the orderer');
    } else {
```

```
    const message = util.format('Failed to order the transaction.
                        Error code: %s', results[0].status);
    console.error(message);
    throw new Error(message);    }

if (results[1] instanceof Error)  z
    console.error(message);
    throw new Error(message);
} else if (results[1].event_status === 'VALID')  {
    console.log('Successfully committed the change to the ledger
                by the peer');
    console.log('\n\n - try running "node query.js" to see the
                results');
} else  {
    const message = util.format('Transaction failed to be commit-
        ted to the ledger due to : %s', results[1].event_status)
    console.error(message);
    throw new Error(message);
}
```

최종 파일은 그림 6.16부터 그림 6.21과 같습니다.

```
'use strict';
/*
* Copyright IBM Corp All Rights Reserved
*
* SPDX-License-Identifier: Apache-2.0
*/
/*
 * Chaincode Invoke
 */

const Fabric_Client = require('fabric-client');
const path = require('path');
const util = require('util');
const os = require('os');

invoke();

async function invoke() {
	console.log('\n\n --- invoke.js - start');
	try {
		console.log('Setting up client side network objects');
		// fabric client instance
		// starting point for all interactions with the fabric network
		const fabric_client = new Fabric_Client();

		// setup the fabric network
		// -- channel instance to represent the ledger named "mychannel"
		const channel = fabric_client.newChannel('mychannel');
		console.log('Created client side object to represent the channel');
		// -- peer instance to represent a peer on the channel
		const peer = fabric_client.newPeer('grpc://localhost:7051');
		console.log('Created client side object to represent the peer');
		// -- orderer instance to reprsent the channel's orderer
		const orderer = fabric_client.newOrderer('grpc://localhost:7050')
		console.log('Created client side object to represent the orderer');

		// This sample application uses a file based key value stores to hold
		// the user information and credentials. These are the same stores as used
		// by the 'registerUser.js' sample code
		const member_user = null;
```

IP 주소로 변경해야 합니다.

▌그림 6.16▐

```
            const store_path = path.join(__dirname, 'hfc-key-store');
            console.log('Setting up the user store at path:'+store_path);
            // create the key value store as defined in the fabric-client/config/default.json 'key-value-store' setting
            const state_store = await Fabric_Client.newDefaultKeyValueStore({ path: store_path});
            // assign the store to the fabric client
            fabric_client.setStateStore(state_store);
            const crypto_suite = Fabric_Client.newCryptoSuite();
            // use the same location for the state store (where the users' certificate are kept)
            // and the crypto store (where the users' keys are kept)
            const crypto_store = Fabric_Client.newCryptoKeyStore({path: store_path});
            crypto_suite.setCryptoKeyStore(crypto_store);
            fabric_client.setCryptoSuite(crypto_suite);

            // get the enrolled user from persistence and assign to the client instance
            //    this user will sign all requests for the fabric network
            const user = await fabric_client.getUserContext('user1', true);
            if (user && user.isEnrolled()) {
                    console.log('Successfully loaded "user1" from user store');
            } else {
                    throw new Error('\n\nFailed to get user1.... run registerUser.js');
            }

            console.log('Successfully setup client side');
            console.log('\n\nStart invoke processing');

            // get a transaction id object based on the current user assigned to fabric client
            // Transaction ID objects contain more then just a transaction ID, also includes
            // a nonce value and if built from the client's admin user.
            const tx_id = fabric_client.newTransactionID();
            console.log(util.format("\nCreated a transaction ID: %s", tx_id.getTransactionID()));


            const proposal_request = {
        targets: [peer],
        chaincodeId: 'asset',
        fcn: 'createProperty',
        args:["P1000003","howbe","2838","somehg","asdf","2323","someowner"],
        chainId: 'mychannel',
        txId: tx_id
};
```

▌그림 6.17▐

```
// notice the proposal_request has the peer defined in the 'targets' attribute.
// Send the transaction proposal to the endorsing peers.
// The peers will run the function requested with the arguments supplied.
// based on the current state of the ledger. If the chaincode successfully.
// runs this simulation it will return a positive result in the endorsement.
const endorsement_results = await channel.sendTransactionProposal(proposal_request);

// The results will contain a few different items
// first is the actual endorsements by the peers, these will be the responses
//    from the peers. In our sammple there will only be one results since
//    only sent the proposal to one peer.
// second is the proposal that was sent to the peers to be endorsed. This will
//    be needed later when the endorsements are sent to the orderer.
// second is the proposal that was sent
const proposalResponses = endorsement_results[0];
const proposal = endorsement_results[1];

// check the results to decide if we should send the endorsment to be orderered
if (proposalResponses[0] instanceof Error) {
        console.error('Failed to send Proposal. Received an error :: ' + proposalResponses[0].toString());
        throw proposalResponses[0];
} else if (proposalResponses[0].response && proposalResponses[0].response.status === 200) {
        console.log(util.format(
                'Successfully sent Proposal and received response: Status - %s',
                proposalResponses[0].response.status));
} else {
        const error_message = util.format('Invoke chaincode proposal:: %j', proposalResponses[i]);
        console.error(error_message);
        throw new Error(error_message);
}

// The proposal was good, now send to the orderer to have the transaction
// committed.

const commit_request = {
        orderer: orderer,
        proposalResponses: proposalResponses,
        proposal: proposal
```

▌그림 6.18▐

```
        };

        //Get the transaction ID string to be used by the event processing
        const transaction_id_string = tx_id.getTransactionID();

        // create an array to hold on the asynchronous calls to be executed at the
        // same time
        const promises = [];

        // this will send the proposal to the orderer during the execuction of
        // the promise 'all' call.

        const sendPromise = channel.sendTransaction(commit_request);
        //we want the send transaction first, so that we know where to check status

        promises.push(sendPromise);

        // get an event hub that is associated with our peer
        let event_hub = channel.newChannelEventHub(peer);

        // create the asynchronous work item

        let txPromise = new Promise((resolve, reject) => {

            // setup a timeout of 30 seconds
            // if the transaction does not get committed within the timeout period,
            // report TIMEOUT as the status. This is an application timeout and is a
            // good idea to not let the listener run forever.
            let handle = setTimeout(() => {
                event_hub.unregisterTxEvent(transaction_id_string);
                event_hub.disconnect();
                resolve({event_status : 'TIMEOUT'});
            }, 30000);

            // this will register a listener with the event hub. THe included callbacks
            // will be called once transaction status is received by the event hub or
            // an error connection arises on the connection.

            event_hub.registerTxEvent(transaction_id_string, (tx, code) => {
                // this first callback is for transaction event status
```

▌그림 6.19▐

```

                    // callback has been called, so we can stop the timer defined above
                    clearTimeout(handle);

                    // now let the application know what happened
                    const return_status = {event_status : code, tx_id : transaction_id_string};
                    if (code !== 'VALID') {
                        console.error('The transaction was invalid, code = ' + code);
                        resolve(return_status); // we could use reject(new Error('Problem with the tranaction,
                    } else {
                        console.log('The transaction has been committed on peer ' + event_hub.getPeerAddr());
                        resolve(return_status);
                    }
                }, (err) => {
                    //this is the callback if something goes wrong with the event registration or processing
                    reject(new Error('There was a problem with the eventhub ::'+err));
                },
                    {disconnect: true} //disconnect when complete
                );

                // now that we have a protective timer running and the listener registered,
                // have the event hub instance connect with the peer's event service
                event_hub.connect();
                console.log('Registered transaction listener with the peer event service for transaction ID:'+ transact
            });

            // set the event work with the orderer work so they may be run at the same time
            promises.push(txPromise);

            // now execute both pieces of work and wait for both to complete
            console.log('Sending endorsed transaction to the orderer');
            const results = await Promise.all(promises);

            // since we added the orderer work first, that will be the first result on
            // the list of results
            // success from the orderer only means that it has accepted the transaction
            // you must check the event status or the ledger to if the transaction was
            // committed
            if (results[0].status === 'SUCCESS') {
                console.log('Successfully sent transaction to the orderer');
```

▌그림 6.20▐

```
            } else {
                const message = util.format('Failed to order the transaction. Error code: %s', results[0].status);
                console.error(message);
                throw new Error(message);
            }

            if (results[1] instanceof Error) {
                console.error(message);
                throw new Error(message);
            } else if (results[1].event_status === 'VALID') {
                console.log('Successfully committed the change to the ledger by the peer');
                console.log('\n\n - try running "node query.js" to see the results');
            } else {
                const message = util.format('Transaction failed to be committed to the ledger due to : %s', results[1].
                console.error(message);
                throw new Error(message);
            }
        } catch(error) {
            console.log('Unable to invoke ::'+ error.toString());
        }
        console.log('\n\n --- invoke.js - end');
    };
```

▌그림 6.21▐

> 참고 : 원격 VM에서 Hyperledger 네트워크를 실행중인 경우, localhost(위에 표시됨) 대신 원격 VM의 IP 주소를 지정해야 합니다.

프로세스에서 발생할 수 있는 예외를 포착하기 위해, try ... catch 구문 안에 코드를 모두 넣는 것이 좋습니다.

이제 네트워크에서 트랜잭션을 실행하거나 호출할 수 있는 프로그램이 준비되었습니다. 테스트를 하려면 property-node-client 폴더에서 다음 명령을 실행하십시오.

```
node invoke.js
```

성공하면 그림 6.22와 비슷한 출력이 표시됩니다.

> 참고 : 문제가 발생하면 모든 컨테이너를 삭제하여 프로세스를 다시 시작하는 것이 좋습니다. 간혹 Fabric SDK가 네트워크에 배포된 체인코드의 예전 인스턴스에 연결되기 때문입니다.

| 그림 6.22 |

이제 호출 기능이 작동합니다. 호출 기능이 작동했는지 확인하기 위해, 질의 기능을 작성하겠습니다.

질의를 위해 다음 단계를 따라야 합니다.

1. 상태 키 저장소에 연결하여 사용자 정보를 로드합니다.

2. 요청 객체request object를 빌드하고, 필수 매개변수를 전달하고, 채널에서 조회합니다.
3. 오류가 있는지 확인하십시오. 오류가 없는 경우, 질의 결과를 프린트합니다.

질의 기능을 개발하겠습니다.

query.js라는 파일을 작성하고, 아래에 표시된 가져오기 구문을 넣습니다.

```
var Fabric_Client = require('fabric-client');
var path = require('path');
var util = require('util');
var os = require('os');
//
var fabric_client = new Fabric_Client();
var channel = fabric_client.newChannel('mychannel');
var peer = fabric_client.newPeer('grpc://localhost:7051');
channel.addPeer(peer);
//
var member_user = null;
var store_path = path.join(__dirname, 'hfc-key-store');
console.log('Store path:'+store_path);
var tx_id = null;
```

상태 키 저장소에서 사용자 세부 사항을 로드합니다. 사용자 컨텍스트를 확보한 뒤, 다음과 같이 요청 객체를 빌드해야 합니다.

```
    const request = {
        chaincodeId: 'fabcar',
        fcn: 'queryAllCars',
        args: ['']
    };
```

queryByChaincode를 사용하여 체인코드 질의를 수행하고, 세부 질의 정보를 확인해야 합니다.

코드는 다음과 같이 표시됩니다.

```
Fabric_Client.newDefaultKeyValueStore({ path: store_path
}).then((state_store) => {
    fabric_client.setStateStore(state_store);
    var crypto_suite = Fabric_Client.newCryptoSuite();
    var crypto_store = Fabric_Client.newCryptoKeyStore({path: store_path});
    crypto_suite.setCryptoKeyStore(crypto_store);
    fabric_client.setCryptoSuite(crypto_suite);
    return fabric_client.getUserContext('user1', true);}).then((user_
                        from_store) => {
    if (user_from_store && user_from_store.isEnrolled()) {
        console.log('Successfully loaded user1 from persistence');
        member_user = user_from_store;
    } else {
        throw new Error('Failed to get user1.... run registerUser.js');
    }
    const request = {
        chaincodeId: 'asset',
        fcn: 'queryAllAssets',
        args: ['P1000001','P100003']
    };
    return channel.queryByChaincode(request);
}).then((query_responses) => {
    console.log("Query has completed, checking results");
    if (query_responses && query_responses.length == 1) {
        if (query_responses[0] instanceof Error) {
            console.error("error from query = ", query_responses[0]);
        } else {
            console.log("Response is ", query_responses[0].toString());
        }
    } else {
```

```
        console.log("No payloads were returned from query");
    }
}).catch((err) => {
    console.error('Failed to query successfully :: ' + err);
});
```

최종 파일은 그림 6.23 및 그림 6.24와 같습니다.

```
'use strict';
/*
* Copyright IBM Corp All Rights Reserved
*
* SPDX-License-Identifier: Apache-2.0
*/
/*
 * Chaincode query
 */

var Fabric_Client = require('fabric-client');
var path = require('path');
var util = require('util');
var os = require('os');

//
var fabric_client = new Fabric_Client();

// setup the fabric network
var channel = fabric_client.newChannel('mychannel');
var peer = fabric_client.newPeer('grpc://localhost:7051');
channel.addPeer(peer);

//
var member_user = null;
var store_path = path.join(__dirname, 'hfc-key-store');
console.log('Store path:'+store_path);
var tx_id = null;

// create the key value store as defined in the fabric-client/config/default.json 'key-value-store' setting
Fabric_Client.newDefaultKeyValueStore({ path: store_path
}).then((state_store) => {
        // assign the store to the fabric client
        fabric_client.setStateStore(state_store);
        var crypto_suite = Fabric_Client.newCryptoSuite();
        // use the same location for the state store (where the users' certificate are kept)
        // and the crypto store (where the users' keys are kept)
        var crypto_store = Fabric_Client.newCryptoKeyStore({path: store_path});
        crypto_suite.setCryptoKeyStore(crypto_store);
        fabric_client.setCryptoSuite(crypto_suite);
```

IP 주소로 변경해야 합니다.

❙ 그림 6.23 ❙

```
	// get the enrolled user from persistence, this user will sign all requests
	return fabric_client.getUserContext('user1', true);
}).then((user_from_store) => {
	if (user_from_store && user_from_store.isEnrolled()) {
		console.log('Successfully loaded user1 from persistence');
		member_user = user_from_store;
	} else {
		throw new Error('Failed to get user1.... run registerUser.js');
	}

	// queryCar chaincode function - requires 1 argument, ex: args: ['CAR4'],
	// queryAllCars chaincode function - requires no arguments , ex: args: [''],
	const request = {
		//targets : --- letting this default to the peers assigned to the channel
		chaincodeId: 'asset',
		fcn: 'queryAllAssets',
		args: ['P1000001','P100003']

	};

	// send the query proposal to the peer
	return channel.queryByChaincode(request);
}).then((query_responses) => {
	console.log("Query has completed, checking results");
	// query_responses could have more than one  results if there multiple peers were used as targets
	if (query_responses && query_responses.length == 1) {
		if (query_responses[0] instanceof Error) {
			console.error("error from query = ", query_responses[0]);
		} else {
			console.log("Response is ", query_responses[0].toString());
		}
	} else {
		console.log("No payloads were returned from query");
	}
}).catch((err) => {
	console.error('Failed to query successfully :: ' + err);
});
```

▌그림 6.24▐

> 참고 : 원격 VM에서 Hyperledger 네트워크를 실행중인 경우, localhost(위에 표시) 대신 원격 VM의 IP 주소를 지정해야 합니다.

query.js 명령을 실행하여 테스트를 수행하겠습니다 :

```
node query.js
```

다음 결과가 나타납니다 :

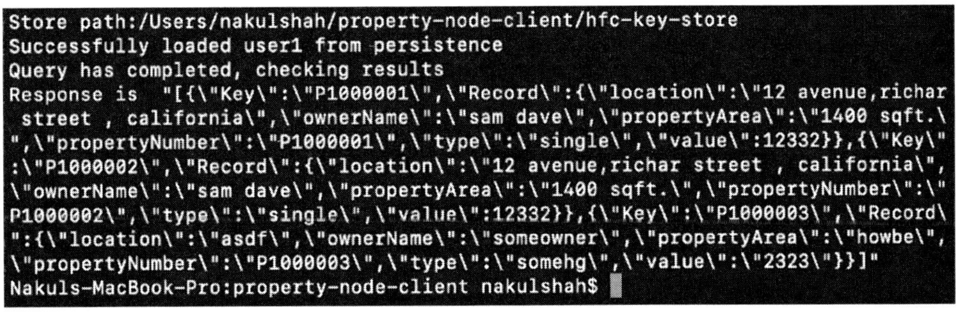

Ⅰ그림 6.25Ⅰ

네트워크 질의가 성공적으로 완료되었습니다. 이제 부동산 소유자 변경으로 넘어갑니다.

Fabric SDK에서 ChangePropertyOwner 호출

이 메소드는 이전에 작성한 invoke.js와 비슷합니다. 그러나 많은 매개변수를 사용합니다.

changeOwner.js를 작성하고, 다음 코드를 사용하십시오 :

```
'use strict'
const Fabric_Client = require('fabric-client');
const path = require('path');
const util = require('util');
const os = require('os');
changeOwner('P1000003','nakul');
async function changeOwner(propertyId, OwnerName)  {
    console.log('\n\n --- invoke.js - start');
    try {
        console.log('Setting up client side network objects');
        const fabric_client = new Fabric_Client();
```

```
const channel = fabric_client.newChannel('mychannel');
console.log('Created client side object to represent the channel');
const peer = fabric_client.newPeer('grpc://localhost:7051');
console.log('Created client side object to represent the peer');
const orderer = fabric_client.newOrderer('grpc://localhost:7050')
console.log('Created client side object to represent the orderer');
const member_user = null;
const store_path = path.join(__dirname, 'hfc-key-store');
console.log('Setting up the user store at path:'+store_path);
const state_store = await Fabric_Client.newDefaultKeyValueStore
                        ({ path: store_path});
fabric_client.setStateStore(state_store);
const crypto_suite = Fabric_Client.newCryptoSuite();
const crypto_store = Fabric_Client.newCryptoKeyStore({path:
                        store_path});
crypto_suite.setCryptoKeyStore(crypto_store);
fabric_client.setCryptoSuite(crypto_suite);
const user = await fabric_client.getUserContext('user1', true);
if (user && user.isEnrolled())  {
    console.log('Successfully loaded "user1" from user store');
} else  {
    throw new Error('\n\nFailed to get user1.... run registerUser.js');
}
console.log('Successfully setup client side');
console.log('\n\nStart invoke processing');
const tx_id = fabric_client.newTransactionID();
console.log(util.format("\nCreated a transaction ID: %s",
                        tx_id.getTransactionID()));
const proposal_request =  {
    targets: [peer],
    chaincodeId: 'asset',
    fcn: 'changePropertyOwner',
    args:[propertyId,OwnerName],
    chainId: 'mychannel',
    txId: tx_id
```

```
};
    const endorsement_results = await channel.sendTransactionProposal
                                 (proposal_request);
    const proposalResponses = endorsement_results[0];
    const proposal = endorsement_results[1];
    if (proposalResponses[0] instanceof Error)  {
        console.error('Failed to send Proposal. Received an error ::
                    ' + proposalResponses[0].toString());
        throw proposalResponses[0];
    } else if (proposalResponses[0].response &&
            proposalResponses[0].response.status === 200)  {
        console.log(util.format(
            'Successfully sent Proposal and received response: Status - %s',
            proposalResponses[0].response.status));
    } else {
        const error_message = util.format('Invoke chaincode proposal
                                :: %j', proposalResponses[i]);
        console.error(error_message);
        throw new Error(error_message);
    }
    const commit_request =  {
        orderer: orderer,
        proposalResponses: proposalResponses,
        proposal: proposal
    };
    const transaction_id_string = tx_id.getTransactionID();
    const promises = [];
    const sendPromise = channel.sendTransaction(commit_request);
    promises.push(sendPromise);
    let event_hub = channel.newChannelEventHub(peer);
    // Now, we create an asynchronous work item
    let txPromise = new Promise((resolve, reject) =>  {
        let handle = setTimeout(() =>  {
            event_hub.unregisterTxEvent(transaction_id_string);
            event_hub.disconnect();
```

```
            resolve( event_status : 'TIMEOUT'});
        }, 30000);
        event_hub.registerTxEvent(transaction_id_string, (tx, code) => {
            clearTimeout(handle);
            // now let the application know what happened
            const return_status = {event_status : code, tx_id :
                                   transaction_id_string};
            if (code !== 'VALID')  (
                resolve(return_status);
            } else  {
                resolve(return_status);
            }
        }, (err) =>  {
            //this serves as the call back, in case anything goes
              wrong with processing or event registration
        },
            {disconnect: true}
    //disconnect when complete
        );
        event_hub.connect();
        console.log('Registered transaction listener with the peer
          event service for transaction ID:'+ transaction_id_string);
    });
    // set the event work with the orderer work so they can be run at
       the same time
    promises.push(txPromise);
    // now execute both pieces of work and wait for them to complete
    console.log('Sending endorsed transaction to the orderer');
    const results = await Promise.all(promises);
    if (results[0].status === 'SUCCESS')  {
        console.log('Successfully sent transaction to the orderer');
    } else  {
        const message = util.format('Failed to order the transaction.
                         Error code: %s', results[0].status);
        console.error(message);
```

```
            throw new Error(message);
        }
        if (results[1] instanceof Error)  {
            console.error(message);
            throw new Error(message);
        } else if (results[1].event_status === 'VALID')  {
            console.log('\n\n - try running "node query.js" to see the
                          results');
        } else {
            const message = util.format('Transaction failed to be committed
                      to the ledger due to : %s', results[1].event_status)
            console.error(message);
            throw new Error(message);
        }
    } catch(error)  {
        console.log('Unable to invoke ::'+ error.toString());
    }
        console.log('\n\n --- invoke.js - end');
};
```

최종 파일은 그림 6.26에서부터 그림 6.31과 같습니다.

```
'use strict';
/*
* Copyright IBM Corp All Rights Reserved
*
* SPDX-License-Identifier: Apache-2.0
*/
/*
 * Chaincode Invoke
 */

const Fabric_Client = require('fabric-client');
const path = require('path');
const util = require('util');
const os = require('os');

changeOwner('P1000003','nakul');

async function changeOwner(propertyId, OwnerName) {
        console.log('\n\n --- invoke.js - start');
        try {
                console.log('Setting up client side network objects');
                // fabric client instance
                // starting point for all interactions with the fabric network
                const fabric_client = new Fabric_Client();

                // setup the fabric network
                // -- channel instance to represent the ledger named "mychannel"
                const channel = fabric_client.newChannel('mychannel');
                console.log('Created client side object to represent the channel');
                // -- peer instance to represent a peer on the channel
                const peer = fabric_client.newPeer('grpc://localhost:7051');
                console.log('Created client side object to represent the peer');
                // -- orderer instance to reprsent the channel's orderer
                const orderer = fabric_client.newOrderer('grpc://localhost:7050')
                console.log('Created client side object to represent the orderer');

                // This sample application uses a file based key value stores to hold
                // the user information and credentials. These are the same stores as used
                // by the 'registerUser.js' sample code
                const member_user = null;
```

IP 주소로 변경해야 합니다.

▎그림 6.26▐

```
            const store_path = path.join(__dirname, 'hfc-key-store');
            console.log('Setting up the user store at path:'+store_path);
            // create the key value store as defined in the fabric-client/config/default.json 'key-value-store' setting
            const state_store = await Fabric_Client.newDefaultKeyValueStore({ path: store_path});
            // assign the store to the fabric client
            fabric_client.setStateStore(state_store);
            const crypto_suite = Fabric_Client.newCryptoSuite();
            // use the same location for the state store (where the users' certificate are kept)
            // and the crypto store (where the users' keys are kept)
            const crypto_store = Fabric_Client.newCryptoKeyStore({path: store_path});
            crypto_suite.setCryptoKeyStore(crypto_store);
            fabric_client.setCryptoSuite(crypto_suite);

            // get the enrolled user from persistence and assign to the client instance
            //    this user will sign all requests for the fabric network
            const user = await fabric_client.getUserContext('user1', true);
            if (user && user.isEnrolled()) {
                    console.log('Successfully loaded "user1" from user store');
            } else {
                    throw new Error('\n\nFailed to get user1.... run registerUser.js');
            }

            console.log('Successfully setup client side');
            console.log('\n\nStart invoke processing');

            // get a transaction id object based on the current user assigned to fabric client
            // Transaction ID objects contain more then just a transaction ID, also includes
            // a nonce value and if built from the client's admin user.
            const tx_id = fabric_client.newTransactionID();
            console.log(util.format("\nCreated a transaction ID: %s", tx_id.getTransactionID()));


            const proposal_request = {
        targets: [peer],
        chaincodeId: 'asset',
        fcn: 'changePropertyOwner',
        args:[propertyId,OwnerName],
        chainId: 'mychannel',
        txId: tx_id
};
```

▌그림 6.27▐

```


		// notice the proposal_request has the peer defined in the 'targets' attribute.
		// Send the transaction proposal to the endorsing peers.
		// The peers will run the function requested with the arguments supplied.
		// based on the current state of the ledger. If the chaincode successfully.
		// runs this simulation it will return a positive result in the endorsement.
		const endorsement_results = await channel.sendTransactionProposal(proposal_request);

		// The results will contain a few different items
		// first is the actual endorsements by the peers, these will be the responses
		//    from the peers. In our sammple there will only be one results since
		//    only sent the proposal to one peer.
		// second is the proposal that was sent to the peers to be endorsed. This will
		//    be needed later when the endorsements are sent to the orderer.
		// second is the proposal that was sent
		const proposalResponses = endorsement_results[0];
		const proposal = endorsement_results[1];

		// check the results to decide if we should send the endorsment to be orderered
		if (proposalResponses[0] instanceof Error) {
			console.error('Failed to send Proposal. Received an error :: ' + proposalResponses[0].toString());
			throw proposalResponses[0];
		} else if (proposalResponses[0].response && proposalResponses[0].response.status === 200) {
			console.log(util.format(
				'Successfully sent Proposal and received response: Status - %s',
				proposalResponses[0].response.status));
		} else {
			const error_message = util.format('Invoke chaincode proposal:: %j', proposalResponses[i]);
			console.error(error_message);
			throw new Error(error_message);
		}

		// The proposal was good, now send to the orderer to have the transaction
		// committed.

		const commit_request = {
			orderer: orderer,
			proposalResponses: proposalResponses,
			proposal: proposal
```

▌그림 6.28▐

```
        };

        //Get the transaction ID string to be used by the event processing
        const transaction_id_string = tx_id.getTransactionID();

        // create an array to hold on the asynchronous calls to be executed at the
        // same time
        const promises = [];

        // this will send the proposal to the orderer during the execution of
        // the promise 'all' call.

        const sendPromise = channel.sendTransaction(commit_request);
        //we want the send transaction first, so that we know where to check status

        promises.push(sendPromise);

        // get an event hub that is associated with our peer
        let event_hub = channel.newChannelEventHub(peer);

        // create the asynchronous work item

        let txPromise = new Promise((resolve, reject) => {

                // setup a timeout of 30 seconds
                // if the transaction does not get committed within the timeout period,
                // report TIMEOUT as the status. This is an application timeout and is a
                // good idea to not let the listener run forever.
                let handle = setTimeout(() => {
                        event_hub.unregisterTxEvent(transaction_id_string);
                        event_hub.disconnect();
                        resolve({event_status : 'TIMEOUT'});
                }, 30000);

                // this will register a listener with the event hub. THe included callbacks
                // will be called once transaction status is received by the event hub or
                // an error connection arises on the connection.

                event_hub.registerTxEvent(transaction_id_string, (tx, code) => {
                        // this first callback is for transaction event status
```

▌그림 6.29▐

```
					// callback has been called, so we can stop the timer defined above
					clearTimeout(handle);

					// now let the application know what happened
					const return_status = {event_status : code, tx_id : transaction_id_string};
					if (code !== 'VALID') {
						console.error('The transaction was invalid, code = ' + code);
						resolve(return_status); // we could use reject(new Error('Problem with the tranaction, 
					} else {
						console.log('The transaction has been committed on peer ' + event_hub.getPeerAddr());
						resolve(return_status);
					}
				}, (err) => {
					//this is the callback if something goes wrong with the event registration or processing
					reject(new Error('There was a problem with the eventhub ::'+err));
				},
					{disconnect: true} //disconnect when complete
				);

				// now that we have a protective timer running and the listener registered,
				// have the event hub instance connect with the peer's event service
				event_hub.connect();
				console.log('Registered transaction listener with the peer event service for transaction ID:'+ transact
			});

			// set the event work with the orderer work so they may be run at the same time
			promises.push(txPromise);

			// now execute both pieces of work and wait for both to complete
			console.log('Sending endorsed transaction to the orderer');
			const results = await Promise.all(promises);

			// since we added the orderer work first, that will be the first result on
			// the list of results
			// success from the orderer only means that it has accepted the transaction
			// you must check the event status or the ledger to if the transaction was
			// committed
			if (results[0].status === 'SUCCESS') {
				console.log('Successfully sent transaction to the orderer');
```

▌그림 6.30▐

```
			} else {
				const message = util.format('Failed to order the transaction. Error code: %s', results[0].status);
				console.error(message);
				throw new Error(message);
			}

			if (results[1] instanceof Error) {
				console.error(message);
				throw new Error(message);
			} else if (results[1].event_status === 'VALID') {
				console.log('Successfully committed the change to the ledger by the peer');
				console.log('\n\n - try running "node query.js" to see the results');
			} else {
				const message = util.format('Transaction failed to be committed to the ledger due to : %s', results[1].
				console.error(message);
				throw new Error(message);
			}
		} catch(error) {
			console.log('Unable to invoke ::'+ error.toString());
		}
		console.log('\n\n --- invoke.js - end');
};
```

▌그림 6.31▐

> 참고 : 원격 VM에서 Hyperledger 네트워크를 실행중인 경우, localhost(위에 표시) 대신 원격 VM의 IP 주소를 지정해야 합니다.

changeOwner 함수를 호출해 봅시다 :

```
node changeOwner.js
```

보이는 것처럼, nakul이라는 이름의 소유자를 속성 ID **P1000003**의 새 소유자로 설정합니다.

이 설정이 성공했는지 확인하려면, 모든 속성을 다시 질의해야 합니다 :

```
node query.js
```

```
Store path:/Users/nakulshah/property-node-client/hfc-key-store
Successfully loaded user1 from persistence
Query has completed, checking results
Response is  "[{\"Key\":\"P1000001\",\"Record\":{\"location\":\"12 avenue,richar
 street , california\",\"ownerName\":\"sam dave\",\"propertyArea\":\"1400 sqft.\
",\"propertyNumber\":\"P1000001\",\"type\":\"single\",\"value\":12332}},{\"Key\"
:\"P1000002\",\"Record\":{\"location\":\"12 avenue,richar street , california\",
\"ownerName\":\"sam dave\",\"propertyArea\":\"1400 sqft.\",\"propertyNumber\":\"
P1000002\",\"type\":\"single\",\"value\":12332}},{\"Key\":\"P1000003\",\"Record\
":{\"location\":\"asdf\",\"ownerName\":\"nakul\",\"propertyArea\":\"howbe\",\"pr
opertyNumber\":\"P1000003\",\"type\":\"somehg\",\"value\":\"2323\"}}]"
Nakuls-MacBook-Pro:property-node-client nakulshah$
```

| 그림 6.32 |

그림 6.32에서 볼 수 있듯이, 속성 ID **P1000003**의 소유자 ID는 nakul로 설정되어 있습니다.

요약

이번 장에서는 네트워크 등록 및 상호작용 프로세스를 배웠습니다. Fabric SDK과의 통합을 작성하여 asset-registry 사용 사례를 확장했습니다. 다음 장에서는 Rest API 서버와 통합하고, 브라우저를 통해 상호작용할 간단한 프론트엔드front-end를 작성하여 사용 사례를 완성하겠습니다. 또한 Fabric SDK와 관련된 다른 기능(채널 생성, 체인코드 설치 등)도 볼 수 있습니다.

CHAPTER 7

Fabric SDK: Fabric 네트워크를 사용한 종단간 어플리케이션 구축

이번 장에서는 asset-registry 적용 사례를 추가 확장하겠습니다. REST API 계층과 프런트 엔드를 구축하여 적용 사례를 완성합니다. 또한 이번 장에서는 채널 생성, 체인코드 설치 등과 같은 다른 중요한 개념을 설명하여 Fabric 적용 사례에 대한 지식을 넓히겠습니다.

완성된 어플리케이션은 그림 7.1과 같이 보입니다 :

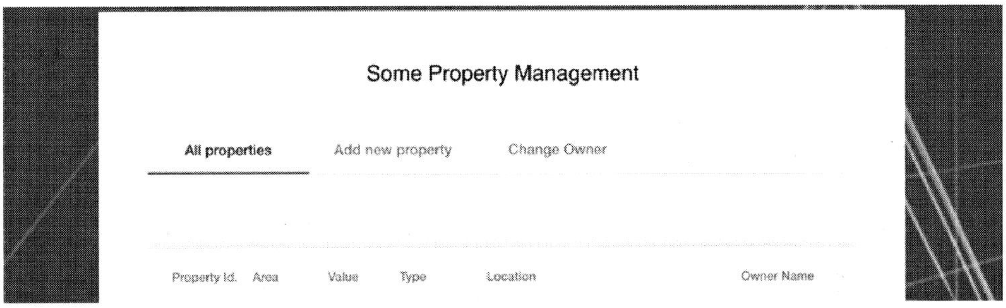

▌그림 7.1▐

이 어플리케이션을 통해, 모든 부동산 목록을 조회하고 새 부동산을 추가하며 부동산 소유자를 변경할 수 있습니다. 이 어플리케이션은 관리자와 사용자를 위한 인증 메커니즘을 가질 수 있습니다. 그러나 인증 메커니즘의 설계는 이 책의 범위를 넘어서므로, 여기서는 다루지 않겠습니다.

이제 시작하겠습니다. 먼저, 지난 장에서 빌드한 프로젝트의 저장소를 복제하거나 복사해야 합니다. 기존 프로젝트가 API를 포함할 수 있도록 확장할 것이기 때문입니다.

전제 조건

이번 장을 시작하기 전에, 6장에서 했던 것처럼 네트워크가 실행 중인지 확인하겠습니다. 네트워크가 실행 중이지 않으면 다음 명령을 사용하여 네트워크를 구동합니다 :

```
cd startup
./startup.sh typescript
```

API 프로젝트 생성

```
mkdir asset-registry-app
cd asset-registry-app
npm init
```

기본 옵션을 선택하고 Enter를 누르십시오.

Node.js에서 Rest 서비스를 빌드하려면 몇 가지 종속성이 필요합니다. Node.js용 디자인 패턴은 매우 복잡하기 때문에, 지금은 간단한 Node.js 어플리케이션을 작성하겠습니다.

`package.json` 파일의 코드를 다음 코드로 바꾸십시오 :

```
{
  "name": "property-node-client",
  "version": "1.0.0",
  "description": "",
```

```
  "main": "server.js",
  "dependencies":
    "body-parser": "latest",
    "cors": "^2.8.5",
    "express": "latest",
    "fabric-ca-client": "~1.4.0",
    "fabric-client": "~1.4.0",
    "grpc": "^1.6.0"
  }
  "keywords": [],
  "author": "",
  "license": "ISC"
}
```

Express는 Node.js용 웹 프레임워크로, Node.js로 쉽게 웹 어플리케이션을 만들 수 있습니다.

Body-parser는 프런트 엔드로부터 받은 요청 본문의 구문을 분석해 줍니다.

`server.js`라는 진입점 파일을 만드는 것부터 시작하겠습니다. Node.js 서버 구동에 필요한 표준 파일입니다. 다음 내용을 파일에 붙여 넣으십시오 :

```
var express       = require('express');
var app           = express();
var bodyParser    = require('body-parser');
var http          = require('http')
var fs            = require('fs');
var Fabric_Client = require('fabric-client');
var path          = require('path');
var util          = require('util');
var os            = require('os');
var cors = require('cors')
var app = express();
app.use(cors());
```

```
app.use(bodyParser.urlencoded( { extended: true }));
app.use(bodyParser.json());
app.get('/healthcheck', async (req, res) => res.sendStatus(200));
var port = process.env.PORT || 8000;
app.listen(port,function() {
    console.log("Live on port: " + port);
});
```

이 파일은 표준 Node.js 서버 파일로, 요청 객체의 본문을 구문 분석하는 미들웨어middleware입니다. 코어를 처리하기 위한 미들웨어도 있으며, API 요청을 처리할 경로 정보route를 로드합니다.

요청을 처리하기 위해 다음 API를 작성합니다.

- Get localhost:8000/property : Hyperledger에서 부동산 목록을 반환하는데 사용됩니다. 네트워크에 질의할 질의 문자열이 필요합니다.
- Post localhost:8000/property : 새 부동산을 만들고 기존 원장에 추가하는데 사용됩니다.
- Put localhost:8000/property : 부동산 소유자를 변경하는데 사용됩니다. Postman Collection으로, API 테스트를 위해 임포트하고 예상되는 요청 및 응답을 알 수 있습니다.

```
{
  "info": {
    "_postman_id": "ab1d89df-d61e-40d7-9cd5-5ecfb6347c78",
    "name": "works",
    "schema": "https://schema.getpostman.com/json/collection/
              v2.1.0/collection.json"
  },
  "item": [
    {
      "name": "property",
      "request": {
```

```
    "method": "GET",
    "header": [],
    "body": {
      "mode": "raw",
      "raw": ""
    }
    "url":  {
      "raw": "localhost:8000/property?startIndex=P1000001&
             endIndex=P1000002",
      "host": [
        "localhost"
      ],
      "port": "8000",
      "path": [
        "property"
      ],
      "query": [
        {
          "key": "startIndex",
          "value": "P1000001"
        },
        {
          "key": "endIndex",
          "value": "P1000002"
        }
      ]
    },
    "description": "test"
  },
  "response": []
},
{
  "name": "localhost:8000/property",
  "request": {
    "method": "PUT",
```

```
      "header": [
        {
          "key": "Content-Type",
          "name": "Content-Type",
          "value": "application/json",
          "type": "text"
        }
      ],
      "body": {
        "mode": "raw",
        "raw": "{\n\t\"newOwner\": \"test\", \n\t\"
              propertyId\":\"P1000002\"\n}"
      },
      "url": {
        "raw": "localhost:8000/property",
        "host": [
          "localhost"
        ],
        "port": "8000",
        "path": [
          "property"
        ]
      }
    },
    "response": []
  },
  {
    "name": "post property",
    "request": {
      "method": "POST",
      "header": [
        {
          "key": "Content-Type",
          "name": "Content-Type",
          "value": "application/json",
```

```
          "type": "text"
        }
      ],
      "body": {
        "mode": "raw",
        "raw": "{\n\t\"propertyId\": \"P1000006\", \n\t\
             "area\": \"123*200\", \n\t\"cost\": \"12020\",
             \n\t\"type\": \"some\",\n\t\ "location\":
             \"2990\”,\n\"ownerName\":\"Bill Gates\",
             \n\t\"value\": \"38382\"\n}"
      },
      "url": {
        "raw": "localhost:8000/property",
        "host": [
          "localhost"
        ],
        "port": "8000",
        "path": [
          "property"
        ]
      }
    },
    "response": []
  }
 ]
}
```

server.js 파일을 준비하고 경로를 정의했기 때문에, 구축을 시작할 수 있습니다. 이전 프로젝트에서는 호출, 질의 및 소유자 변경과 같은 기능을 지원하기 위해 Node.js용 Fabric SDK를 생성하고 코드를 작성했습니다. 이제 이 파일들을 수정해야 합니다. 이상적으로, Fabric SDK는 컨테이너 기술을 통해 별도의 마이크로 서비스로 존재할 수 있습니다. 또한 API 마이크로 서비스는 표준 HTTP 호출을 사용하여 이 API 서비스를 호출할 수 있습니다. 표준 마이크로 서비스 아키텍처는 그림 7.2와 같습니다 :

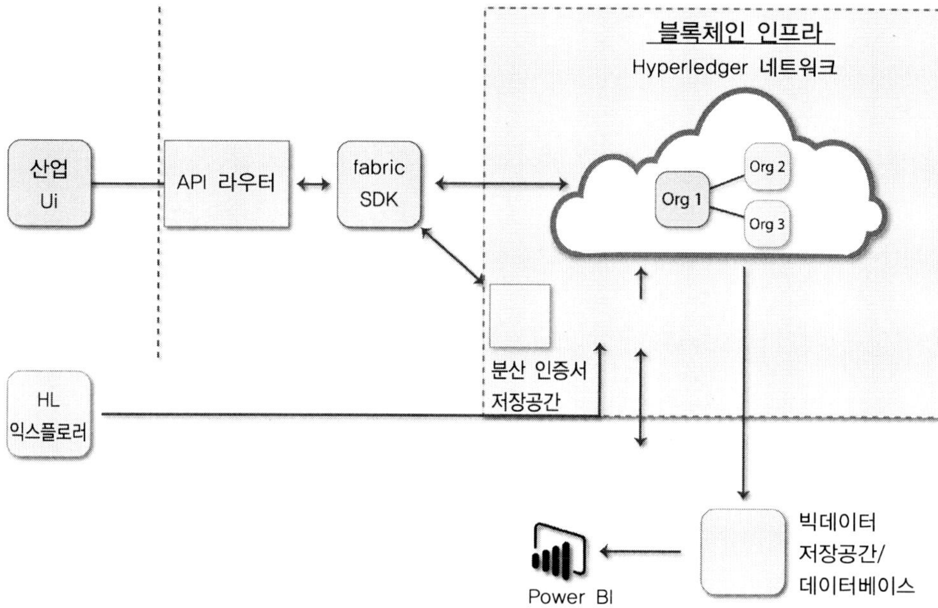

| 그림 7.2 | Docker Swarm Cluster

표준 마이크로 서비스 아키텍처는 제품화 수준의 완성도를 가지며, 확장 가능한 Hyperledger 네트워크 및 Hyperledger 기반의 어플리케이션을 구축하는데 사용할 수 있습니다.

이번 장에서는 Fabric SDK와 API를 사용해 간단한 어플리케이션을 구축하겠습니다.

이전 프로젝트의 파일 수정

이전 프로젝트의 메소드를 경로 정보에서 호출하기 위해 6장에서 작성한 `query.js`, `invoke.js` 및 `changeOwner.js` 파일을 사용하겠습니다. 다른 파일에서 임포트import 할 수 있도록 이 기능들을 익스포트export합니다.

새 파일 `query.js`를 작성하고 다음 내용을 붙여 넣으십시오 :

```
'use strict'
var Fabric_Client = require('fabric-client');
```

```
var path = require('path');
var util = require('util');
var os = require('os');
module.exports = function(start, end) {
        var fabric_client = new Fabric_Client();
        var channel = fabric_client.newChannel('mychannel');
        var peer = fabric_client.newPeer('grpc://localhost:7051');
        channel.addPeer(peer);
        //
        var member_user = null;
        var store_path = path.join(__dirname, 'hfc-key-store');
        var tx_id = null;
        return Fabric_Client.newDefaultKeyValueStore({
            path: store_path
        }).then((state_store) =>  {
            fabric_client.setStateStore(state_store);
            var crypto_suite = Fabric_Client.newCryptoSuite();
            var crypto_store = Fabric_Client.newCryptoKeyStore({
                path: store_path
            });
            crypto_suite.setCryptoKeyStore(crypto_store);
            fabric_client.setCryptoSuite(crypto_suite);
            return fabric_client.getUserContext('user1', true);
        }).then((user_from_store) =>  {
            if (user_from_store && user_from_store.isEnrolled())  {
                console.log('Successfully loaded user1 from persistence');
                member_user = user_from_store;
            } else {
                throw new Error('Failed to get user1.... run registerUser.js');
            }
            const request =  {
                chaincodeId: 'asset',
                fcn: 'queryAllAssets',
                args: [start, end]
            };
```

```
            return channel.queryByChaincode(request);
        }).then((query_responses) => {
            console.log("It ran succesfully, checking results");

            if (query_responses && query_responses.length == 1) {
                if (query_responses[0] instanceof Error) {
                    console.error("error occured = ", query_responses[0]);
            } else {
                    return query_responses[0].toString();
            }
        } else {
            console.log("Nothing returned");
        }
    }).catch((err) => {
        console.error('Failed to run: ' + err);
    });
}
```

invoke.js 파일을 만들어서 부동산을 생성합시다. 이 파일은 부동산 생성을 위해 프런트 엔드로부터 비용, 속성 ID, 위치 등과 같은 속성을 입력받습니다. 다음 코드를 붙여 넣으십시오.

```
'use stict'
const Fabric_Client = require('fabric-client');
const path = require('path');
const util = require('util');
const os = require('os');
module.exports = (function () {
    return
        invokeChaincode: async function invoke(p,r,o,m,a,i,n) {
            console.log('\n\n --- invoke.js - start');
            try {
                console.log('Setting up client side network objects');
                const fabric_client = new Fabric_Client();
```

```
const channel = fabric_client.newChannel('mychannel');
console.log('Created client side object to represent the
            channel');
const peer = fabric_client.newPeer('grpc://localhost:7051');
console.log('Created client side object to represent the peer');
const orderer = fabric_client.newOrderer('grpc://
               localhost:7050');
console.log('Created client side object to represent the
            orderer');
const member_user = null;
const store_path = path.join(__dirname, 'hfc-key-store');
console.log('Setting up the user store at path:'+store_path);
const state_store = await Fabric_Client.
      newDefaultKeyValueStore({ path: store_path });
fabric_client.setStateStore(state_store);
const crypto_suite = Fabric_Client.newCryptoSuite();
const crypto_store = Fabric_Client.newCryptoKeyStore
                     ({path: store_path});
crypto_suite.setCryptoKeyStore(crypto_store);
fabric_client.setCryptoSuite(crypto_suite);
const user = await fabric_client.getUserContext('user1', true);
if (user && user.isEnrolled()) {
   console.log('Successfully loaded "user1" from user store');
} else {
   throw new Error('\n\nFailed to get user1.... run
                  registerUser.js');
}
console.log('Successfully setup client side');
console.log('=n CnStart invoke processing');
const tx_id = fabric_client.newTransactionID();
console.log(util.format("OnCreated a transaction ID: %s",
            tx_id.getTransactionID()));
console.log(p,r,o,m,a,i,n);
const proposal_request = {
   targets: [peer],
```

```
            chaincodeId: 'asset',
            fcn: 'createProperty',
            args:[p,r,o,m,a,i,n],
            chainId: 'mychannel',
            txId: tx_id
    };
        const endorsement_results = await channel.
                        sendTransactionProposal(proposal_request);
        const proposalResponses = endorsement_results[0];
        const proposal = endorsement_results[1];
        if (proposalResponses[0] instanceof Error) {
            console.error('Failed to send Proposal. Received an
                error :: ' + proposalResponses[0].toString());
            throw proposalResponses[0];
        } else if (proposalResponses[0].response &&
                    proposalResponses[0].response.status === 200) {
            console.log(util.format(
                'Successfully sent Proposal and received
                                    response: Status - %s',
                proposalResponses[0].response.status));
        } else {
            const error_message = util.format('Invoke chaincode
                        proposal:: %j', proposalResponses[i]);
            console.error(error_message);
            throw new Error(error_message);
        }
        const commit_request = {
            orderer: orderer,
            proposalResponses: proposalResponses,
            proposal: proposal
        };
        const transaction_id_string = tx_id.getTransactionID();

        const promises = [];
        const sendPromise = channel.sendTransaction(commit_request);
```

```
promises.push(sendPromise);
let event_hub = channel.newChannelEventHub(peer);
let txPromise = new Promise((resolve, reject) =>  {
    let handle = setTimeout(() =>  {
        event_hub.unregisterTxEvent(transaction_id_string);
        event_hub.disconnect();
        resolve( event_status : 'TIMEOUT':);
    }, 30000);
    event_hub.registerTxEvent(transaction_id_string,
                                     (tx, code) =>  {
        clearTimeout(handle);
        const return_status = {event_status : code, tx_id
                                    : transaction_id_string};
        if (code !== 'VALID') {
            console.error('Invalid Txn with code= ' + code);
            resolve(return_status);
        } else {
            console.log('The txn committed for' +
                             event_hub.getPeerAddr());
            resolve(return_status);
        }
    }, (err) =>  {

        reject(new Error('Problem occurred with' +err));
    },
        {disconnect: true}
    );
    event_hub.connect();
    console.log('Registered txn listener for txn ID:'+
                transaction_id_string);
});
promises.push(txPromise);
const results = await Promise.all(promises);
if (results[0].status === 'SUCCESS') {
    console.log('Successfully Sent txn to the orderer');
```

```
            } else {
                const message = util.format('Failed to order the txn.:
                                %s', results[0].status);
                console.error(message);
                return false;
            }
            if (results[1] instanceof Error) {
                console.error(message);
                return false;
            } else if (results[1].event_status === 'VALID')  {
                }
                                return true;
            } else {
                return false;
            }
        } catch(error) {
        }
        console.log('\n\n end');
    }
  }
})()
```

호출 파일은 매개변수를 동적으로 입력받고, 함수를 익스포트하여 API에서 임포트할 수 있게 수정되었습니다. changeOwner.js 파일을 작성하고, 다음 코드를 붙여 넣으십시오 :

```
'use strict'
const Fabric_Client = require('fabric-client');
const path = require('path');
const util = require('util');
const os = require('os');
module.exports = (function ()  {
    return  {
        changeOwner: async function changeOwner(OwnerName,propertyId)  {
```

```
    console.log('\n\n --- invoke.js - start');
    var changeSuccess = false;
    try {
        const fabric_client = new Fabric_Client();
        const channel = fabric_client.newChannel('mychannel');
        const peer = fabric_client.newPeer('grpc://localhost:7051');
        const orderer = fabric_client.newOrderer('grpc://
                                                localhost:7050');
        const member_user = null;
        const store_path = path.join(__dirname, 'hfc-key-store');
        const state_store = await Fabric_Client.newDefault
                                KeyValueStore({ path: store_path});
        fabric_client.setStateStore(state_store);
        const crypto_suite = Fabric_Client.newCryptoSuite();
        const crypto_store = Fabric_Client.newCryptoKeyStore
                                ({path: store_path});
        crypto_suite.setCryptoKeyStore(crypto_store);
        fabric_client.setCryptoSuite(crypto_suite);
        const user = await fabric_client.getUserContext('user1',
                        true);
        if (user && user.isEnrolled())  {
;
        } else {
            throw new Error('\n\nFailed FOR user1.... run
                                registerUser.js');
        }
        const tx_id = fabric_client.newTransactionID();
        const proposal_request = {
            targets: [peer],
            chaincodeId: 'asset',
            fcn: 'changePropertyOwner',
            args:[propertyId,OwnerName],
            chainId: 'mychannel',
            txId: tx_id
    };
```

```
const endorsement_results = await channel.
            sendTransactionProposal(proposal_request);
const proposalResponses = endorsement_results[0];
const proposal = endorsement_results[1];
if (proposalResponses[0] instanceof Error) {
                                throw proposalResponses[0];
} else if (proposalResponses[0].response &&
            proposalResponses[0].response.status === 200) {
    console.log(util.format(
        'Successfully sent Proposal, Status , %s',
        proposalResponses[0].response.status));
} else {
    const error_message = util.format('Invoke chaincode
                proposal:: %j', proposalResponses[i]);
    console.error(error_message);
    throw new Error(error_message);
}
const commit_request = {
    orderer: orderer,
    proposalResponses: proposalResponses,
    proposal: proposal
};
const transaction_id_string = tx_id.getTransactionID();
const promises = [];
const sendPromise = channel.sendTransaction(commit_request);
promises.push(sendPromise);
let event_hub = channel.newChannelEventHub(peer);
let txPromise = new Promise((resolve, reject) =>  {
    let handle = setTimeout(() =>  {
        event_hub.unregisterTxEvent(transaction_id_string);
        event_hub.disconnect();
        resolve({event_status : 'TIMEOUT'});
    }, 30000);
    event_hub.registerTxEvent(transaction_id_string,
                                (tx, code) =>  {
```

```
            clearTimeout(handle);
            const return_status = {event_status : code, tx_id
                                  : transaction_id_string};
            if (code !== 'VALID')  X
                                                resolve(return_status);
            } else {
                resolve(return_status);
            }
        }, (err) => {

            return false;
        },
            {disconnect: true}
        );
        event_hub.connect();
                        });
    promises.push(txPromise);
    const results = await Promise.all(promises);
    if (results[0].status === 'SUCCESS')  {
        } else {
        const message = util.format('Failed Error code: %s',
                        results[0].status);
        console.error(message);
        return false;
    }
    if (results[1] instanceof Error) {
        console.error(message);
        return false;
    } else if (results[1].event_status === 'VALID')  {
        console.log('\n\n - RUN "node query.js" to see the
                results');
        return true;
    } else {
        const message = util.format('TXN failed,: %s',
                        results[1].event_status)
```

```
                    console.error(message);
                    changeSuccess=false
                    return changeSuccess;
                }
            } catch(error) {
                console.log('FAILED ::'+ error.toString());
            }
            console.log('\n\n - end');
        }
    }
})()
```

네트워크와 상호작용하기 위해 유틸리티 파일을 작성했습니다. 유틸리티 파일에서 임포트한 메소드를 사용하여 API를 작성할 수 있습니다.

API 생성

모든 경로가 포함된 `routes.js` 파일을 만들겠습니다.

```
var query = require('./query.js');
var invoke = require('./invoke');
var changeOwner = require('./changeOwner');
var bodyParser    = require('body-parser');
```

빈 함수를 만들고, 다음을 익스포트 하십시오 :

```
module.exports = function(app) {
}
```

이제 이 함수에 경로 정보를 하나씩 추가하겠습니다. 익스포트된 함수 안에 GET Property 경로를 작성합시다 :

```
app.get('/property', function(req, res) {
    var startIndex = req.query.startIndex;
    var endIndex = req.query.endIndex;
    var data = query(startIndex, endIndex).then((data)=> {
        if(!data) {
            return res.status(400).send({'error':'not found'})
        }
        var body = JSON.parse(data);
        return res.json(body);
    })
});
```

먼저, 경로 정보, 즉 /property를 정의합니다. 두 개의 매개변수 req 및 res를 가지는 callback 함수와 연결됩니다.

req.query에서 시작 색인[start index]과 종료 색인[end index]을 얻은 다음에, query.js 안에 작성된 질의 함수를 호출합니다. 질의 함수는 프로미스[promise]를 반환하므로, .then를 사용하여 프로미스가 해결될 때까지 기다립니다. 그 다음에 Hyperledger로부터 데이터를 얻었는지 확인합니다. 데이터가 반환되지 않으면, 가령 오류나 예외가 발생한 경우, 오류 메시지와 함께 상태코드 400을 반환합니다.

이제 POST Property 경로에 대한 로직을 작성하여 새 부동산을 만들겠습니다. invoke.js에 이미 작성된 부동산 생성 로직이 있으므로, 다음에 표시된 것처럼 경로를 작성하십시오 :

```
app.post('/property',function(req,res) {
    console.log('--------',req.body)
    var data = req.body;
    console.log('register Data....',data);
        var data = invoke.invokeChaincode(data.propertyId,data.area,
                data.cost,data.type,data.location,data.ownerName,
                data.value).then((data)=> {
            if(!data) {
```

```
            return res.status(400).send({'error':'not found'})
        }
        return res.json({"result": "added new property to ledger!"});
    })
})
```

POST 요청이기 때문에, bodyparser 미들웨어가 채운 `request.body`에서 요청 객체request object를 검색할 수 있습니다. 본문 데이터가 있으면 체인코드를 호출합니다. 그리고 다음과 같이 `propertyId`, `area`, `cost`, `type` 등의 매개변수를 전달합니다 :

```
invoke.invokeChaincode(data.propertyId,data.area,data.cost,data.type,
data.location,data.ownerName,data.value)
```

Hyperledger에서 반환된 응답에 따라, 상태와 응답을 반환할 수 있습니다.

소유자를 변경하는 기능인 Put Property의 경로 정보를 작성하겠습니다 :

```
app.put('/property',function(req,res) {
    var data = req.body;
    console.log(data);
        var data = changeOwner.changeOwner(data.newOwner, data.
                propertyId).then((data)=> {
            if(!data) {
                return res.status(400).send({'error':'not found';)
            }
            return res.json({"result": "change owner success"});
    })
})
```

최종 파일은 그림 7.3 및 그림 7.4와 같습니다.

```
//SPDX-License-Identifier: Apache-2.0


var query = require('./query.js');
var invoke = require('./invoke');
var changeOwner = require('./changeOnwer');
var bodyParser    = require('body-parser');




module.exports = function(app){

  app.get('/property', function(req, res){
    var startIndex = req.query.startIndex;
    var endIndex = req.query.endIndex;

    var data =  query(startIndex, endIndex).then((data)=>{
        if(!data) {
           return res.status(400).send({'error':'not found'})
        }

        var body = JSON.parse(data);
        return res.json(body);

    })

  });

  app.post('/property',function(req,res){
    console.log('--------',req.body)
    var data =  req.body;
    console.log('register Data....',data);

     var data =   invoke.invokeChaincode(data.propertyId,data.area,data.cost,data.type,data.location,data.ownerName,data.value)
        if(!data) {
           return res.status(400).send({'error':'not found'})
        }


```

▌그림 7.3▐

```
        return res.json({"result": "added new property to ledger!"});

    })

  })

  app.put('/property',function(req,res){

    var data =  req.body;
    console.log(data);

     var data =   changeOwner.changeOwner(data.newOwner, data.propertyId).then((data)=>{
        if(!data) {
           return res.status(400).send({'error':'not found'})
        }


        return res.json({"result": "change owner success"});

    })
  })
}
```

▌그림 7.4▐

이것은 호출 POST 경로처럼 보이지만, 여기서는 부동산 ID와 새 소유자 이름만 사용합니다. `changeOwner.js`의 `changeOwner` 함수를 호출해서 소유자 이름을 변경합니다.

이 파일을 저장하고 임포트한 뒤, `server.js`에서 이 파일을 사용하십시오.

`app.use(bodyParser.json())` 아래에 다음 줄을 추가합니다 :

```
require('./routes.js')(app);
```

```

app.use(bodyParser.urlencoded({ extended: true }));
app.use(bodyParser.json());
require('./routes.js')(app);

app.get('/healthcheck', async (req, res) => res.sendStatus(200));

var port = process.env.PORT || 8000;

```

| 그림 7.5 |

빌드한 앱에 경로 정보가 등록됩니다.

이 어플리케이션을 사용하기 전에, 6장에서 했던 것처럼 관리자와 사용자를 위한 인증서를 생성해야 합니다.

6장의 `enrollAdmin.js` 및 `registerUser.js` 파일을 복사하여 새 프로젝트에 붙여넣을 수 있습니다.

터미널에서 다음 명령을 실행하십시오 :

```
npm i
```

이 명령은 모든 의존성을 설치합니다.

다음 단계로 네트워크를 시작합니다.

원격 VM에서 네트워크를 실행중인 경우, query.js, invoke.js, changeOwner.js, enrollAdmin.js 및 registerUser.js 파일의 localhost라는 단어를 원격 VM의 IP 주소로 바꾸십시오.

6장에서 생성된 폴더에서 `enrollAdmin.js` 및 `registerUser.js` 파일을 복사하십시오.

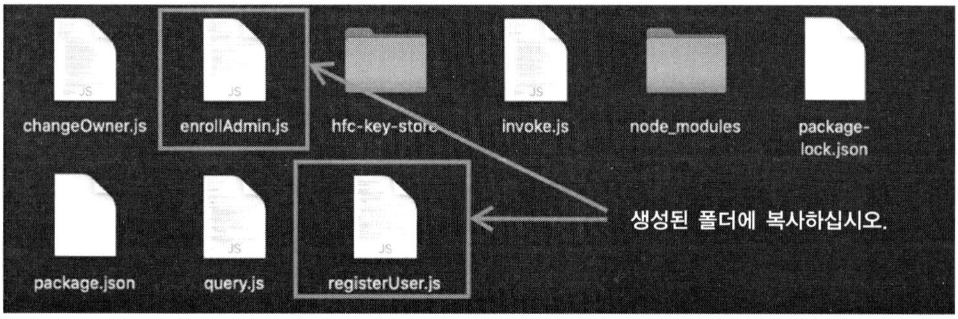

| 그림 7.6 |

먼저, 관리자를 위한 인증서를 생성하겠습니다.

```
node enrollAdmin.js
```

다음 명령을 실행하십시오 :

```
node registerUser.js
```

서버를 시작하십시오 :

```
node server.js
```

Live on port: 8000이 출력되어야 합니다.

이제 Postman에서 API를 테스트합시다. Postman이 없으면 Postman을 설치합니다. 그 다음, 위에서 공유한 콜렉션collection을 임포트하기 위해, `asset-registry.postman.`

json이라는 파일에 JSON을 저장합니다. 그러면 Postman의 오른쪽 모서리에 있는 **Import** 버튼을 사용할 수 있습니다.

그림 7.7과 같이 GET property API를 호출하면 배열 형태의 응답을 얻습니다 :

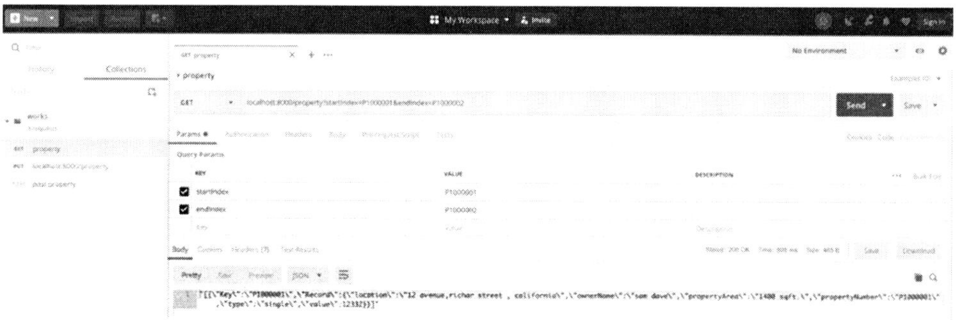

| 그림 7.7 |

POST property API를 호출하면 응답은 그림 7.8과 같습니다 :

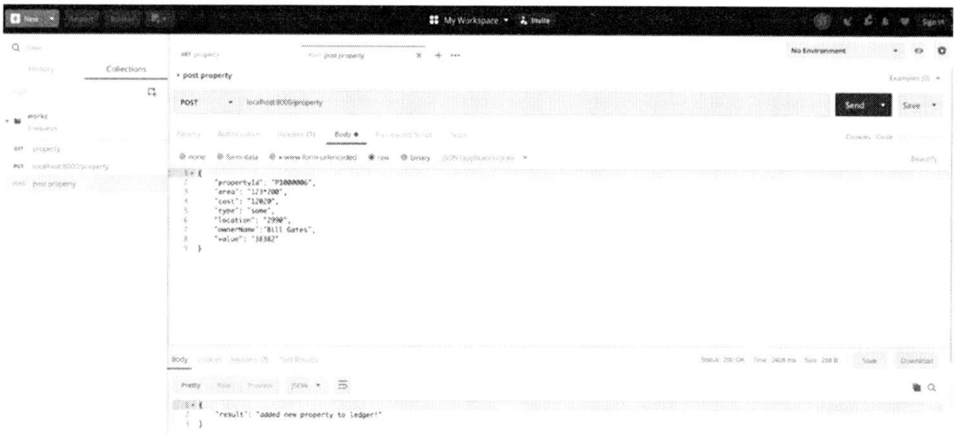

| 그림 7.8 |

마지막으로, PUT Property API를 호출하면 응답은 그림 7.9와 같습니다 :

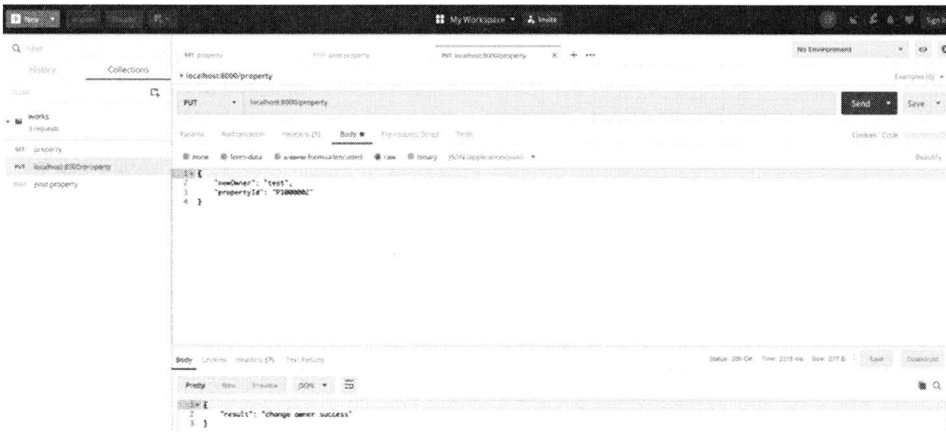

▌그림 7.9▐

이제 비슷한 방식으로 POST 및 PUT API를 테스트하십시오.

모든 것이 준비되면, 프로젝트의 마지막 부분인 어플리케이션의 프런트 엔드를 구축할 수 있습니다.

Angular(`https://angular.io/`)로 프런트 엔드를 구축하겠습니다.

`https://github.com/SateDev/asset-registry-ui` 저장소의 UI 코드를 가져오거나pull, 어플리케이션을 처음부터 만들 수 있습니다.

- 프론트 엔드 어플리케이션을 만들어 봅시다.
- 다음 단계에 따라 새 Angular 어플리케이션을 만듭니다. 새 터미널을 열고, Angular 어플리케이션을 만드는 명령줄 도구인 ng CLI를 설치하십시오.

```
mkdir asset-property-front-end
cd asset-property-front-end
npm install -g @angular/cli
```

- 다음 명령을 사용하여 새 앱을 만듭니다.

```
ng new property-front-end
```

- **css**를 선택하고 Enter를 누르십시오 :

```
CREATE property-front-end/README.md (1033 bytes)
CREATE property-front-end/.editorconfig (246 bytes)
CREATE property-front-end/.gitignore (629 bytes)
CREATE property-front-end/angular.json (3915 bytes)
CREATE property-front-end/package.json (1317 bytes)
CREATE property-front-end/tsconfig.json (435 bytes)
CREATE property-front-end/tslint.json (1621 bytes)
CREATE property-front-end/src/favicon.ico (5430 bytes)
CREATE property-front-end/src/index.html (303 bytes)
CREATE property-front-end/src/main.ts (372 bytes)
CREATE property-front-end/src/polyfills.ts (2841 bytes)
CREATE property-front-end/src/styles.css (80 bytes)
CREATE property-front-end/src/test.ts (642 bytes)
CREATE property-front-end/src/browserslist (388 bytes)
CREATE property-front-end/src/karma.conf.js (1031 bytes)
CREATE property-front-end/src/tsconfig.app.json (166 bytes)
CREATE property-front-end/src/tsconfig.spec.json (256 bytes)
CREATE property-front-end/src/tslint.json (244 bytes)
CREATE property-front-end/src/assets/.gitkeep (0 bytes)
CREATE property-front-end/src/environments/environment.prod.ts (51 bytes)
CREATE property-front-end/src/environments/environment.ts (662 bytes)
CREATE property-front-end/src/app/app-routing.module.ts (245 bytes)
CREATE property-front-end/src/app/app.module.ts (393 bytes)
```

❙ 그림 7.10 ❙

많은 파일이 만들어졌습니다. 필요한 모든 패키지를 설치하십시오.

이 프로젝트에 필요한 패키지 중 일부는 여기에 설치된 패키지와 다르기 때문에, `package.json`을 다음 코드로 바꾸겠습니다 :

```
{
  "name": "asset-registry",
  "version": "0.0.1",
  "scripts": {
    "ng": "ng",
    "start": "ng serve",
    "build": "ng build",
    "test": "ng test",
    "lint": "ng lint",
    "e2e": "ng e2e"
  },
  "private": true,
```

```
"dependencies": {
  "@angular/animations": "^6.1.10",
  "@angular/cdk": "^7.0.2",
  "@angular/common": "^6.0.0",
  "@angular/compiler": "^6.0.0",
  "@angular/core": "^6.0.0",
  "@angular/forms": "^6.0.0",
  "@angular/http": "^6.0.0",
  "@angular/material": "^7.0.2",
  "@angular/platform-browser": "^6.0.0",
  "@angular/platform-browser-dynamic": "^6.0.0",
  "@angular/router": "^6.0.0",
  "core-js": "^2.5.4",
  "ng-http-loader": "^3.2.0",
  "rxjs": "6.0.0",
  "zone.js": "^0.8.26"
},
"devDependencies": {
  "@angular/compiler-cli": "^6.0.0",
  "@angular-devkit/build-angular": "~0.6.1",
  "typescript": "~2.7.2",
  "@angular/cli": "~6.0.1",
  "@angular/language-service": "^6.0.0",
  "@types/jasmine": "~2.8.6",
  "@types/jasminewd2": "~2.0.3",
  "@types/node": "~8.9.4",
  "codelyzer": "~4.2.1"
  "jasmine-core": "~2.99.1",
  "jasmine-spec-reporter": "~4.2.1",
  "karma": "~1.7.1",
  "karma-chrome-launcher": "~2.2.0",
  "karma-coverage-istanbul-reporter": "~1.4.2",
  "karma-jasmine": "~1.1.1",
  "karma-jasmine-html-reporter": "^0.2.2",
  "protractor": "~5.3.0",
```

```
    "ts-node": "~5.0.1",
    "tslint": "~5.9.1"
  }
}
```

새 package.json을 저장하고 node_modules를 삭제하십시오. 그리고 다음 명령을 실행하십시오 :

```
cd property-front-end
rm -rf node_modules
npm i
```

프런트 엔드를 구축하기 위해, angular-material 및 angular-flex 종속성을 사용합니다.

src/app 폴더에서 다음 명령을 실행합니다.

```
cd src/app
ng generate module property
```

이것이 우리의 부동산 모듈이 될 것입니다. 여기에서 컴포넌트 로직, HTML 템플릿 및 스타일 CSS를 정의할 수 있습니다.

./src/app/property 폴더에서 다음 명령을 실행하여 컴포넌트를 만들겠습니다.

```
ng generate component property
```

출력은 그림 7.11과 같습니다.

```
To disable this warning use "ng config -g cli.warnings.versionMismatch false".
CREATE src/app/property/property.module.spec.ts (291 bytes)
CREATE src/app/property/property.module.ts (192 bytes)
Nakuls-MacBook-Pro:app nakulshah$ ng generate component property
Your global Angular CLI version (7.3.8) is greater than your local
version (6.0.8). The local Angular CLI version is used.

To disable this warning use "ng config -g cli.warnings.versionMismatch false".
CREATE src/app/property/property.component.css (0 bytes)
CREATE src/app/property/property.component.html (27 bytes)
CREATE src/app/property/property.component.spec.ts (642 bytes)
CREATE src/app/property/property.component.ts (277 bytes)
UPDATE src/app/property/property.module.ts (267 bytes)
Nakuls-MacBook-Pro:app nakulshah$
```

▌그림 7.11▐

property.module.ts 파일의 코드를 다음 코드로 바꾸십시오.

```
import { NgModule } from '@angular/core';
import { CommonModule } from '@angular/common';
import { PropertyComponent } from './property.component';
import { RouterModule } from '@angular/router';
import { MatTabsModule, MatFormFieldModule, MatButtonModule,
         MatInputModule, MatDatepickerModule, MatNativeDateModule,
         MatTableModule m from '@angular/material';
import { ReactiveFormsModule } from '@angular/forms';
const routes = [
    {
        path: 'property',
        component: PropertyComponent
    },
    {
        path      : '**',
        redirectTo: 'property'
}
];
@NgModule({
    imports: [
        MatTabsModule,
        MatFormFieldModule,
```

```
        MatButtonModule,
        ReactiveFormsModule,
        MatTableModule,
        MatDatepickerModule,
        MatNativeDateModule,
        MatInputModule,
        RouterModule.forChild(routes),
        CommonModule
    ],
    declarations: [PropertyComponent]
})
export class PropertyModule {  }
```

property.component.ts 파일의 코드를 다음 코드로 바꾸십시오 :

```
import { Component, OnInit } from '@angular/core';
import { FormGroup, FormBuilder, Validators } from '@angular/forms';
import { PropertyService } from './../services/property.services';
import { MatSnackBar, MatTableDataSource } from '@angular/material';
@Component({
    selector: 'app-property',
    templateUrl: './property.component.html',
    styleUrls: ['./property.component.css']
})
export class PropertyComponent implements OnInit {
    singleUpdateForm: FormGroup;
    changeOwnerForm: FormGroup;
    displayedColumns: string[] = ['index', 'position', 'name', 'weight',
                                  'symbol', 'test'];
    dataSource;
    allRates;
    constructor(private formBuilder: FormBuilder, private
                propertyService: PropertyService, private
                snackbarService: MatSnackBar)  {  }
```

```
ngOnInit() {
    this.singleUpdateForm = this.formBuilder.group({
    propertyId : ['', [Validators.required]],
    area : ['', [Validators.required]],
    cost : ['' , [Validators.required]],
    type : ['' , [Validators.required]],
    location : ['' , [Validators.required]],
    ownerName : ['' , [Validators.required]],
    value : ['' , [Validators.required]],
    });
    this.changeOwnerForm = this.formBuilder.group({
        newOwner   : ['', [Validators.required]],
        propertyId : ['', [Validators.required]]
        });
        this.getAllRates();
}
submitRate() {
    this.propertyService.submitProperty(this.singleUpdateForm.value)
    .subscribe((res) => {
        this.snackbarService.open('Successfully saved the properties');
        this.getAllRates();
    }, (err) => {
        this.snackbarService.open('Some error occurred', 'dismiss');
        this.singleUpdateForm.reset();
    });
}
changeOwner() {
    this.propertyService.changeOwner(this.changeOwnerForm.value)
    .subscribe((res) => {
        this.snackbarService.open('Successfully changed owner',
                                  'dismiss');
        this.changeOwnerForm.reset();
        this.getAllRates();
    }, (err) => {
        this.snackbarService.open('Some error occurred');
```

```
        });
    }
    getAllRates() {
        this.propertyService.getProperties()
        .subscribe((res: any) => {
            if (res) {
                const properties = JSON.parse(res);
                console.log(properties);
                this.allRates = properties['map']((property) => {
                    return property['Record'];
                });
                console.log(this.allRates);
                this.buildTable();
            }
        }, (err) => {
        });
    }
    buildTable() {
        this.dataSource = new MatTableDataSource<any>(this.allRates);
    }
}
```

property.component.html 파일의 코드를 다음 코드로 바꾸십시오.

```
<mat-tab-group>
  <mat-tab label="All properties">
    <table mat-table [dataSource]="dataSource" class="mat-elevation-z8">
      <ng-container matColumnDef="index">
        <th mat-header-cell *matHeaderCellDef> Property Id. </th>
        <td mat-cell *matCellDef="let element; let i = index" >
                                {{element.propertyNumber}} </td>
      </ng-container>
      <ng-container matColumnDef="position">
        <th mat-header-cell *matHeaderCellDef> Area </th>
        <td mat-cell *matCellDef="let element"> {{element?.propertyArea }} </td>
```

```
    </ng-container>
    <ng-container matColumnDef="name">
      <th mat-header-cell *matHeaderCellDef>Value </th>
      <td mat-cell *matCellDef="let element">  {{element?.value }} </td>
    </ng-container>
    <ng-container matColumnDef="weight">
      <th mat-header-cell *matHeaderCellDef> Type </th>
      <td mat-cell *matCellDef="let element">  {{element?.type}} </td>
    </ng-container>
  <ng-container matColumnDef="symbol">
      <th mat-header-cell *matHeaderCellDef> Location </th>
      <td mat-cell *matCellDef="let element">  {element?.location }} </td>
    </ng-container>
    <ng-container matColumnDef="test">
      <th mat-header-cell *matHeaderCellDef> Owner Name </th>
      <td mat-cell *matCellDef="let element">  {{element?.ownerName}} </td>
    </ng-container>
    <tr mat-header-row *matHeaderRowDef="displayedColumns"></tr>
    <tr mat-row *matRowDef="let row; columns: displayedColumns; let i =
                                                    index"></tr>
  </table>
</mat-tab>
<mat-tab label="Add new property">
    <form name="singleUpdateForm" [formGroup]="singleUpdateForm"
                                                    novalidate>
        <mat-form-field class="tfs-block">
            <input matInput placeholder="Enter property id"
                                            formControlName="propertyId">
          </mat-form-field>
          <mat-form-field class="tfs-block">
              <input matInput placeholder="Add new property"
                                              formControlName="area">
            </mat-form-field>
            <mat-form-field class="tfs-block">
```

```
            <input matInput placeholder="Enter cost(initial) property"
                                        formControlName="cost">
          </mat-form-field>
          <mat-form-field class="tfs-block">
            <input matInput placeholder="Type of property"
                                         formControlName="type">
          </mat-form-field>
          <mat-form-field class="tfs-block">
            <input matInput placeholder="Enter cost(current)
                                  property" formControlName="value">
          </mat-form-field>
          <mat-form-field class="tfs-block">
            <input matInput placeholder="location of property"
                                         formControlName="location">
          </mat-form-field>
          <mat-form-field class="tfs-block">
            <input matInput placeholder="Owner of property"
                                        formControlName="ownerName">
          </mat-form-field>
        <button mat-raised-button color="accent" class="tfs-block
                                    submit-button " aria-label="rate"
        [disabled]="singleUpdateForm.invalid" (click)="submitRate()"
                                               >Save</button>
    </form>
  </mat-tab>
  <mat-tab label="Change Owner">
    <form name="changeOwnerForm" [formGroup]="changeOwnerForm" novalidate>
        <mat-form-field class="tfs-block">
          <input matInput placeholder="Enter property Id"
                                       formControlName="propertyId">
        </mat-form-field>
        <mat-form-field class="tfs-block">
          <input matInput placeholder="Enter new owner"
                                       formControlName="newOwner">
        </mat-form-field>
```

```
        <br>
        <button mat-raised-button color="accent" class="tfs-block
                                submit-button " aria-label="rate"
        [disabled]="changeOwnerForm.invalid" (click)= "changeOwner()"
                                         >Save</button>
    </form>
</mat-tab>
</mat-tab-group>
```

property.component.css 파일의 CSS를 다음 CSS로 바꾸십시오 :

```
form{
    text-align: center;
}
table {
    width:100%;
    margin-top:10%;
}
```

이것을 src/app/app.module.ts 파일에서 사용해야 합니다. app.module.ts 파일의 코드를 다음 코드로 바꾸십시오 :

```
import { BrowserModule } from '@angular/platform-browser';
import { NgModule } from '@angular/core';
import { RouterModule, Routes, Router } from '@angular/router';

import { AppComponent } from './app.component';
import { PropertyService } from './services/property.services';
import { HttpClientModule } from '@angular/common/http';
import { NgHttpLoaderModule } from 'ng-http-loader';
import { MatIconModule, MatTabsModule, MatSnackBarModule } from
'@angular/material';
```

```
import { BrowserAnimationsModule } from '@angular/platform-browser/
animations';
const appRoutes: Routes = [
    {
        path        : 'change',
        loadChildren: './property/property.module#PropertyModule'
    },
    {
        path      : '**',
        redirectTo: 'change'
}
];
@NgModule({
    declarations: [
        AppComponent
    ],
    imports: [
        BrowserModule,
        MatIconModule,
        MatSnackBarModule,
        BrowserAnimationsModule,
        MatTabsModule,
        HttpClientModule, // <============ (Perform http requests with
                                            this module)
        NgHttpLoaderModule, // <============
        RouterModule.forRoot(appRoutes)
    ],
    providers: [PropertyService],
    bootstrap: [AppComponent]
})
export class AppModule
```

app.component.css 파일의 CSS를 다음 CSS로 바꾸십시오.

```
:host .flex-container {
```

```
    height: 100%;
    padding: 0;
    margin: 0;
    display: -webkit-box;
    display: -moz-box;
    display: -ms-flexbox;
    display: -webkit-flex;
    display: flex;
    align-items: center;
    justify-content: center;
}
:host .row {
    width: auto;
}
:host .flex-item {
    padding: 5px;
    width: 20px;
    height: 20px;
    margin: 10px;
}
:host #login {
    width: 100%;
    height: 100%;
    overflow: hidden;
    background: url('/assets/images/backgrounds/dark-material-bg.
                  jpg') no-repeat;
    background-size: cover;
}
:host #login #login-intro {
    padding: 128px;
    color: white;
}
:host #login #login-intro .logo {
    width: 128px;
    margin-bottom: 32px;
```

```
}
:host #login #login-intro .title {
    font-size: 42px;
    font-weight: 300;
    line-height: 1;
}
:host #login #login-intro .description {
    padding-top: 16px;
    font-size: 14px;
    max-width: 600px;
    color: rgba(255, 255, 255, 0.54);
}
:host #login #login-form-wrapper {
    overflow: auto;

    background: #fff;
}
:host #login #login-form-wrapper #login-form {
    padding: 48px 48px 48px 48px;
    min-height: 400px;
    height: auto;
    width: 700px;
}

:host #login #login-form-wrapper #login-form .logo {
    width: 128px;
    height: 128px;
    line-height: 128px;
    font-size: 86px;
    font-weight: 500;
    text-align: center;
    margin: 32px auto;
    color: #fff;
    border-radius: 2px;
}
```

```
:host #login #login-form-wrapper #login-form .title {
    font-size: 21px;
}
:host #login #login-form-wrapper #login-form .description {
    padding-top: 8px;
}
:host #login #login-form-wrapper #login-form form {
    width: 100%;
    padding-top: 32px;
}
:host #login #login-form-wrapper #login-form form mat-form-field {
    width: 100%;
}
:host #login #login-form-wrapper #login-form form mat-checkbox {
    margin: 0;
}
:host #login #login-form-wrapper #login-form form .remember-forgot-
                                            password {
    font-size: 13px;
    margin-top: 8px;
}
:host #login #login-form-wrapper #login-form form .remember-forgot-
                                            password .remember-me {
    margin-bottom: 16px;
}
:host #login #login-form-wrapper #login-form form .remember-forgot-
                                            password .forgot-password {
    font-size: 13px;
    font-weight: 500;
    margin-bottom: 16px;
}
:host #login #login-form-wrapper #login-form form .submit-button {
    width: 100%;
    margin: 16px auto;
    display: block;
```

```
}
:host #login #login-form-wrapper #login-form .separator {
    font-size: 15px;
    font-weight: 600;
    margin: 24px auto;
    position: relative;
    overflow: hidden;
    width: 100px;
    text-align: center;
    color: rgba(0, 0, 0, 0.54);
}
:host #login #login-form-wrapper #login-form .separator .text {
    display: inline-flex;
    position: relative;
    padding: 0 8px;
    z-index: 9999;
}
:host #login #login-form-wrapper #login-form .separator .text:
            before, :host #login #login-form-wrapper #login-form
            .separator .text:after {
    content: '';
    display: block;
    width: 30px;
    position: absolute;
    top: 10px;
    border-top: 1px solid rgba(0, 0, 0, 0.12);
}
:host #login #login-form-wrapper #login-form .separator .text:before {
    right: 100%;
}
:host #login #login-form-wrapper #login-form .separator .text:after  T {
    left: 100%;
}
:host #login #login-form-wrapper #login-form button.google, :host
            #login #login-form-wrapper #login-form button.facebook {
```

```
        width: 70%;
        text-transform: none;
        color: #fff;
        font-size: 13px;
    }
    :host #login #login-form-wrapper #login-form button.google mat-icon,
                :host #login #login-form-wrapper #login-form button.
                facebook mat-icon {
        color: #fff;
        margin: 0 8px 0 0;
    }
    :host #login #login-form-wrapper #login-form button.google {
        background-color: #d73d32;
        margin-bottom: 8px;
    }
    :host #login #login-form-wrapper #login-form button.facebook {
        background-color: #3f5c9a;
    }
    :host #login #login-form-wrapper #login-form .register {
        margin: 32px auto 24px auto;

        font-weight: 500;
    }
    :host #login #login-form-wrapper #login-form .register .text {
        margin-right: 8px;
    }
```

app.component.html 파일의 HTML을 다음 HTML로 바꾸십시오.

```
<div class="flex-container" id="login">
    <div class="row">
        <div id="login-form-wrapper" >
            <div class="">
            </div>
            <div id="login-form">
```

```
            <div class="">
            </div>
            <div class="title tfs-text-center"> Some Property
                                                  Management</div>
            <br>
            <br>
            <div class="content">
                <router-outlet></router-outlet>
            </div>
        </div>
    </div>
  </div>
</div>
<ng-http-loader></ng-http-loader>
```

여기서 'router-outlet'은 부동산 모듈이 로드되는 위치를 가리킵니다. 이전 섹션에서 구축한 부동산 API를 호출하는 서비스를 만들겠습니다.

src/app 폴더에 services라는 폴더를 만들고, property.services.ts라는 파일을 만듭니다. 다음 코드를 붙여 넣으십시오 :

```
import { HttpClient, HttpHeaders } from '@angular/common/http';
import { Injectable } from '@angular/core';
@Injectable()
export class PropertyService {
    propertyApiUrl = '//localhost:8000/property';
    constructor(private http: HttpClient) {  }
    submitProperty(body) {
        console.log(body);
        const httpOptions = {
            headers: new HttpHeaders({
                'Content-Type': 'application/json'
            })
        };
```

```
        return this.http.post(this.propertyApiUrl, body, httpOptions);
    }
    changeOwner(body) {
        console.log(body);
        const httpOptions = {
            headers: new HttpHeaders({
                'Content-Type': 'application/json'
            })
        };
        return this.http.put(this.propertyApiUrl, body, httpOptions);
    }
    getProperties() {
        const httpOptions = {
            headers: new HttpHeaders({
                'Content-Type': 'application/json'
            })
        };
        return this.http.get(this.propertyApiUrl + '?startIndex=
                              P1000001&endIndex=P1000101', httpOptions);
    }
}
```

여기에서 부동산을 등록하기 위해, 포트 8000에서 실행되는 백엔드 API 서비스를 다음과 같이 호출합니다 :

```
submitProperty(body) {
    console.log(body);
    const httpOptions = {
        headers: new HttpHeaders({
            'Content-Type': 'application/json'
        })
    };
    return this.http.post(this.propertyApiUrl, body, httpOptions);
}
```

Angular httpClient를 사용하여 해당 API를 호출하고, 요청 본문 및 옵션을 전달합니다. getProperties 및 changeOwner 함수에서도 같은 작업을 수행합니다.

app.module.ts에서 이 서비스를 이미 임포트 했기 때문에, 모든 컴포넌트를 사용할 수 있습니다.

```
providers: [PropertyService],
```

적절한 디자인의 스타일을 포함하도록 index.html을 변경하겠습니다.

index.html 파일의 HTML을 다음 HTML로 바꿉니다.

```
<!doctype html>
<html lang="en">
<head>
    <meta charset="utf-8">
    <title> Property Management</title>
    <base href="/">
    <meta name="viewport" content="width=device-width, initial-scale=1">
    <link rel="icon" type="image/x-icon" href="favicon.ico">
    <style type="text/css">
        body {
            -webkit-font-smoothing: antialiased;
            text-rendering: optimizeLegibility;
            font-family: "proxima-nova-soft", sans-serif;
            overflow-x: hidden;
        background-image: url(http://alfaroproperties.com/wp-content/
                uploads/2014/04/drawing-at-home-on-blue-background-90
                0x400.jpg) !important;
        background-repeat: no-repeat;
        background-size: 100% 140%;
        height: 100%;
        width: 100%;
        }
        body .icon,
```

```
        body .secondary-text,
        body i {
            color: rgba(0, 0, 0, .54);
        }
        body .vertical-centered-box {
            position: absolute;
            width: 100%;
            height: 100%;
            text-align: center;
        }
    </style>
</head>
<body>
    <app-root>
    </app-root>
</body>
</html>
```

style.css 파일에 다음 코드를 입력하십시오 :

```
@import "~@angular/material/prebuilt-themes/indigo-pink.css";
.tfs-block {
    width: 100%;
    margin: 16px auto;
    display: block;
}
.tfs-text-center {
    text-align: center
}
```

polyfills.ts에 다음 줄을 추가하십시오 :

```
import 'core-js/es7/reflect';
```

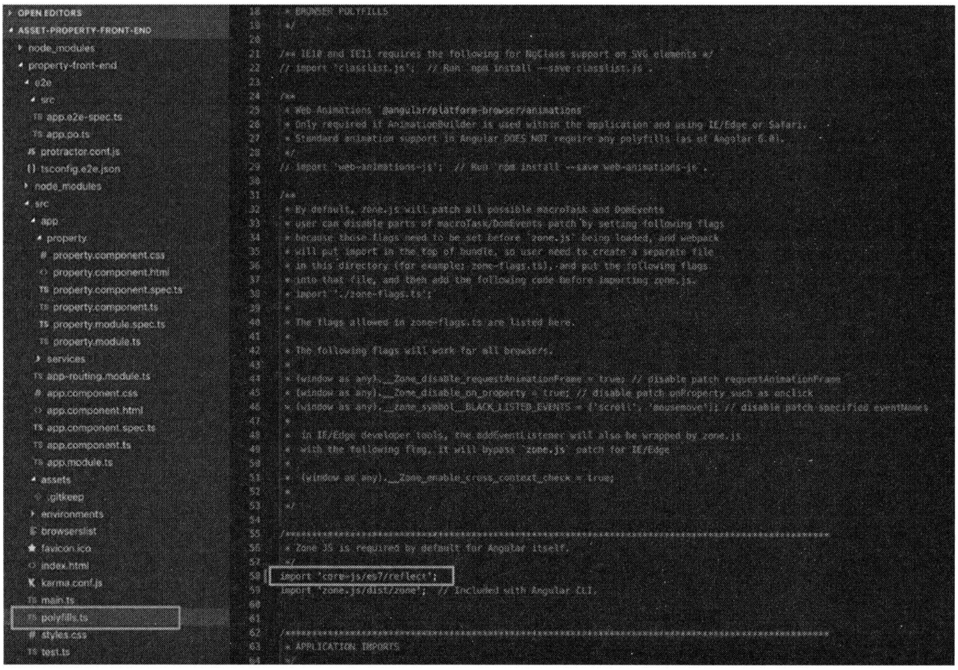

▌그림 7.12▐

터미널로 property-front-end 폴더에 들어갑시다.

이제 이 어플리케이션을 실행하고 테스트하겠습니다. 다음 명령을 실행하십시오.

```
ng serve
```

오류가 발생하면, angular.json 파일의 코드를 다음 코드로 바꾸십시오 :

```
{
  "$schema": "./node_modules/@angular/cli/lib/config/schema.json",
  "version": 1,
  "newProjectRoot": "projects",
  "projects": {
    "tfs-form": {
      "root": "",
      "sourceRoot": "src",
```

```
"projectType": "application",
"prefix": "app",
"schematics": {},
"architect": {
  "build": {
    "builder": "@angular-devkit/build-angular:browser",
    "options": {
      "outputPath": "dist/tfs-form",
      "index": "src/index.html",
      "main": "src/main.ts",
      "polyfills": "src/polyfills.ts",
      "tsConfig": "src/tsconfig.app.json",
      "assets": [
        "src/favicon.ico",
        "src/assets"
      ],
      "styles": [
        "src/styles.css"
      ],
      "scripts": []
    },
    "configurations}: {
      "production": {
        "fileReplacements": [
          {
            "replace": "src/environments/environment.ts",
            "with": "src/environments/environment.prod.ts"
          }
        ],
        "optimization": true,
        "outputHashing": "all",
        "sourceMap": false,
        "extractCss": true,
        "namedChunks": false,
        "aot": true,
```

```
            "extractLicenses": true,
            "vendorChunk": false,
            "buildOptimizer": true
          }
        }
      },
      "serve": {
        "builder": "@angular-devkit/build-angular:dev-server",
        "options": {
          "browserTarget": "tfs-form:build"
        },
        "configurations": {
          "production": {
            "browserTarget": "tfs-form:build:production"
          }
        }
      },
      "extract-i18n": {
        "builder": "@angular-devkit/build-angular:extract-i18n",
        "options": {
          "browserTarget": "tfs-form:build"
        }
      },
      "test": {
        "builder": "@angular-devkit/build-angular:karma",
        "options": {
          "main": "src/test.ts",
          "polyfills": "src/polyfills.ts",
          "tsConfig": "src/tsconfig.spec.json",
          "karmaConfig": "src/karma.conf.js",
          "styles": [
            "src/styles.css"
          ],
          "scripts": [],
          "assets": [
```

```
            "src/favicon.ico",
            "src/assets"
          ]
        }
      },
      "lint": {
        "builder": "@angular-devkit/build-angular:tslint",
        "options": {
          "tsConfig": [
            "src/tsconfig.app.json",
            "src/tsconfig.spec.json"
          ],
          "exclude": [
            "**/node_modules/**"
          ]
        }
      }
    }
  },
  "tfs-form-e2e": {
    "root": "e2e/",
    "projectType": "application",
    "architect": {
      "e2e": {
        "builder": "@angular-devkit/build-angular:protractor",
        "options": {
          "protractorConfig": "e2e/protractor.conf.js",
          "devServerTarget": "tfs-form:serve"
        }
      },
      "lint": {
        "builder": "@angular-devkit/build-angular:tslint",
        "options": {
          "tsConfig": "e2e/tsconfig.e2e.json",
          "exclude": [
```

```
            "**/node_modules/**"
          ]
        }
      }
    }
  }
},
"defaultProject": "tfs-form"
}
```

이제, ng serve 명령을 다시 입력하십시오.

오류가 발생하지 않는다면, 출력은 그림 7.13과 같이 표시됩니다 :

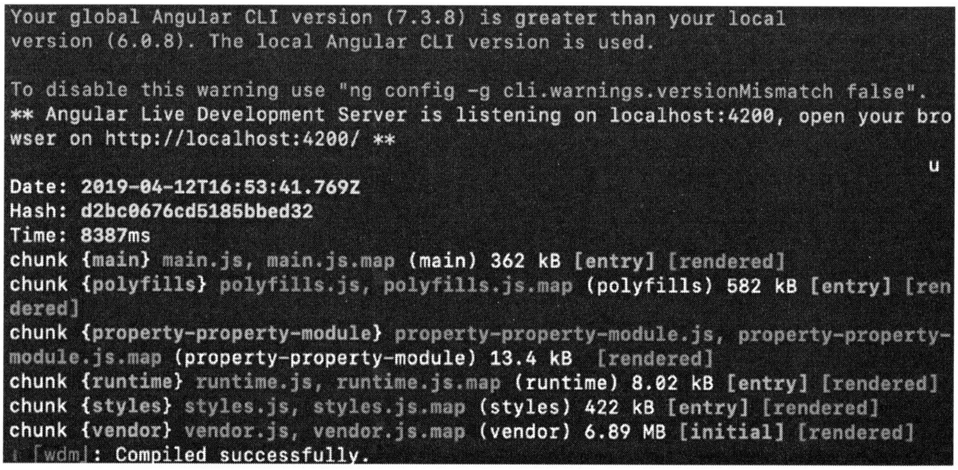

▌그림 7.13▐

이제 **localhost:4200**로 이동해서 UI를 로드하십시오. **All Properties** 탭에서 모든 부동산을 로드합니다.

그런 다음 **Add new property** 탭을 클릭하고, 새 부동산을 추가하기 위한 세부 정보를 입력하십시오.

모든 필드를 입력하고 **Save**를 클릭하십시오. 성공 메시지가 표시되어야 합니다.

All Properties 탭으로 이동하면 목록에 새로 추가된 부동산을 볼 수 있습니다.

Change Owner 탭으로 이동하면 소유자를 변경할 수 있습니다. 업데이트 된 소유자를 보려면 **List property** 탭을 확인하십시오.

지금까지 Node.js, Angular 및 Fabric을 사용하여 Hyperledger Fabric용 종단간 어플리케이션을 개발 완료했습니다.

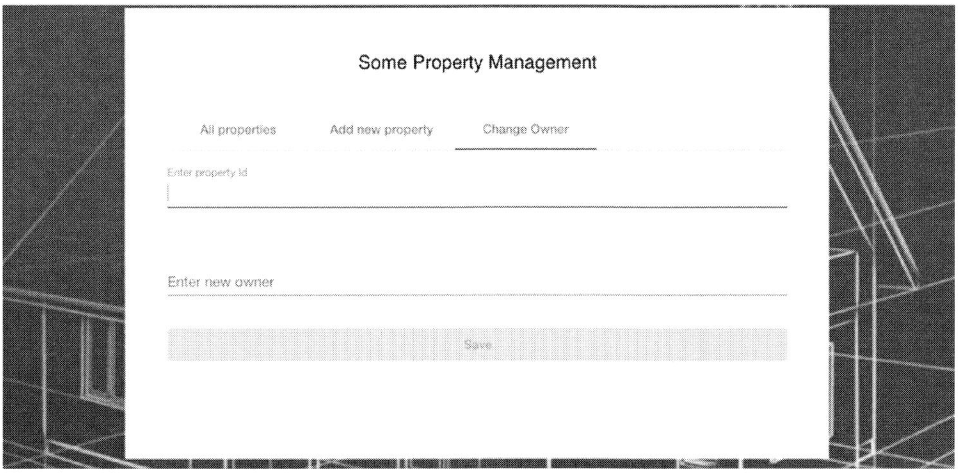

| 그림 7.14 |

고급 적용 사례에 Fabric SDK 사용하기

이 섹션에서는 채널 생성, 개인 데이터private data 수집 등과 같은 고급 기능을 위한 Fabric SDK사용법을 배웁니다. 체인코드에서 다른 체인코드를 호출하는 식의 고급 적용 사례도 살펴보겠습니다.

Fabric SDK를 사용한 채널 생성

이 섹션에서는 Fabric SDK를 사용한 채널 생성법을 배웁니다. 이 방법은 채널의 아티팩트artefacts가 필요합니다. 따라서, 먼저 Fabric 클라이언트 인스턴스를 가져온 뒤, 구성configuration을 사용하여 오더러에 연결해야 합니다.

```
// this is orderer configuration
var ordererOrg = {
        "mspid": "OrdererMSP",
        "url": "grpcs://localhost:7050",
        "server-hostname": "orderer.example.com",
        "tls_cacerts": "../network/crypto-config/ordererOrganizations/
                        trade.com/orderers/orderer.trade.com/msp/tlscace
                        rts/tlsca.trade.com-cert.pem"
},

var client = new Client();
var orderer = client.newOrderer(
    ordererOrg.url,
    {
        'pem': caroots, // in case you are using ssl
        'ssl-target-name-override': ordererOrg['server-hostname']
    }
);
```

오더러와 연결되어 있는 동안, 현재 월드 스테이트 원장 상태를 가져와야 합니다. 로컬 파일시스템이나 데이터베이스에 이 상태를 저장할 수 있습니다. 키-값 쌍으로 설정하기 위해, Fabric이 제공하는 fabric-client/fabric-utils 모듈의 setConfigSetting을 사용할 수 있습니다.

```
setConfigSetting('key-value-store', 'path to FileKeyValueStore.js');
```

다음으로, 채널을 만들려면 관리자가 네트워크에 등록되어 있어야 합니다. 이 프로세스는 이전 섹션에서 수행한 것과 비슷합니다. 채널에 3개의 기관이 있는 경우, 각 조직별로 해당 관리자를 등록해야 합니다. 또한 오더러 기관이 있는 경우, 해당 관리자를 오더러 조직에도 등록해야 합니다.

관리자가 등록되면, 각 기관에서 서명을 수집하고 배열에 저장합니다. 기관 및 오더러와 관련된 채널을 생성할 때 이 서명을 사용합니다.

서명을 얻는 함수인 `client.signChannelConfig(config);`를 사용할 수 있습니다;

채널 설정 프로세스의 다음 단계는 요청 객체를 만드는 것입니다. 이전 SDK 예제인 호출 및 질의 체인코드에서 수행한 작업과 같습니다. Fabric SDK에서 채널을 생성하는 것도 트랜잭션입니다. 다음은 객체의 예제입니다 :

```
let tx_id = client.newTransactionID();
var request = {
    config: config,
    signatures : signatures,
    name : channel-name,
    orderer : orderer,
    txId : tx_id
};
```

- `config` : `client.extractChannelConfig`를 사용하여 `channel.tx`에서 불러온 구성입니다. `configtxgen` 도구를 사용하여 `channel.tx`를 생성했음을 기억하십시오.
- `signatures` : 각 기관 및 오더러로부터 얻은 서명 목록을 나타냅니다.
- `channel_name` : 사용자가 정의한 채널 이름을 나타냅니다.
- `orderer` : 트랜잭션 세부 정보를 보낼 오더러의 구성을 나타냅니다.
- `tx_id` : 사용자가 생성한 트랜잭션 ID입니다.

createChannel 함수를 사용하여 채널을 만들 수 있습니다.

```
return client.createChannel(request);
```

채널을 생성하려면 시간이 다소 걸립니다. `configtxgen` 도구로 몇 번 만들었던 채널 구성 파일을 기반으로, 원장을 초기화하고 제네시스 블록을 생성해야 하기 때문입니다.

SDK를 사용하여 채널 참여

채널을 만들었으므로, 채널에 기관을 추가하겠습니다. 그러면 채널에 체인코드를 설치하고 초기화 할 수 있습니다.

먼저 client.newChannel('channel-name')을 사용하여 채널 인스턴스에 연결해야 합니다.

다음으로 addOrderer를 사용하여 오더러를 추가해야 합니다.

```
channel.addOrderer(
    client.newOrderer(
        ORGS.orderer.url,
        {
            'pem': caroots,
            'ssl-target-name-override': ORGS.orderer['server-hostname']
        }
    )
);
```

오더러가 추가되면 오더러로부터 제네시스 블록을 가져와야 합니다. 오더러에게 트랜잭션 요청을 보내면 됩니다.

```
tx_id = client.newTransactionID();
let request = { txId : tx_id };
return channel.getGenesisBlock(request);
```

채널에 참여 요청join request을 보내기 전에 클라이언트의 서명 정보가 필요합니다. 채널 구성 파일에 지정된 것처럼, 이 채널의 일부가 될 모든 기관에 참가 요청을 보냅니다.

다음은 요청 메시지의 예제입니다.

```
tx_id = client.newTransactionID();
let request = {
    targets : targets,
    block : genesis_block,
    txId : tx_id
};
channel.joinChannel(request).then….
```

- `targets` : 채널 가입 요청을 보내야 하는 피어 인스턴스 목록을 나타냅니다.
- `block` : 이전 단계에서 오더러를 통해 얻은 블록인 `genesis_block`입니다.

실행하는 데 약간의 시간이 필요합니다.

체인코드 설치는 체인코드의 내용을 각 기관 피어에게 복사하는 것과 유사합니다. 또한 체인코드를 호출할 때 실행한 전송 트랜잭션과도 유사합니다.

이제 프로세스를 살펴보겠습니다.

먼저 클라이언트 인스턴스를 가져옵니다. 그런 다음 채널 인스턴스를 가져와서 오더러 인스턴스에 연결합니다. 이 설정을 모두 마치면 각 조직의 관리자 컨텍스트도 얻어야 합니다. 그러면 대상 조직의 모든 피어에게 트랜잭션 요청을 보낼 수 있습니다.

다음은 요청 객체의 예제입니다 :

```
var request = {
    targets: targets,
    chaincodePath: chaincode_path,
    chaincodeId: Constants.CHAINCODE_ID,
    chaincodeVersion: chaincode_version
};
client.installChaincode(request);
```

- targets: 피어 기관의 세부정보 목록입니다.
- chaincodePath : 로컬 경로입니다.
- chaincodeId : 체인코드와 관련된 고유 ID로, 체인코드에서 함수 호출을 위한 트랜잭션을 전송하기 위해 사용할 수 있습니다.

SDK 내부에서, 설치 요청은 체인코드의 소스코드를 **ChaincodeDeploymentSpec(CDS)** 이라는 규정된 형식으로 패키징합니다. 서명된 CDS를 작성하기 위해, 클라이언트 객체에 연관된 기관의 관리자가 이 패키지에 서명합니다. 그리고 설치를 위해 **LSCC**에 전송합니다.

위 절차는 간단한 경우에 대한 설명입니다. 서명된 CDS의 각 인스턴스는 설치 요청을 발행하는 클라이언트 ID의 서명만 가졌습니다. Fabric은 다른 복잡한 시나리오도 지원할 수 있습니다 예를 들어, CDS가 여러 기관의 다른 클라이언트에게 별도의 방식 out-of-band으로 전달되고, 설치 요청을 수신하기 전에 각 기관이 서명하는 시나리오를 생각해 볼 수 있습니다.

설치를 성공적으로 완료하려면 chaincode 폴더에 src라는 하위 폴더가 있어야 합니다. 설치 제안서에 전송된 체인코드 경로는 폴더의 실제 코드를 가리켜야 합니다.

설치를 확인하기 위해, 다음 코드처럼 제안서 요청proposal requests을 검토할 수 있습니다 :

```
if (proposalResponses && proposalResponses[i].response &&
proposalResponses[i].response.status === 200)
    logger.info('proposal was good');
}
```

체인코드 초기화

모든 보증 피어에 체인코드를 설치했습니다. 다음 단계는 체인코드를 초기화하는 것입니다.

프로세스는 이전 단계와 동일하지만, 다음 코드에서 보이는 것처럼 요청 객체가 다릅니다.

```
var tx_id = client.newTransactionID();
var request = {
    chaincodePath: chaincode_path,
    chaincodeId: CHAINCODE_ID,
    chaincodeVersion: version,
    fcn: funcName,
    args: argList,
    txId: tx_id,
    'endorsement-policy': TRANSACTION_ENDORSEMENT_POLICY
};
channel.sendInstantiateProposal(request, 300000);
```

보다시피, 필드 이름만으로도 그 용도를 알 수 있습니다. 이 단계에서 보증 정책을 정의했습니다. 샘플 정책을 살펴보겠습니다 :

```
var TWO_ORG_MEMBERS_AND_ADMIN = [
    { role: { name: 'member', mspId: 'Org1MSP' } },
    { role: { name: 'member', mspId: 'Org2MSP' } },
    { role: { name: 'admin', mspId: 'OrdererMSP' } }
];
var ALL_TWO_ORG_MEMBERS =  {
    identities: FOUR_ORG_MEMBERS_AND_ADMIN,
    policy: {
        '2-of': [{ 'signed-by': 0 }, { ‘signed-by’: 1}]
    }
};
```

보증 정책은 체인코드를 초기화하면서 CLI 컨테이너에서 사용했던 정책과 유사합니다. 먼저 기관의 신원을 별도의 변수로 정의하고, 이 변수를 신원 객체에 사용합니다. 따라서 `ALL_TWO_ORG_MEMBERS` 변수에 할당된 정책 객체policy object는 두 기관이 서명해야 함을 정의합니다.

요약

이번 장에서는 REST API 계층과 프론트 엔드를 개발하여 asset-registry 프로젝트를 위한 완전한 적용 사례를 완성했습니다.

CHAPTER 8

Fabric의 제품화

이번 장에서는 제품화 시나리오에서 네트워크를 관리하고 배포하는 방법을 배우겠습니다. 또한 Hyperledger를 확장성과 보안 관점에서 살펴보겠습니다.

네트워크 구성 요소를 실시간으로 업그레이드하는 방안도 살펴보겠습니다. 기존 채널에 새 기관을 추가하거나 채널 구성을 업그레이드하는 등의 예제가 제시됩니다.

먼저, Fabric을 배포하는 도구를 살펴보겠습니다. Docker Swarm과 Kubernetes(k8s)가 있지만, 여기서는 Swarm만 사용합니다.

이번 장에서는 다음 주제를 다룹니다.

- Swarm을 사용한 배포
- Explorer
- Fabric의 클라우드 배포

목표 : 이번 장에서는 실세계 시나리오에서 Fabric 기반 솔루션을 배포하는데 필수적인 제품화 환경의 특성을 검토할 것입니다.

Swarm을 사용한 Fabric 배포

이제까지는 하나의 호스트 시스템에서 네트워크 배포를 수행했습니다. 그러나 실세계 시나리오에서는 그렇지 않습니다. 기관이 여러 도시와 국가에 위치하므로, 각 기관마다 사내 네트워크 노드를 가지는 다중 호스트 설정이 필요합니다. 샘플 네트워크의 전체적인 관점을 살펴보겠습니다.

Docker는 어플리케이션에 로컬 서비스를 배포하는 기술로, Compose와 같은 단일 호스트 오케스트레이션orchestration 도구를 사용하여 테스트할 수 있습니다. 그러나 실제 환경에서는 여러 호스트 시스템에 배포 가능하도록 보다 유용하고 강력한 오케스트레이션 도구가 필요합니다. Swarm과 Kubernetes가 그런 도구입니다. 도구마다 사용법과 기능면에서 많은 차이점이 있지만 핵심 목적은 동일합니다. Google이 개발한 Kubernetes는 자동 확장과 같은 기본 기능이 있으며, 동일한 기능을 사용하려면 Swarm을 사용하여 여러 도구를 구성해야 합니다. 하지만, 네트워크에서 Swarm으로 추가 기능을 구성하고 사용할 경우 유용성 측면에서는 Kubernetes와 비슷합니다. 차이점은 나중에 비교하고, 일단 Swarm부터 시작하겠습니다.

작업을 시작하기 전에 아래 나열된 도구들이 사용 가능한지 확인하십시오 :

- Docker
- Swarm
- 적어도 세 개 이상의 가상 머신

그림 8.1은 Swarm의 전체 구성 방안을 보여줍니다.

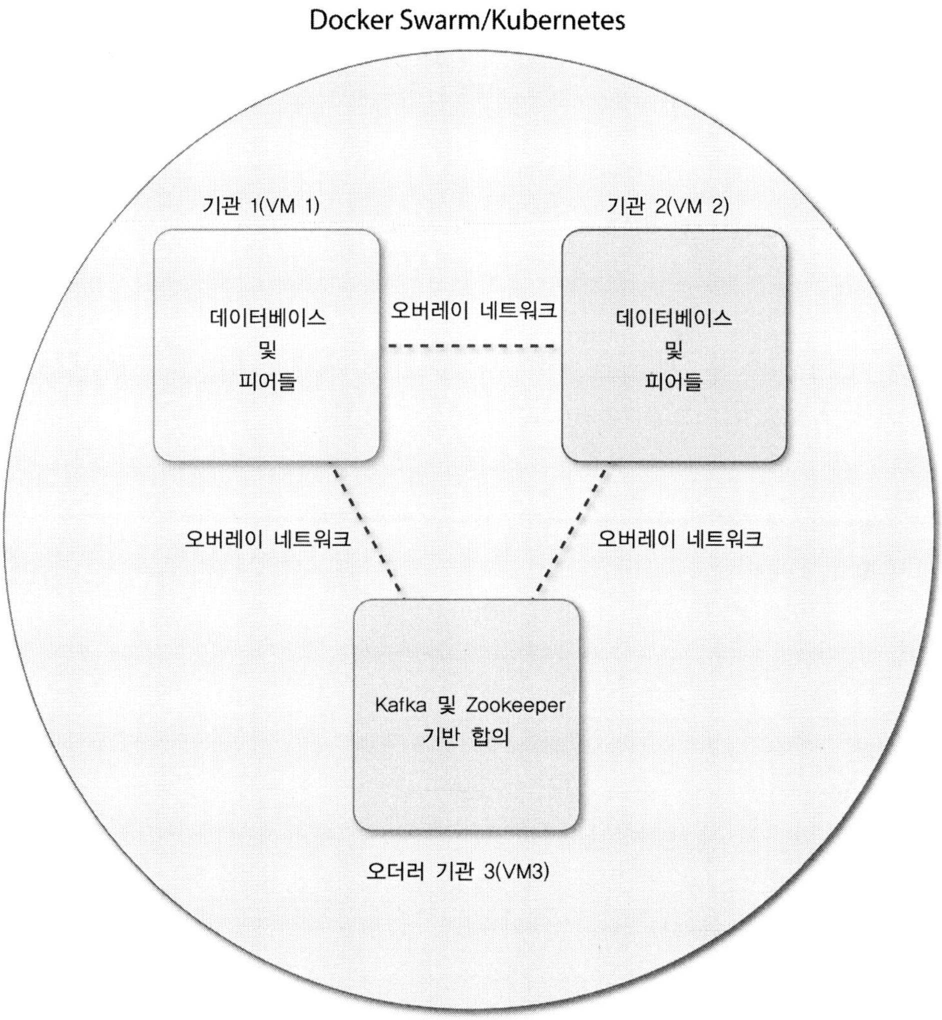

▌그림 8.1▐

시작하기 전에 Swarm 클러스터를 설정해야 합니다.

Docker labs를 사용하면 쉽습니다. Docker labs를 열고 왼쪽 패널에서 도구 아이콘을 클릭하십시오. 팝업 창이 뜨면, 3명의 관리자와 2명의 작업자를 생성하는 "**3 Managers and 2 Workers**"를 선택합니다 :

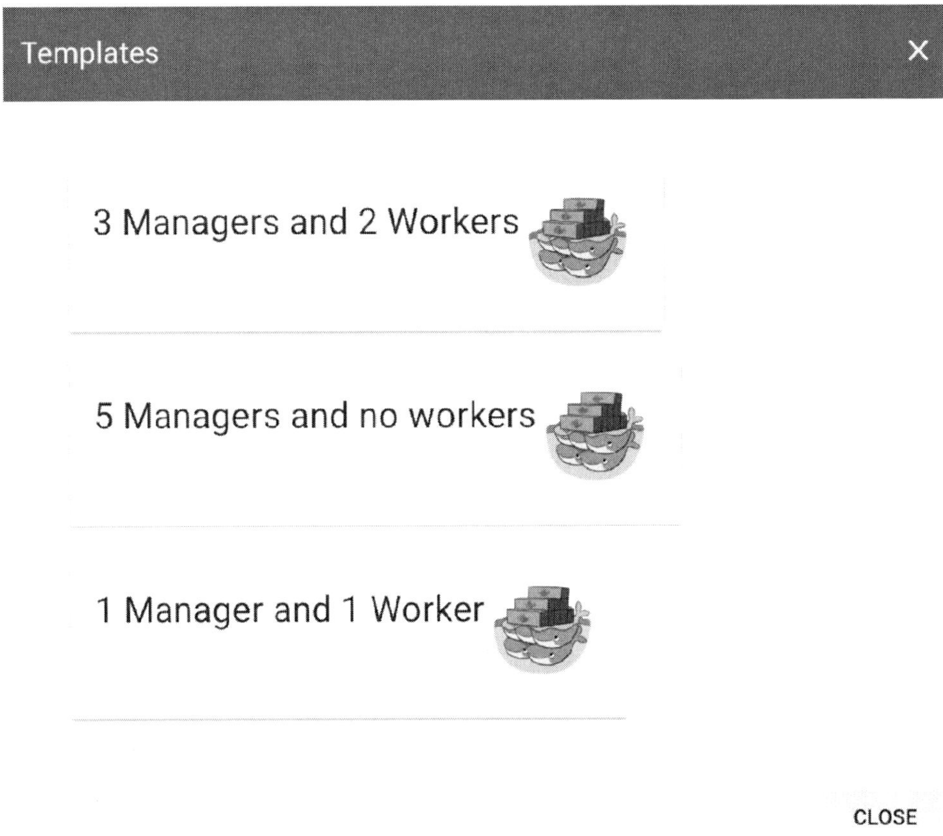

▌그림 8.2▐

Swarm 클러스터를 설정하고, 필요한 이미지를 가져옵니다. 이미지를 가져오려면 다음 명령을 따르십시오.

> 참고 : Manager 1에서 다음 코드를 배포하기 시작합니다. 따라서 Manager 1를 호스트로 간주합니다.

```
sudo su
```

Fabric 도구:

```
docker pull hyperledger/fabric-tools:x86_64-1.1.0
```

Fabric 오더러:

```
docker pull hyperledger/fabric-orderer:x86_64-1.1.0
```

Fabric 피어:

```
docker pull hyperledger/fabric-peer:x86_64-1.1.0
```

Fabric 체인코드 환경:

```
docker pull hyperledger/fabric-ccenv:x86_64-1.1.0
```

Fabric CA:

```
docker pull hyperledger/fabric-ca:x86_64-1.1.0
```

Fabric CouchDB:

```
docker pull hyperledger/fabric-couchdb:x86_64-0.4.6
```

이제 다음 명령을 실행하여 Docker 이미지를 볼 수 있습니다 :

```
docker images
```

다음 목록처럼 이미지에 태그를 지정하십시오 :

- docker tag hyperledger/fabric-ca:x86_64-1.1.0 hyperledger/fabric-ca:latest
- docker tag hyperledger/fabric-tools:x86_64-1.1.0 hyperledger/fabric-tools:latest
- docker tag hyperledger/fabric-orderer:x86_64-1.1.0 hyperledger/fabric-orderer:latest
- docker tag hyperledger/fabric-peer:x86_64-1.1.0 hyperledger/fabric-peer:latest
- docker tag hyperledger/fabric-ccenv:x86_64-1.1.0 hyperledger/fabric-ccenv:

latest

- docker tag hyperledger/fabric-couchdb:x86_64-0.4.6 hyperledger/fabric-couchdb:latest

```
git clone https://github.com/SateDev/hlf-docker-swarm
cd hyperledger-swarm
```

이제 네트워크를 실행합니다 :

```
./create_network.sh
```

네트워크 설정이 완료되면 암호 자료Crypto material를 이동합니다 :

```
./move_crypo.sh
```

Docker 서비스들이 함께 읽을 수 있는 위치로 모든 암호 자료가 마이그레이션 됩니다.

`.env` 파일을 열고, 호스트 이름을 가상머신(VM)의 호스트 이름 또는 IP 주소로 변경하십시오.

```
vi .env
```

그림 8.3과 그림 8.4와 같이, 화면의 `ORG1`, `ORG2`, `ORG3`을 다음과 같이 바꾸십시오.

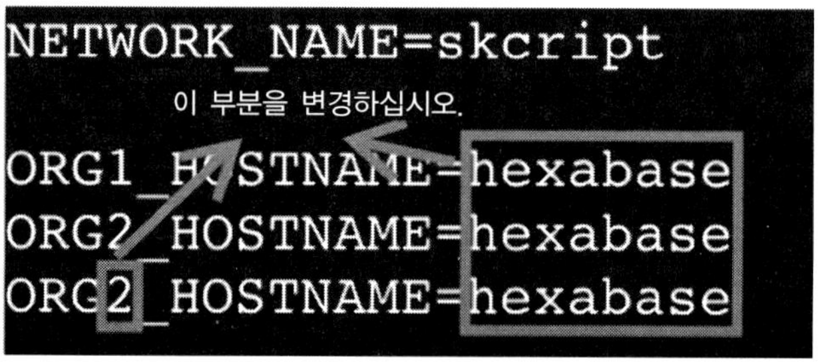

| 그림 8.3 |

호스트 이름을 변경하십시오 :

| 그림 8.4 |

:wq를 입력해서 vi 편집기를 종료하십시오.

다음 명령어로 세 노드에 우리 서비스를 생성합니다 :

```
./populate_hostname.sh
```

시작하기 전, 각 VM에 암호 자료를 복사합니다.

두 번째 VM으로 이동하여 같은 저장소를 복제하십시오 :

```
sudo su
git clone https://github.com/SateDev/hlf-docker-swarm
cd hyperledger-swarm
./move_crypto.sh
```

세 번째 VM에 대해서도 위의 절차를 반복하십시오.

이제 마스터 VM(이 예제에서는 manager1)에서 다음 명령을 통해 모든 컨테이너를 시작하십시오 :

```
./start_all.sh
```

서비스의 실행 여부를 확인하기 위해 다음 명령을 실행합니다 :

```
docker service ls | grep "0/1"
```

이 명령은 실행에 실패했거나 시작 중인 서비스를 보여줍니다. 이 명령이 어떠한 값도 반환하지 않는다면, 모든 서비스가 제대로 실행되고 있다는 뜻입니다.

이제 네트워크와 상호작용할 준비가 되었습니다.

먼저 채널을 설정하겠습니다 :

```
./scripts/create_channel.sh
```

시작에 실패하면 오더러가 작동하지 않을 수 있습니다. 디버깅하려면 다음 명령을 따르십시오 :

```
cd scripts
cd channel
vi create_channel.sh
```

'set -ev' 아래에 'echo $ORDERER_NAME' 명령을 추가합니다 :

▌그림 8.5▐

vi 편집기를 종료하십시오.

이후 Network 폴더로 이동하여 다음 명령을 다시 실행하십시오 :

```
./scripts/create_channel.sh
```

그런 다음, 체인코드를 설치하십시오 :

```
./scripts/install_chaincodes.sh
```

체인코드가 설치되었으므로 실시간으로 상호작용할 수 있습니다.

해당 예제에서는 3개 기관을 가정하고 네트워크를 설정했기 때문에, 기관의 수가 3개를 초과하면 명령이 실패합니다. 4개 이상의 기관을 설정하려면, 4개 이상의 VM을 설정해야 합니다.

Hyperledger Explorer 모니터링을 위한 통합 솔루션

Hyperledger Explorer: 블록체인 네트워크의 활동을 조회하는 블록체인 모듈 및 오픈소스 브라우저입니다.

Hyperledger Explorer를 사용한 모니터링 과정을 살펴보겠습니다.

Ubuntu와 Hyperledger Fabric을 설치한 다음, Hyperledger Explorer를 설치하십시오.

전제 조건:

Explorer를 설치하기 위한 전제 조건은 다음과 같습니다 :

- Nodejs 8.11.x (v9는 지원하지 않음)
- PostgreSQL 9.5 이상
- Jq [https://stedolan.github.io/jq/]

Hyperledger Explorer는 Hyperledger Fabric 1.2에서 작동합니다. Fabric 네트워크를 관리하려면 다음의 소프트웨어 종속성을 설치하십시오.

- docker-ce

- docker-compose
- GO

1단계: Hyperledger Fabric 설정

```
curl -O https://hyperledger.github.io/composer/latest/prereqs-ubuntu.sh
chmod u+x prereqs-ubuntu.sh
./prereqs-ubuntu.sh
```

Fabric에 필요한 언어인 Golang을 설치하십시오 :

```
wget https://dl.google.com/go/go1.11.2.linux-amd64.tar.gz
tar -xzvf go1.11.2.linux-amd64.tar.gz
mv go/ /usr/local
```

다음으로 시작 파일의 환경 변수를 설정합니다.

```
nano ~/.bashrc
```

다음을 추가하십시오 :

```
export GOPATH=/usr/local/go
export PATH=$PATH:$GOPATH/bin
```

시작 파일을 다시 실행하십시오 :

```
source ~/.bashrc
```

`curl`이 없는 경우에는 다음과 같이 설치 명령을 수행해야 합니다. `curl` 명령을 실행하는 동안 문제가 없더라도 항상 `curl`을 최신 버전으로 유지하여 주십시오.

```
sudo apt-get install curl
```

Hyperledger Fabric 복사:

```
git clone -b master https://github.com/hyperledger/fabric-samples.git
```

Hyperledger Fabric의 Docker 이미지를 다우로드 합니다.

```
cd fabric-samples
curl -sSL http://bit.ly/2ysbOFE | bash -s 1.2.1 1.2.1 0.4.10
```

2단계: Hyperledger Explorer 설정

Fabric 이미지를 가져왔으면, Hyperledger Explorer를 복사합니다:

```
cd ..
git clone https://github.com/hyperledger/blockchain-explorer.git
```

3단계: PostgreSQL 설치

```
sudo apt-get update
sudo apt-get install postgresql postgresql-contrib
```

Database 설정:

```
cd blockchain-explorer/app
```

`explorerconfig.json`을 수정하여 다음과 같이 PostgreSQL 속성을 업데이트 할 수 있습니다 :

```
{
  "persistence": "postgreSQL",
  "platforms": ["fabric"],
  "postgreSQL": {
    "host": "127.0.0.1",
    "port": "5432",
    "database": "fabricexplorer",
    "username": "hppoc",
    "passwd": "password"
  },
  "sync": {
    "type": "local",
    "platform": "fabric",
    "blocksSyncTime": "3"
  }
}
```

▌그림 8.6▐

db 폴더에 접근 권한permission을 설정해야 합니다 :

```
cd blockchain-explorer/app/persistence/fabric/postgreSQL
chmod -R 775 db/
```

스크립트를 실행하여 데이터베이스를 생성하십시오 :

```
cd blockchain-explorer/app/persistence/fabric/postgreSQL/db
./createdb.sh
sudo -u postgres psql
```

4단계 : Hyperledger Fabric 네트워크 생성

다음 명령을 실행하십시오 :

```
cd fabric-samples/first-network/
./byfn.sh -m generate
./byfn.sh -m up
```

성공 메시지가 보일 것입니다.

5단계 : Fabric에서 Hyperledger Explorer 구성

network-configs를 업데이트하기 위해 `config.json`을 변경합니다.

그림 8.7과 같이, `fabric-path` 디렉토리를 여러분이 설치한 Fabric 네트워크 경로로 변경하십시오 :

```
"organizations": {
  "Org1MSP": {
    "mspid": "Org1MSP",
    "fullpath": false,
    "adminPrivateKey": {
      "path":
        "/var/fabric-samples/first-network/crypto-config/peerOrganizations/org1.example.com/users/Admin@org1.example.com/msp/keystore"
    },
    "signedCert": {
      "path":
        "/var/fabric-samples/first-network/crypto-config/peerOrganizations/org1.example.com/users/Admin@org1.example.com/msp/signcerts"
    }
  },
  "Org2MSP": {
    "mspid": "Org2MSP",
    "adminPrivateKey": {
      "path":
        "/var/fabric-samples/first-network/crypto-config/peerOrganizations/org2.example.com/users/Admin@org2.example.com/msp/keystore"
    }
  },
```

▌그림 8.7▐

`config.json` 파일을 열고, 구동중인 Hyperledger Fabric 네트워크에 맞추어 네트워크 설정을 업데이트 하십시오 :

```
cd blockchain-explorer/app/platform/fabric
nano config.json
```

6단계 : Hyperledger Explorer 빌드

다음 명령을 실행하십시오 :

```
cd blockchain-explorer
npm install
cd blockchain-explorer/app/test
npm install
npm run test
cd client/
```

```
npm install
npm test -- -u --coverage
npm run build
```

다음 화면을 볼 수 있습니다 :

❙ 그림 8.8 ❙

7단계 : Hyperledger Explorer 실행

다음 명령을 실행하십시오 :

```
cd blockchain-explorer/
./start.sh
```

웹브라우저로 `http://localhost:8080`을 방문하면 Hyperledger Explorer를 볼 수 있습니다.

▌그림 8.9▐

클라우드 서비스를 위한 Hyperledger Fabric

이 섹션에서는 Azure, Amazon, IBM Bluemix와 같은 주요 클라우드 공급자에 Hyperledger Fabric을 배포하는 방법을 살펴보겠습니다.

AWS에서 Fabric 사용하기

Amazon은 **BaaS(Blockchain-as-a-Service)** 기술 경쟁에서 선두를 차지하기 위해 노력했으며, Hyperledger Fabric을 지원하는 블록체인 서비스 (`https://aws.amazon.com/managed-blockchain/`)를 출시했습니다.

Get Started 버튼을 클릭하면 AWS 콘솔 페이지로 이동합니다. 회원가입 후 적절한 지역을 선택할 수 있습니다.

┃그림 8.10┃

설정이 완료되면 그림 8.11과 같은 화면이 나타납니다 :

┃그림 8.11┃

Create a network를 클릭하면 그림 8.12와 같은 화면으로 이동합니다 :

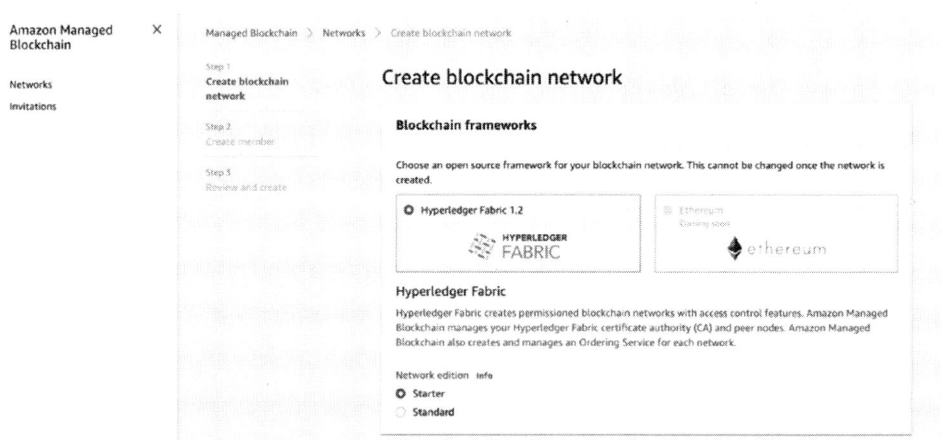

┃그림 8.12┃

Hyperledger Fabric 1.2를 선택하고, 그림 8.13과 같이 **Network name**에 네트워크 이름, **Description**에 설명사항을 입력하고 **Voting policy**는 비워 두십시오. 그런 다음 **Next**를 클릭하십시오.

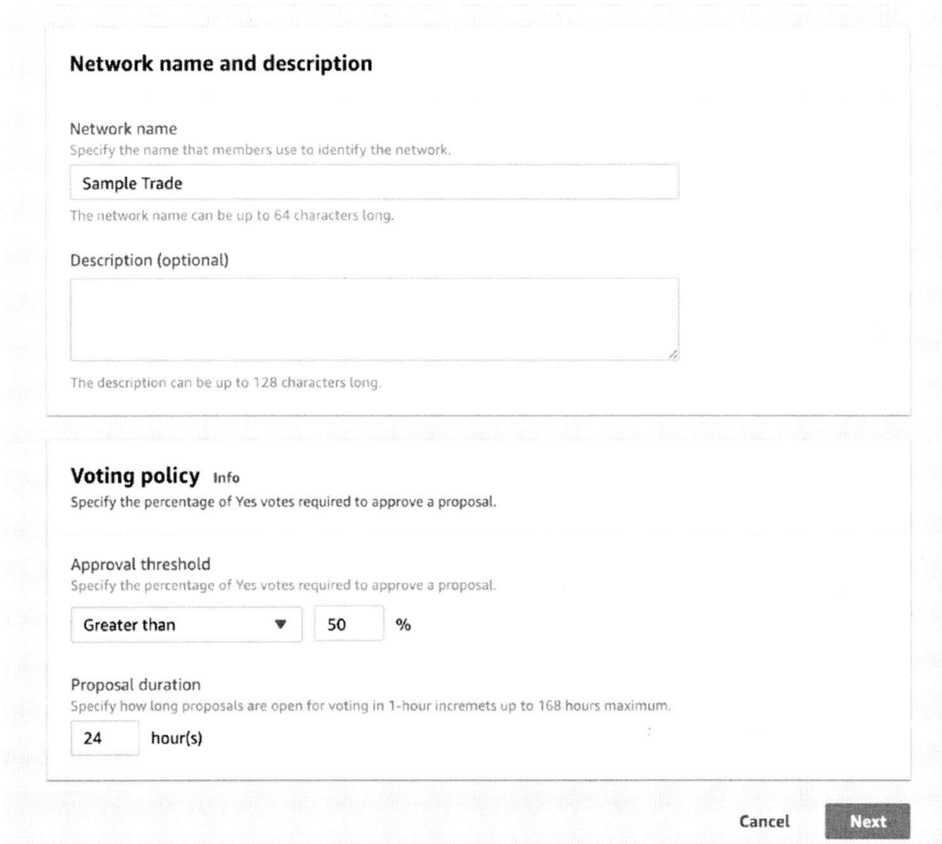

▌그림 8.13▐

멤버의 세부정보를 입력할 수 있는 다음 화면으로 이동합니다 :

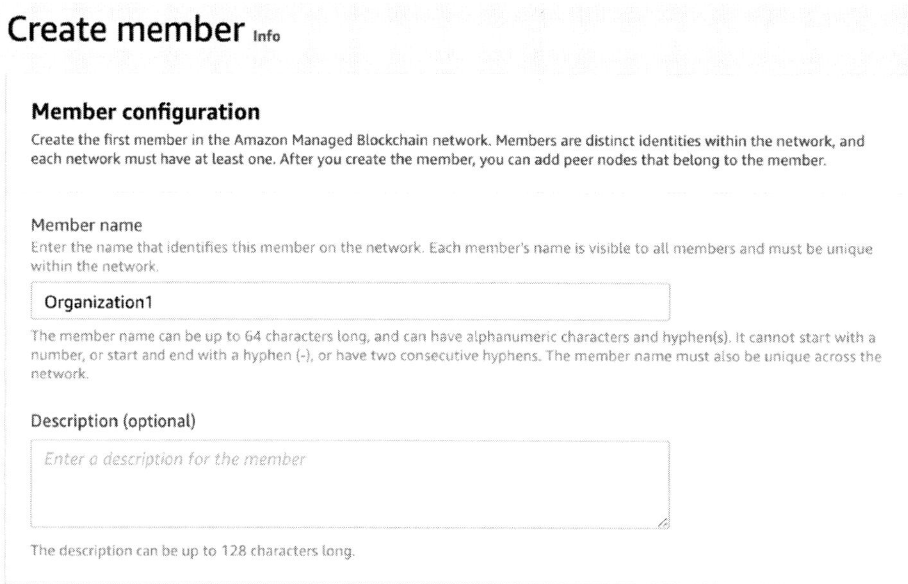

▌그림 8.14▐

첫 번째 멤버의 정보(기관 이름, 설명사항(선택))를 입력하십시오.

다음으로 CA 사용자 이름과 비밀번호를 설정합니다 :

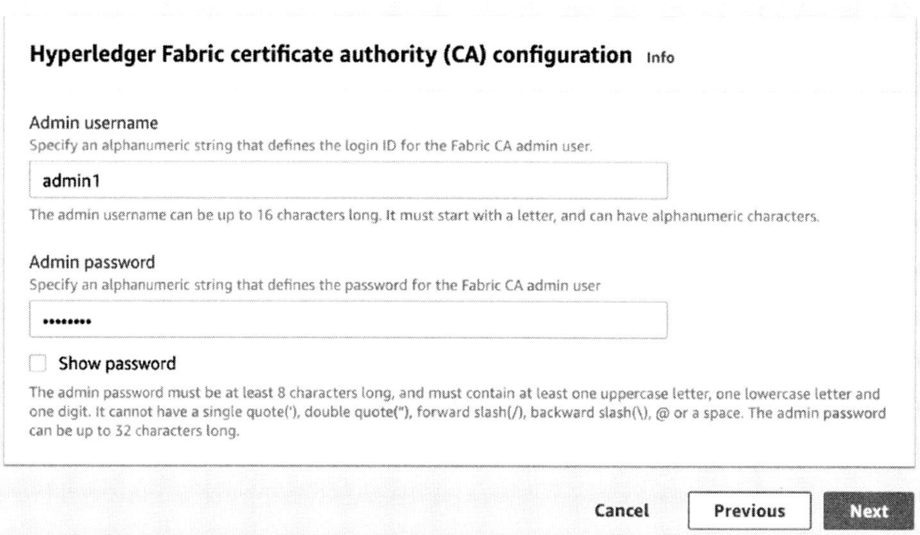

▌그림 8.15▐

Next 버튼을 클릭하여 다음 단계로 진행하십시오.

다음 화면에서 여러분이 입력한 세부 정보를 검토할 수 있습니다. Create network and member 버튼을 클릭하고 배포가 완료될 때까지 기다립니다.

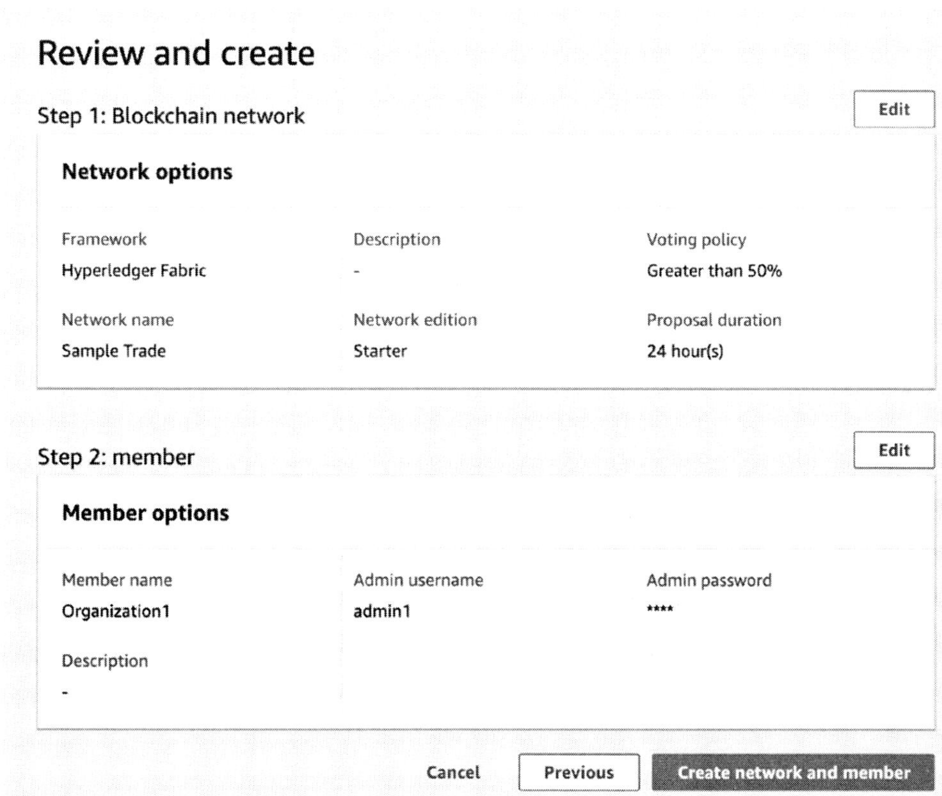

▍그림 8.16▐

네트워크 생성이 완료되면, 그림 8.17과 같이 네트워크가 표시됩니다 :

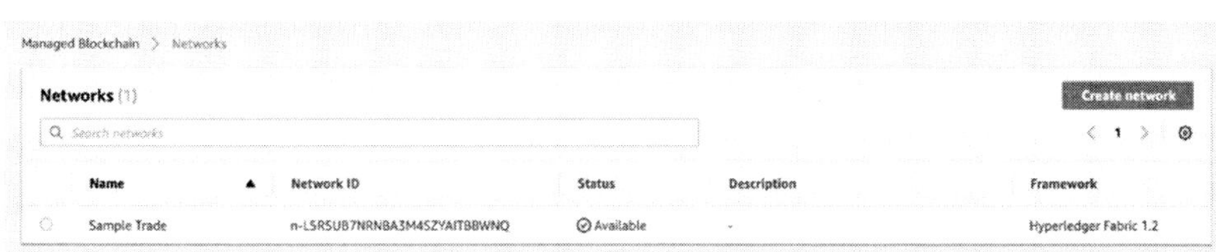

▍그림 8.17▐

'Sample Trade' 네트워크를 클릭하고 Members탭으로 이동하십시오. 멤버를 클릭하면 세부 사항을 볼 수 있고, 피어 추가 등의 작업을 수행할 수 있습니다.

멤버 중 하나를 클릭하면 그림 8.18과 같은 정보가 표시됩니다 :

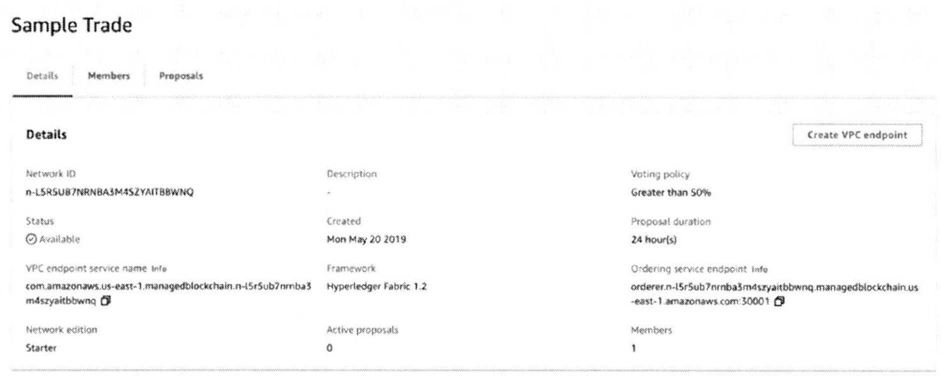

▌그림 8.18▐

여기서 기관의 피어 노드를 생성할 수 있습니다.

새로운 노드 생성을 요청하면, 잠시 뒤에 생성된 피어 목록이 표시됩니다. 여기서 Node.js SDK 클라이언트의 인증서를 얻기 위한 CA 엔드포인트를 찾을 수도 있습니다.

생성된 피어를 클릭하면 관련 정보를 얻을 수 있습니다.

마찬가지로 새 회원을 추가하려면 **Create invitation proposal**을 클릭하십시오.

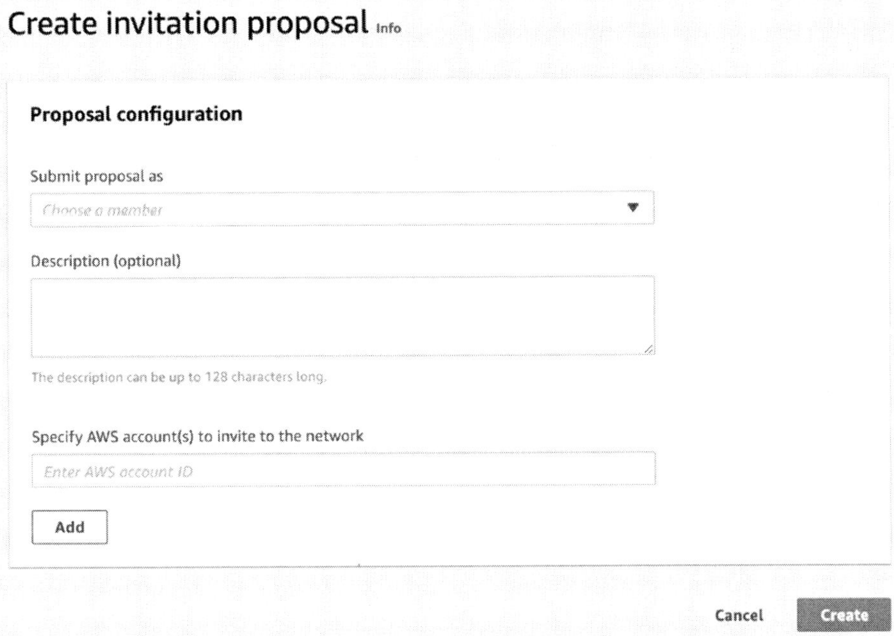

| 그림 8.19 |

그림 8.19에서 멤버는 자신의 신원을 생성하고 네트워크에 추가할 수 있습니다.

이제 네트워크와의 상호작용을 시작할 수 있습니다.

Azure Cloud에서 Fabric 사용하기

Azure는 기업이 블록체인 기술을 시험할 수 있도록 여러 솔루션을 제공합니다. 이 중 일부는 `https://azure.microsoft.com/en-in/solutions/blockchain/`에 열거되어 있습니다.

Azure는 Hyperledger, Corda, Ethereum 등과 같은 주요 엔터프라이즈 블록체인 플랫폼을 개발, 테스트 및 배포할 수 있는 완벽한 블록체인 제품군을 보유합니다.

`https://azure.microsoft.com/en-in/features/blockchain-workbench/`

또한 Microsoft Workbench 솔루션은 쉽게 개발할 수 있도록 사전 구축된 네트워크를 제공합니다.

Hyperledger Fabric 배포를 시작하려면 다음 링크로 이동하십시오 :

https://azuremarketplace.microsoft.com/en-in/marketplace/apps/microsoft-azure-blockchain.azure-blockchain-hyperledger-fabric?tab=PlansAndPrice

링크를 클릭하면 Azure의 공식 포털로 이동합니다 :

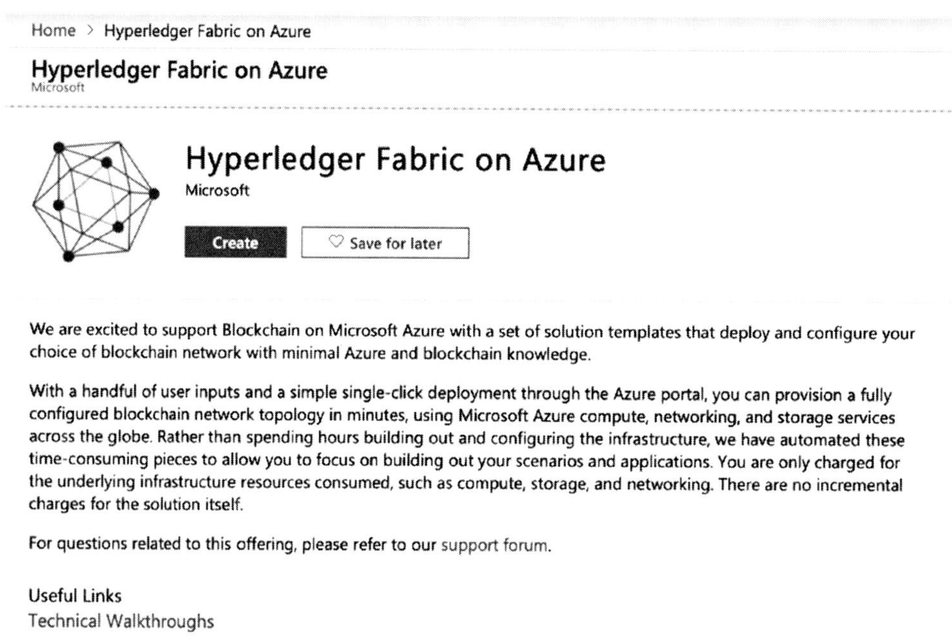

| 그림 8.20 |

Create 버튼을 클릭하십시오. 대화 상자가 열리면, Azure에서 Hyperledger Fabric을 시작하는데 필요한 구성 정보를 입력합니다.

먼저 피어peers나 오더orders처럼 모든 리소스에 사용될 리소스 접두사를 입력하십시오. 그 다음, 자격 증명credential 또는 SSH를 설정하고 사용자 이름과 비밀번호를 선택하십시오. **Create New** 버튼을 클릭하여 새 리소스 그룹을 작성하고 원하는 리소스 이름을 입력하십시오.

마지막으로 원하는 지역을 선택하고 **OK**를 클릭하십시오 :

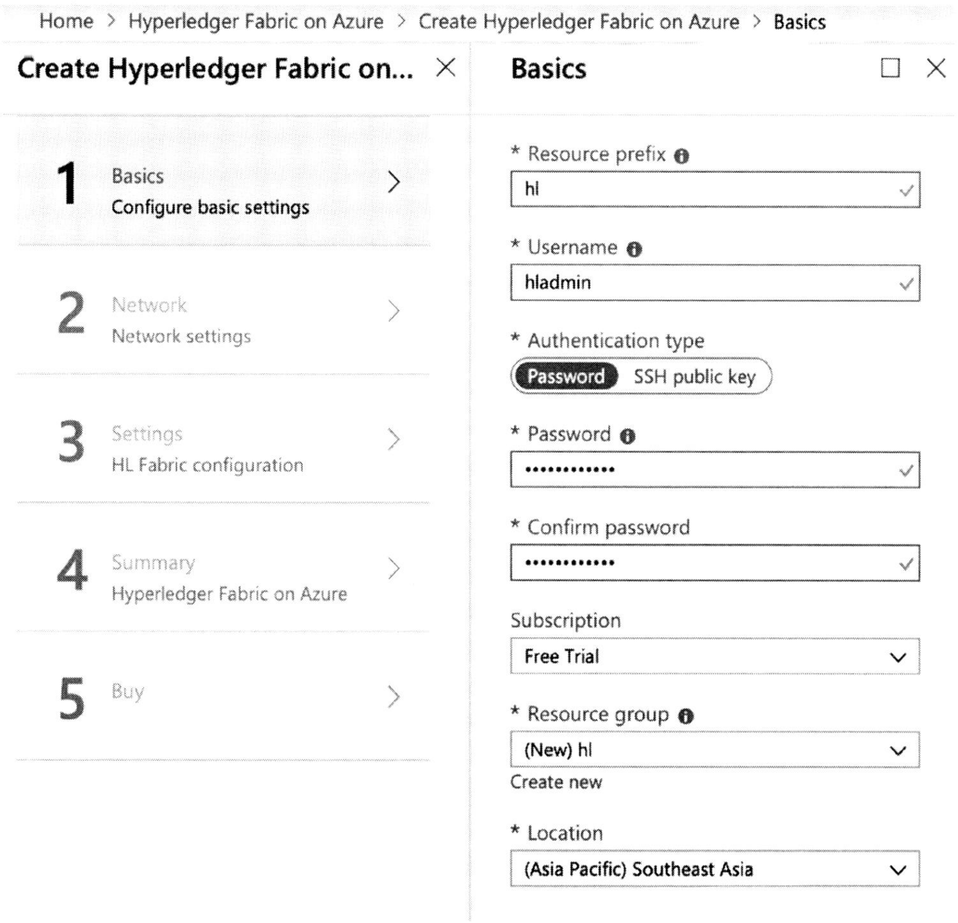

| 그림 8.21 |

이제 네트워크 설정 탭을 사용할 수 있습니다. 새 Fabric 네트워크를 설정하거나 이미 배포된 다른 네트워크의 필수 네트워크 설정을 사용하여 기존 Fabric 네트워크에 참여할 수 있습니다. Bluemix와 같은 다른 클라우드 제공 업체의 네트워크 설정도 사용할 수 있습니다.

지금은 **New network**를 선택하십시오. CA 인스턴스가 생성되면 CA 암호를 선택하십시오.

다음은 기관 설정입니다. 지금은 **Default**를 선택하십시오. 다음은 VPN입니다. 네트워크가 VPN 뒤에 있도록 설정할 수 있습니다. 그러나 이 예제에서는 **No**를 선택하겠습니다.

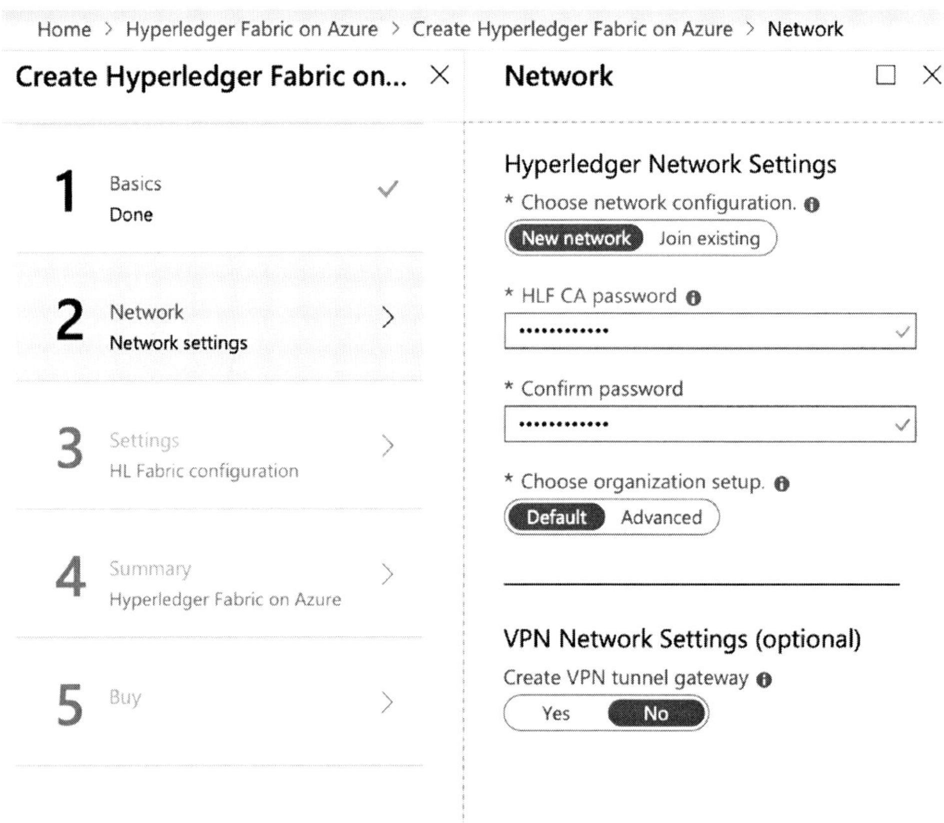

❙ 그림 8.22 ❙

다음으로 Fabric에 필요한 네트워크 구성이 표시됩니다. 먼저 **Single VM** 개발 설정을 원하는지, 또는 옵션과 설정이 추가로 표시되는 Multi VM 개발을 원하는지의 여부를 결정해야 합니다. **Multi VM**을 선택하면 그림 8.23과 같은 화면이 보입니다. 네트워크를 설정하는 다양한 옵션이 있습니다. 본 예제에서는 **VM disk type**을 **Premium SSD**

로 선택하십시오. Standard SSD를 선택할 수도 있습니다.

다음으로 오더 노드의 개수를 입력하십시오. **Multi VM**은 Kafka와 Zookeeper를 사용합니다. 피어 노드 개수는 두 개를 선택하십시오. 스토리지 유형으로 LevelDB 또는 CouchDB를 선택할 수 있습니다. 계속하려면 **OK**를 클릭하십시오. 최종 유효성 검사를 실행한 뒤, **OK**를 클릭하여 계속 진행하십시오.

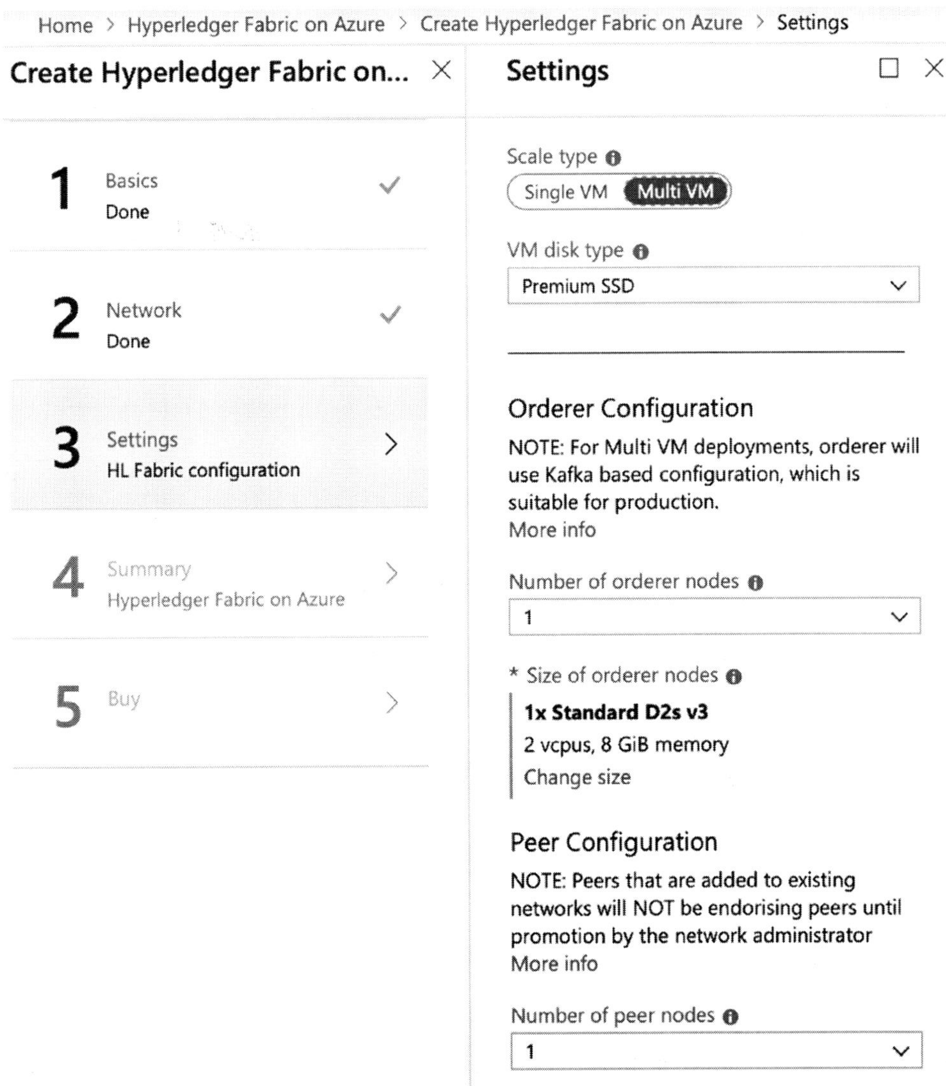

| 그림 8.23 |

마지막 화면에서 다른 모든 단계가 녹색으로 표시되면 계속 진행합니다. Create를 클릭하여 네트워크를 배포하십시오.

배포가 완료될 때까지 기다립니다. **Notification**을 클릭하여 진행 상황을 볼 수 있습니다.

IBM 블록체인 플랫폼

IBM은 블록체인 혁신에 큰 기여를 했습니다. IBM은 Hyperledger Fabric을 만들었고 엄청난 인기를 얻었습니다. 이제 IBM은 Fabric 기반 솔루션을 클라우드 인프라로 제공합니다.

최근에 `https://cloud.ibm.com/catalog/services/blockchain-platform-20`이 나왔습니다. 이 강력한 블록체인 서비스는 Hyperledger Fabric에 기반하며, 네트워크에서 확장성, 유연성 및 더 많은 제어 기능을 제공합니다. 또한 Visual Studio 코드처럼 여러 가지 개발 도구를 제공합니다.

이상적으로, Fabric의 제품화를 위해서는 엔터프라이즈 플랜 이상을 사용해야 합니다. 하지만, 사전 체험용으로 스타터 플랜을 사용해 볼 수 있습니다 스타터 플랜은 Hyperledger의 first-network와 비슷하게 두 기관의 네트워크를 구성합니다.

Fabric의 제품화 프로세스는 보통 다음 단계를 포함합니다 :

- 컨소시엄 설계
- Fabric 기반의 어플리케이션 개발
- 운영 및 관리

요약

이번 장에서는 Hyperledger Fabric을 제품으로 배포하기 위한 작업을 살펴봤습니다. Docker Swarm과 같은 오케스트레이션 도구를 사용하여, 멀티 호스트 제품화 환경에서

Fabric 네트워크를 배포하는 절차를 봤습니다. 또한 기존 네트워크에 새 기관을 추가하거나 Hyperledger Explorer를 Fabric 네트워크에 연결하는 등의 공통 작업을 수행하는 단계를 검토했습니다. 마지막으로 Azure, Amazon, IBM Bluemix와 같은 주요 클라우드 공급자에 Hyperledger Fabric을 배포하는 방법을 살펴보았습니다.